AVREA MOGVNTIA

EIN PANORAMA EUROPÄISCHER GESCHICHTE UND KULTUR

Herausgegeben von
Helmut Mathy und Friedrich Schütz

Band 1

Helmut Mathy

DER SCHINDERHANNES

Zwischen Mutmaßungen und Erkenntnissen

VERLAG PHILIPP VON ZABERN · MAINZ

161 Seiten mit 17 Schwarzweißabbildungen

Titelbild und Vorsatz:
Ein im Original kolorierter Kupferstich zeigt die Bande des Schinderhannes, die »ein Komplott am Rhein« geschmiedet haben soll, nach ihrer Verhaftung rechts des Rheins.

CIP-Titelaufnahme der Deutschen Bibliothek

Mathy, Helmut:
Der Schinderhannes: Zwischen Mutmassungen und
Erkenntnissen / Helmut Mathy. – Mainz: von Zabern, 1989
  (Aurea moguntia; Bd. 1)
  ISBN 1-8053-1081-1
NE: GT

© 1989 by Verlag Philipp von Zabern, Mainz am Rhein
ISBN 3-8053-1081-1
Satz: Typo-Service Mainz
Printed in Germany by Philipp von Zabern
Printed on fade resistant and archival quality (PH 7 neutral)

INHALT

Der Schinderhannes ist allgegenwärtig

Von Zeit zu Zeit scheint er wieder allgegenwärtig: in der deutschen, ja internationalen Tagespresse und im Fernsehen, auf dem Markt, in Amtsstuben und Stadtverwaltungen, bei Oberbürgermeistern, Beigeordneten und Volksvertretungen — und natürlich am Stammtisch: Johannes Bückler, genannt Schinderhannes! Er zählt wohl zu den populärsten historischen Gestalten unserer Regionen, zumal am Mittelrhein. Im Taunus und an der Nahe, im Hunsrück, im Pfälzer Bergland und in Rheinhessen ist er fast zum genius loci geworden.

Man wetteifert geradezu darum, wie oft und wie lange er einst diesen oder jenen Ort mit seiner Gegenwart beehrt hat. Zu gerne würde man — wie der von Mainz aus im Jahre 1983 hochgespielte Wirbel oder gar das Happening um die Gebeine und Knochen des Schinderhannes zeigen — ein Stück von ihm besitzen und behalten (H. Peter Brandt).

Und dann seine werbemäßige Allzweck-Vermarktung: Es gibt Schinderhannes-Brot, Schinderhannes-Altbier, natürlich den unvermeidlichen« Schinderhannes-Spießbraten, eine Schinderhannes-Brennerei, zahllose Schinderhannes-Gaststätten und -Hotels; man kann Pauschalferien im Schinderhannesland, das vor einigen Jahren vielen deutschen Fernsehzuschauern in einem ungewöhnlichen Film von Edgar Reitz zum Inbegriff von Heimat schlechthin stilisiert wurde, buchen oder mit Hilfe von aufwendigen Farbprospekten »auf den Spuren des Schinderhannes« wandeln. 1983 wurde für Wintersportler bei Morbach eine Schinderhannes-Loipe eröffnet, und der Rotary-Club in Simmern veranstaltet sogar seit Jahren eine Schinderhannes-Rallye.

Der Name ist jedenfalls außerordentlich berühmt. Aber Dichtung und Wahrheit sind kaum mehr voneinander zu trennen. Für den einen ist er — um die beiden Extreme sogleich aufzuzeigen — ein zu Unrecht verkannter mutiger Sozialrebell, für die anderen bleibt er ein gemeiner und feiger Verbrecher, ja ein mieser Ganove.

Zu seinem 180. Todestag, dem 21. November 1983, wollte man sogar, wie es hieß, seine Gebeine »heimholen«.

Und sogleich entbrannte ein heftiger Streit von Mainz bis Meisenheim, von Herrstein bis Simmern — um jenes Skelett, das unter der Signatur Schinderhannes seit vielen Jahrzehnten in der Lehrsammlung des Anatomischen Instituts der Ruprecht-Carls-Universität zu Heidelberg aufbewahrt wird.

Die zunächst auf ein Happening ausgehenden jungen Mitglieder einer ad-hoc-Bürgerinitiative in der Landeshauptstadt Mainz wären indessen gut beraten gewesen, wenn sie sich vorher von der Echtheit der alten Knochen überzeugt hätten, die sie nun gleichsam in den Rang von Reliquien erhoben. Obgleich Medizinhistoriker, Anatomen wie Gerichtsmediziner das letzte Wort in dieser Angelegenheit noch nicht gesprochen haben, sind erhebliche Zweifel angebracht.

Aber dies ist nur ein fast belangloser Nebenaspekt des Themas vom edlen Räuber und seiner historischen Wirklichkeit; nur ein kleiner Farbtupfer des facettenreichen Gemäldes vom Räuberhauptmann, Rebellen oder von Grund auf ehrenwerten Mannes — Bezeichnungen und Interpretationen, die Schinderhannes immer wieder zugedacht worden sind.

Zwischen Wissenschaft und Halbwissenschaft

»Unglaublich viel ist über Johannes Bückler, genannt Schinderhannes, gesprochen und geschrieben, und ebensoviel ist gefabelt worden.« Dies konnte man bereits in einer 1820 erschienen »Galerie der Verbrecher« lesen, und so ist es bis heute geblieben. Die literarische Bewältigung des Schinderhannes-Stoffes und seine Modellierung in der Dichtung mit ihren Höhepunkten bei Zuckmayer und — nicht zu vergessen — Clara Viebig in den zwanziger Jahren unseres Jahrhunderts und zudem der Käutnerschen Verfilmung mit Curt Jürgens und Maria Schell in den Hauptrollen haben jedwede Beschäftigung mit dem real existierenden Schinderhannes zu einer belanglos-abseitigen Marginalie gemacht. Frei nach dem Motto: Was wäre der historische »Faust«

8

Abb. 1 »Ich habe ein ehrliches Gesicht . . .« So behauptet Johann Bückler, obwohl als Sohn eines Abdeckers »unehrlicher« Herkunft, wiederholt über sich selbst.

ohne Goethe und seine Vorläufer und Nachfolger? Doch das Stück von Zuckmayer will eben keine Analyse historischer Verhältnisse sein, sondern des Dichters Interesse gilt dem vital-anarchischen Räuberhauptmann, der, kontrastreich herausgestellt, für das Gute und gegen das

9

Böse antritt und eine märchenhafte »metapolitische Weisheit« verkündet. Kann aber dort, wo die Dichtung so bestimmend und mächtig geworden ist, die Wahrheit über die Wirklichkeit des Schinderhannes überhaupt noch auf Interesse und unvoreingenommene Analyse hoffen? Wenn dieses Interesse geweckt werden soll, müßte man sich zunächst zu der These bequemen, daß dichterische Fiktion und Stoffbewältigung nicht unbedingt eine höhere, sondern eine andere Ebene der *Daseins-Vergewisserung* darstellen und von daher ein wie auch immer geartetes Ausspielen des Historikers gegen den Literaten und umgekehrt überflüssig erscheint. Denn, um Karl Jaspers zu zitieren: »Unser wahrer Umgang mit der Geschichte ist ein Ringen mit der Geschichte. Die Geschichte geht uns an; was uns in ihr angeht, erweitert sich ständig. Und was uns angeht, ist damit schon eine gegenwärtige Frage des Menschen. Die Geschichte wird uns um so gegenwärtiger, je weniger sie Gegenstand ästhetischen Genusses bleibt.«

Diesen Anspruch an eine Gestalt wie Schinderhannes anzulegen erfordert freilich einen langen Atem; man muß durch Übertünchungen und Verkleisterungen und durch das Gestrüpp der Spekulationen und Erfindungen sich dem wirklichen Kern zu nähern versuchen! Und den meisten vermeintlichen Schinderhannes-Experten oder selbsternannten Kennern, die von vornherein des Rätsels Lösung wußten, ist nicht selten in dünner werdender Luft der Quellen-Exegese der Atem ausgegangen, so daß trotz allen öffentlichen Interesses die eigentliche wissenschaftliche »Biographie« noch aussteht. Doch kann dies keine Biographie im klassischen Sinne sein, weil bei ihrer Erarbeitung zunächst vergleichende Studien zum allgemeinen Bandenwesen an der Wende vom 18. zum 19. Jahrhundert zu treiben wären und die mannigfachen Hilfestellungen einer Geschichtsforschung angenommen werden müßten, die nicht mehr nur die großen Gestalten im Geist Jakob Burckhardts, sondern auch die Außenseiter der Gesellschaft gemäß den Erkenntnissen von Eric Hobsbawm und der französischen Historiker-Schule im Umkreis der Zeitschrift »Annales« unter die Lupe nimmt.

Dies ist bisher noch nicht gelungen, und auch das neue Buch von Manfred Franke über Schinderhannes, 1984 erschienen, kann dieses hochgesteckte Ziel nicht erreichen, obgleich der Autor durch seine volkskundliche Dissertation von 1958 und die Edition einer zeitgenössischen Quelle aus dem Jahre 1802 ein exzellenter Kenner der Materie ist. Aber der Untertitel des neuen Werkes deutet schon darauf hin, daß zumindest der Verlag mehr auf Kundschaft denn auf Aufklärung spekuliert: »Das kurze wilde Leben des Johannes Bückler, neu erzählt nach alten Protokollen, Briefen und Zeitungsberichten.«

Dennoch, das Buch von Franke übertrifft und überholt die bisherigen Versuche. Es sollte vor allem Curt Elwenspoeks zweimal aufgelegtes Werk vom »rheinischen Rebellen« aus den zwanziger Jahren mit seinen vielen Erfindungen im Gewand der Halbwissenschaftlichkeit endgültig ad acta legen, das im übrigen mehr einen Beitrag zur Geschichte des Rheinkampfes zu Beginn der Weimarer Republik als einen zur Person und Wirkung des Johannes Bückler darstellt. Und auch die versuchte Biographie von Edmund Nacken ist durch Franke zwar nicht ganz überholt, aber in ihrem wissenschaftlichen Wert erheblich gemindert worden.

DIE MENGE VOR DER GUILLOTINE

Als Schinderhannes mit 19 Angehörigen seiner Bande am 21. November 1803 vor dem Weisenauer Tor in Mainz, wo zwanzig Jahre zuvor das kurfürstliche Lustschloß Favorite zerstört worden war — eine Zerstörung, die durch Goethes Bericht über die Belagerung in die Weltliteratur einging —, guillotiniert wurde, war die Neugier außerordentlich groß. Zu Wasser und zu Land, zu Pferde und zu Fuß, in Wagen und auf Karren, so wird berichtet, strömte eine große, in die Tausende reichende Menschenmenge herbei.

Folgen wir weiter dem Bericht der Mainzer Zeitung vom 30. Brumaire im 12. Jahr der Republik, wo es heißt: »Die zwanzig Verbrecher, welche zum Tode geführt wurden, saßen auf fünf Wagen. Alle Straßen, durch welche der Zug ging, alle Fenster waren mit Menschen besetzt. Die Wälle der benachbarten Anhöhen wimmelten von Neugierigen. (. . .) Schinderhannes bestieg das Blutgerüst zuerst. Er schien seine Gegenwart des Geistes auch auf dem Schafotte nicht verloren zu haben.

Schinder Hanns

Hauptman Einer Räuber Complot am Rhein wurde von Limburg an der Lahn nach Frankfurt transportirt alda aretirt und d 16 Juni nacher Maynz samt einen 3 Konsorten unter Bedeckung Französischer Gensdarmerie abgeführt. 1 Schinderhans. 2 Schwarzer Jonas. 3 Weber. 4 Reinhard. 5 Konkubine des schinderhans. 6 2 Weiber mit Kinder.

Abb. 2 Ein im Original kolorierter Kupferstich zeigt die Bande des Schinderhannes, die »ein Komplott am Rhein« geschmiedet haben soll, nach ihrer Verhaftung rechts des Rheins.

Rasch war sein Sprung von dem Wagen auf den Boden, da der Zug vor der Guillotine hielt. Aufmerksam, doch ohne im geringsten sein Gesicht zu verändern, betrachtete er alle Teile der Mordmaschine, bestieg sie dann und sprach (. . .): ›Ich sterbe gerecht; aber zehn von meinen Kameraden verlieren das Leben unschuldig (. . .)‹ In wenigen Sekunden auf das Brett geschnallt, glitt das dreieckige Messer herab, und sein Kopf lag in einem rot angestrichenen Sack unterhalb des Schafotts, während der tote Körper in eine Versenkung verschwand, um dem nächsten Verurteilten Platz zu machen. Das ganze Trauerspiel hatte in sechsundzwanzig Minuten ausgespielt. Der Anblick der Särge, die neben der Guillotine aufgeschichtet waren, und das mit dem Blute des

Anführers überschüttete Beil hatten alle Verurteilten zu Bildsäulen gemacht. (. . .)«

Seit den Untersuchungen des Medizinhistorikers Gunter Mann wissen wir, daß eine medizinische Privatgesellschaft galvanische Experimente mit den abgeschlagenen, vom Schafott heruntergefallenen Köpfen anstellte, um die Frage zu prüfen, ob in ihnen noch Empfindungen und Bewußtsein vorhanden seien.

Zwei Studenten begaben sich unter das Schafott und machten am Kopf des Schinderhannes wie an dem des Schwarzen Jonas folgenden Versuch:

»Einer der beiden nahm den Kopf, sobald er vom Schafott gefallen war, in beide Hände, und nachdem sie ihn genau betrachteten und sahen, daß er nicht die mindeste Verzerrung im Gesichte noch an den Augen, die halb geschlossen waren, äußerte, rief ihm der andere bald in das eine, bald in das andere Ohr, währenddem derjenige, so den Kopf hielt, auf den Erfolg genau geachtet hatte. Allein es wurden nicht die

Abb. 3   Ein zeitgenössischer Holzschnitt vermittelt eine gute »Vorstellung« der Hinrichtung von Johann Bückler.

13

geringsten Veränderungen wahrgenommen. Bei dem zweiten Kopf wechselten die beiden Herren ihre Verrichtungen; allein auch bei diesem bemerkten sie nicht das mindeste«. Auch bei fünf weiteren Köpfen konnte man nicht »die geringsten Bewegungen an den Augen, noch sonstige Zeichen an dem Kopfe, die das Vernehmen der zugerufenen Worte ausgedrückt hätten«, feststellen. Ein Bewußtsein nach der Enthauptung gab es also aufgrund dieses Experiments nicht.

Doch nicht allein die »Medizinische Privatgesellschaft« experimentierte am 21. November 1803 mit Körpern und Köpfen der Schinderhannes-Bande. Denn einige der Leichen wurden — wohl zur gleichen Zeit — in die Anatomie gebracht, wo Professor Ackermann galvanische Versuche an ihnen durchführte. Jakob Fidelis Ackermann (1765—1815) war seit 1797 Anatom in Mainz und hatte schon mehrfach an Enthaupteten experimentiert. Deshalb lud er auch seinen Lehrer und Vorgänger Soemmerring ein, der »Execution des Schinderhannes« beizuwohnen. Zwar kam Soemmerring nicht von Frankfurt herüber, doch hatte Ackermann trotzdem einen fachkundigen Zuschauerkreis. Die Experimente Ackermanns und der »Medizinischen Privatgesellschaft« an den Hingerichteten des 21. November 1803 mögen heute absonderlich und etwas makaber erscheinen. Die meisten Zeitgenossen des Schinderhannes sahen das anders, zumal solche Versuche den Wissensdurst stillten und brennende Fragen — wie die nach einer humaneren Hinrichtungsart — beantworten halfen. Im übrigen hat Ackermann, als er 1804 von Mainz nach Jena und von dort nach Heidelberg berufen wurde, einige Skelette mitgenommen.

»Geburtsalter« und Jugendschicksal

Strittig ist bis heute das Geburtsdatum des Schinderhannes. Wurde er schon bald nach der Hochzeit seiner Eltern 1777 geboren, oder erblickte er erst am 25. Mai 1783 das Licht der Welt — wie es nachträglich an den Rand der entsprechenden Seite in das Kirchenbuch von Miehlen bei einem Bückler-Kind eingetragen wurde?

JEAN BÜKLER,

surnommé Schinderhannes, *sa Femme*

JULIE BLÆSIUS,

et son enfant François Guilliaume.

Abb. 4 Schinderhannes, seine Frau und sein Sohn Franz Wilhelm (geboren am 2. Oktober 1802): ein fast biedermeierliches Familienidyll, gemalt von K. M. Ernst.

Vor allem Hellmuth Gensicke konnte mit starken Argumenten plausibel machen, daß die Geburt des Schinderhannes zwischen diesen beiden Daten, also etwa 1779 oder 1780, anzusetzen sei, wobei die Zweifel, ob er eigentlich Hannes oder Johann mit Taufnamen hieß, gewachsen sind, weil er möglicherweise trotz eines anderen Vornamens als Sohn des Abdeckers Johann Bückler genau wie sein Vater Schinderhannes genannt wurde.

Bereits sein Großvater war Wasenmeister oder Abdecker, der also Tierkadaver verwertete, und zwar in Merzweiler, 12 Kilometer südwestlich von Meisenheim am Glan. Dessen Sohn, Schinderhannes' Vater, ging dann als Wasenknecht auf die andere Rheinseite, wohnte einige Zeit in Nastätten, damals zur Niedergrafschaft Katzenelnbogen gehörig, und heiratete 1777 Anna Maria Schmidt aus dem nahen Miehlen.

Er war ein unruhiger und unsteter Geist, den es selten mehrere Jahre an einem Ort hielt, und zählte nach allgemeiner Meinung aufgrund seines Berufes zu den unehrlichen Leuten. Seine Frau stammte aus einer Kleinbauernfamilie und brachte von ihrem Vater ein Häuschen am Ufer des Mühlbaches mit in die Ehe, so daß Bückler zunächst als Tagelöhner und Kleinbauer ohne eigenes Fuhrwerk ein bescheidenes Dasein führen konnte.

Der junge Bückler und künftige »Räuberhauptmann« wohnte freilich nur einige Jahre in Miehlen — so lange, bis seine Eltern mit ihm wegen Leinwanddiebstahls auf der Bleiche von dort heimlich entwichen, zumal sie bei Entdeckung der Tat und angesichts des drakonischen Strafsystems im Zeitalter des Absolutismus mit der Todesstrafe hätten rechnen müssen.

Daraufhin wurde der gesamte Besitz der Familie eingezogen und verkauft. Ein Jude erwarb das Haus.

Schon hier ist die immer wieder behauptete Tatsache als falsch zu entlarven, der angebliche Judenhaß bei Schinderhannes sei darauf zurückzuführen, daß seine Eltern, in einem Prozeßverfahren von einem betrügerischen Juden um Hab und Gut gebracht, die Heimat hätten verlassen müssen. Die Familie hatte die Vertrautheit der dörflichen Umgebung verloren und ging einer ungewissen Zukunft entgegen. So begann das ruhelose Leben des jungen Bückler. Man darf mit Gensicke annehmen, »daß dieses Kindheitserlebnis einen großen Einfluß auf die Entwicklung des Schinderhannes hatte«. Nach der Flucht aus Miehlen wollte der Vater in Polen siedeln. Unterwegs änderte er aber seinen Entschluß und ließ sich in Olmütz (Mähren) bei dem kaiserlich-österreichischen Regiment Hildburghausen anwerben. Seine Frau und der Sohn blieben beim Troß, und in dieser wenig günstigen Umgebung hat der junge Bückler manches Böse erfahren, an das er sich in seinem weiteren Leben immer wieder erinnerte. Das eintönige Soldatenleben in einer festen Garnison entsprach auf die Dauer jedoch wenig dem Charakter und den Vorstellungen des Vaters, so daß dieser schließlich desertierte. Mit seiner Frau und dem Sohn hatte er einen Treffpunkt auf preußischem Gebiet vereinbart. Sie erhielten einen Paß, zogen gen Westen und tauchten im Jahre 1792 in Merzweiler auf.

Der Junge besuchte einige Zeit die Schule, lernte Lesen und Schreiben und wurde wahrscheinlich im benachbarten Kappeln konfirmiert. Der Vater fristete als Tagelöhner mit seiner Familie ein karges Leben, kam aber innerlich nie zur Ruhe und wechselte häufig den Wohnsitz.

Das Wanderleben der Familie verstärkte die negativen Eindrücke, die der junge Bückler bei der Flucht aus Miehlen und im Gefolge der Soldaten erhalten hatte. Die Geborgenheit einer wirklichen Heimat blieb ihm zeitlebens versagt. Als die Familie in Veitsrodt (nahe bei Idar-Oberstein) wohnte, wo der Vater als Feldhüter tätig war, begann die verhängnisvolle »Laufbahn« des Sprößlings. Eigentlich fing es verhältnismäßig harmlos an. Für einen Gastwirt aus seinem Dorf sollte er mit einem Kameraden in Idar-Oberstein Branntwein kaufen. Doch die Taler faszinierten. Die jungen Burschen konnten der Versuchung nicht widerstehen und aßen sich in einem Wirtshaus erst einmal richtig satt. Dabei vergaßen sie auch das Trinken nicht. So hatten sie das Geld zum größten Teil für sich ausgegeben. Doch plötzlich meldete sich das Gewissen, und aus Angst vor Strafe wagten sie sich nicht nach Hause. Bettelnd und vagabundierend trieben sie sich in der Gegend herum. Schließlich kehrte Bückler nach Veitsrodt zurück und trat wenig später bei dem geachteten Wasenmeister Nagel in Bärenbach eine Lehre an. Der junge Mann zeigte sich willig, flink und geschickt und verrichtete seine Arbeit zur vollen Zufriedenheit. Nach einigen Monaten stahl er aber seinem Meister sechs Kalbfelle und verkaufte sie. Angeblich hatte ihn der Hauptknecht übervorteilt, und Bückler wollte sich schadlos halten.

Als der Diebstahl bemerkt wurde, floh er und wurde endgültig ein Vagabund, bis er für immer seine Freiheit verlor.

Rechtsrheinisch — Linksrheinisch

Als Johannes Bückler im Sommer 1802 in Wolfenhausen in der Nähe von Weilburg als Jakob Ofenloch verhaftet und entlarvt worden war und vor einem Frankfurter Richter zugab, daß er der vielbeschriebene und gesuchte Schinderhannes sei, erzählte er aus begreiflichen Gründen zunächst einmal eine Art »nationales Märchen« bzw. eine Legende: Aus Hunger und Not — so weit, so gut und vermutlich richtig — habe er als kleiner Junge auf Hof Iben bei Fürfeld einen französischen Fuhrwagen zusammen mit Freunden geplündert, er sei dann gefangengenommen, nachher aber von einem österreichischen Husaren-Piquet wieder befreit worden. Doch davon sagte er trotz aller Geständnisfreudigkeit, die manchem seiner Komplizen teuer zu stehen kam, später vor Gericht in der unter französischer Verwaltung und Herrschaft stehenden Stadt Mainz ebensowenig aus wie über die öffentliche Prügelstrafe in Kirn, die ihn erst auf die Verbrecherlaufbahn getrieben haben soll.

In Kirn war der Schinderhannes zum ersten Mal verhaftet worden. Er brach dort aber aus. Ähnlich machte er es im Juli 1798 in Saarbrücken, wo er nur eine Nacht im »Depot«, d. h. Polizeigewahrsam, blieb. Dann schlug er sich zunächst einmal mit dem Diebstahl von Schweinen, Hammeln und Pferden durch, bis er am 26. Februar 1799 — nun zum dritten Male — verhaftet und schließlich im Sommer in dem heute noch erhaltenen Turm in Simmern dingfest gemacht wurde. Zu jener Zeit war er beiderseits der Nahe und sicher auch schon in Mainz ein Begriff.

Mit dem Ausbruch aus dem Turm in Simmern — am 20. August 1799 — begann, wenn man so will, die »große Zeit« des Hannes Bückler. Von nun an verlegte er sich einerseits auf den offenen Straßenraub, andererseits auf die Erstürmung der Häuser in kleinen Dörfern. Daneben trieb er »Steuern« ein, d. h., er ging mit Brandbriefen, die er teils mit seinem neuen Kriegsnamen »Johannes durch den Wald«, teils aber auch offen mit seinem bürgerlichen Namen unterschrieb, zu Erpressungstaten über und stellte sogar »Sicherheitskarten« aus, die dem Inhaber freies Geleit zusicherten; ein Schuster aus Lauschied, der wesentlich ältere Johann Leiendecker, scheint dabei die treibende Kraft gewesen zu sein.

Bis zum 15. September 1801 fand dieses Treiben bei der Bevölkerung kaum eine Gegenwehr.

Das aber war allein schon deswegen begreiflich, weil die Franzosen Napoleons die Waffendepots unter strenger Kontrolle hatten. Staudernheim war an dem genannten Septembertag Schauplatz des 43. Verbrechens und zugleich der ersten Gegenwehr der Bauern. Schon am 17. Juni 1801 war der Name Schinderhannes den Bewohnern in Rheinhessen, der Pfalz und im Hunsrück so geläufig, daß er in einer Mainzer Zeitung als böses Musterbeispiel für gravierende und als mittelalterlich bezeichnete Räubereien genannt wurde.

Mit dem Beginn des Jahres 1803 wendete sich das Blatt. Inzwischen hatte sich der Friede von Lunéville (9. Februar 1801) ausgewirkt: Die Franzosen konnten sich um die Ordnung und Sicherheit in den jetzt offiziell der fränkischen Republik einverleibten linksrheinischen Départements kümmern. Der Schinderhannes sah sich bald auf das Bergland zwischen Glan, Nahe und Alsenz beschränkt, verlegte sich auf kleinere Erpressungen und zog sich seit April 1800 fast ständig auf das rechtsrheinische Ufer zurück, wo er auch vorher immer wieder einmal Zuflucht gefunden hatte und einige seiner Leute in die noch größere Bande der Niederländer als »Unter-Räuber« aufgenommen worden waren.

Der Überfall von Würges und andere »Taten«

Die niederländische Bande war damals gewiß diejenige, die an Gefährlichkeit, Schlagkraft, Mobilität, Organisationsgrad und selbstver-

Abb. 5   Die in den Räuberkreisen als »Löwenhöpfel«
bezeichneten Zwillingsbrüder unter den Genossen des
Schinderhannes.

ständlich an Grausamkeit von keiner anderen übertroffen wurde. Der
Simmerner Sicherheits-Inspektor Becker hat sie in seiner Beschrei-
bung von 1800 in ihrem Aktionsradius so geschildert: »Durch drei
große Reiche dehnt sie sich aus, von der Spitze Frieslands bis an die
Grenze von Bayern und dann wieder von den Ufern der Seine bis in
Hessen und Niedersachsen, um bald Paris und Arras, bald Brüssel und
Antwerpen, bald Nimwegen und Aurich, bald Hamm und Köln, bald
Ansbach und Donauwörth in Schrecken zu versetzen.« Ihr Begründer
und Vordenker Moyses Jacob sowie die meisten ihrer Mitglieder waren
— im Gegensatz zur Bande des Schinderhannes — jüdischer Herkunft;
weitere bekannte Anführer waren Franz und Jan Bosbeck sowie Abra-
ham Picard, Adolf Weyers, Damian Hessel, Leibchen Schloß und
Mathias Weber, genannt Fetzer, von denen einige im Februar 1803 in
Köln unters Fallbeil kamen. Was aber bei dieser Bande gegenüber der

des Schinderhannes noch auffällt: Die zeitgenössischen Beobachter schildern einhellig, daß ihre Mitglieder »der schnödesten Wollust aufs äußerste« zugetan seien und es kaum einen von ihnen gegeben habe, der nicht die Merkmale einer Geschlechtskrankheit an sich getragen habe. Noch einmal Becker wörtlich: »In gleicher Weise, wie sie den Weibern ergeben sind, lieben sie den Trunk. Auf unmäßige Art schütten sie den stärksten Branntwein in die Gurgel und berauschen sich, bis sie sinnlos zu Boden stürzen.«

Schinderhannes hat zwar erwiesenermaßen mindestens zweimal mit den Niederländern zusammengearbeitet: zum einen bei dem spektakulären Überfall auf die Posthalterei in Würges bei Camberg und zum anderen bei einem Raub in Baiertal südlich Heidelberg; dennoch unterschied er sich in seinen sanfteren Methoden durchaus von dem hemmungslosen Treiben der grausameren Niederländer.

Bei dem Überfall in Würges im Januar 1801 stellte sich Schinderhannes ohne Widerspruch unter das Kommando des Abraham Picard und zollte damit gewissermaßen einem erfahreneren Bandenchef Anerkennung, obgleich er selbst den größten Teil seiner Leute zu diesem Unternehmen abordnete. Würges lag an der wichtigen Handelsstraße Frankfurt—Köln, und die Postlinien führten von hier nach Wiesbaden, Mainz, Königstein, Usingen, Weilmünster, Limburg und Schwalbach. Die Reisenden konnten in dem geräumigen Posthaus übernachten und verpflegt werden. Auch wurden hier wertvolle Waren und häufig erhebliche Geldbeträge bis zum Weitertransport aufbewahrt. Sechs Postillione und 21 Pferde zeugen davon, daß dieses kaiserliche, das heißt Thurn- und Taxissche Postamt zu Würges eine der bedeutendsten Stationen zwischen Rhein-Main und Lahn darstellte.

Dennoch erwies sich die Beute dieses großen Coups geringer als erwartet. Lediglich eine goldene Uhr, etliche Schmuckstücke, wenig Geld, Kleidungssachen und Leinen gingen den Räubern in die Fänge, nachdem sie den Posthalter gefesselt, schwer mißhandelt und durch einen Dolchstich ins Bein verwundet hatten. Als in einem Waldstück der Raub geteilt werden sollte, wollte Picard seine Spießgesellen übers Ohr hauen und versteckte Geld und Schmuck hinter einem Baum. Doch Schinderhannes hatte ihn durchschaut, nahm heimlich die

Stücke an sich und verkaufte sie einem Hehler, worauf Picard, als er später von der Raffinesse des Bückler erfuhr, diesem grausame Rache schwor, jedoch seinen Weg nicht mehr kreuzte, da sich dieser wieder einmal auf das linke Rheinufer begeben hatte.

Dieser Überfall in Würges hatte einschneidende Folgen für die Bekämpfung des Bandenwesens an beiden Ufern des Rheins, zumal auf der rechten Seite. Bereits am 28. Januar 1801 traten in Wetzlar die Vertreter von zwölf Regierungen zu einer Sonderkonferenz zusammen, um gemeinsame Schritte zu dessen Bekämpfung einzuleiten und wieder für größere Sicherheit in Taunus und Westerwald zu sorgen. Die Polizeistreifen wurden wesentlich verstärkt, Orte und Baulichkeiten intensiver kontrolliert, besonders solche, die als Schlupfwinkel bekannt waren. Das fahrende Volk stand unter schärferer Beobachtung, und jeder Erwachsene, der sich von seinem Wohnort entfernte, wurde auf seine Legitimation hin überprüft.

Vierzehn Tage nach dem Postraub in Würges verübte Schinderhannes mit seiner Bande einen nächtlichen Überfall auf das Haus des Juden Jakob Bär in Merxheim bei Sobernheim. Obwohl die mißhandelten Hausbewohner laut um Hilfe riefen, rührte keiner der Nachbarn, die auf die Straßen liefen, einen Finger, und selbst der Nachtwächter sah untätig zu. Abgesehen von dem latenten Antisemitismus bleibt die Frage, was die Waffenlosen gegen gut ausgerüstete Banditen auch hätten ausrichten können, wenn selbst die zahlreichen Beamten, die zur Verfolgung der Räuber eingesetzt waren, keine Waffen tragen durften und ohne jeglichen Schutz für Leib und Leben die gut bewaffneten Banditen fangen und ausheben sollten? Wie sicher sich Schinderhannes vor 1801 linksrheinisch gefühlt hat, das zeigen jene Episoden, die heute noch bei den Bewohnern des Hunsrücks in Erinnerung und im Gegensatz zu vielen anderen Volkserzählungen teilweise in den Akten verbürgt sind: Schinderhannes tanzte öffentlich auf Hochzeiten und Kirchweihfesten in Lauschied, Fürfeld und Iben; er »residierte« auf der Schmittburg im Hahnenbachtal und auf Kallenfels; er gab in Griebelschied einen Ball, und er ließ seine Bande vor dem Müller Wilhelm Bollenbach bei Oberhausen an der Nahe militärisch präsentieren und paradieren. Obwohl der Schinderhannes über Daaden zwischen Alten-

Abb. 6   Julchen Bläsius, das wirkliche und später immer wieder literarisch überhöhte
»Liebchen« des Hannes — in der Sicht des Porträtisten Ernst.

Abb. 7 Der Akademiesaal des Kurfürstlichen Schlosses, in dem der Prozeß gegen Schinderhannes geführt wurde. Aus der Sammlung Ernst Neeb zu Beginn des 20. Jahrhunderts.

kirchen und Herborn im Norden, über Heidelberg im Süden, die Saar im Westen und die Gegend von Usingen im Osten nicht hinausgekommen sein dürfte, galt er den französischen Behörden lange als Inbegriff aller Räubereien im gesamten Rheinland. So taucht sein Name immer wieder in den Berichten der Präfekten Jollivet und Jeanbon St. André auf, die für eine Edition vorbereitet werden. Aber es war zunächst derart unmöglich, ihm das Handwerk zu legen, daß es den Franzosen nur angenehm sein konnte, wenn er — nach der Verhaftung (am 31. März 1802 in Wolfenhausen) und der Entlarvung in Limburg (am 8. Juni) — als der gefürchtete und großmächtige Räuberhauptmann galt. Dies scheint auch vor allem der Grund für den Sensationsprozeß gewesen zu sein, der zugleich eine Art Schauprozeß war und nach einer Untersuchung vom 16. Juni 1802 bis zum 16. März 1803 sowie einer Pause von weiteren sieben Monaten im »Akademiesaal« des Kurfürstlichen Schlosses in Mainz vom 24. Oktober bis zum 19. November gegen 68 Angeklagte geführt wurde. Das Ganze fand vor größter Öffentlichkeit mit einem Aufgebot von 400 Zeugen statt. Der Schinderhannes war nach der Festnahme zunächst nach Frankfurt zur Hauptwache gebracht, am 16. Juni nach Mainz ausgeliefert und dort im Holzturm eingekerkert worden.

Dem Schinderhannes und seiner Bande wurden vor den Gerichten einige Dutzend Verbrechen zur Last gelegt. Obwohl bei mehreren Raubüberfällen Menschen getötet worden waren, erwies es sich als äußerst schwierig, ihm nachweislich persönlich Mord zur Last zu legen. Allerdings drohte damals bereits bei einem Überfall auf Häuser die Todesstrafe. So endete der Prozeß mit zwanzig Todesurteilen, die am 21. November 1803 vollstreckt wurden.

Johann Bückler, der Vater, bekam eine Kettenstrafe von vierundzwanzig Jahren, starb aber schon einige Wochen nach dem Prozeß. Julchen Blasius oder Bläsius, die dem Schinderhannes am 1. Oktober im Gefängnis einen Sohn geboren hatte und mit dem Säugling im Mittelpunkt des Interesses der Neugierigen stand, kam mit zwei Jahren Gefängnis davon. Sie überlebte ihren Mann um achtundvierzig Jahre und starb 1851 in ihrem Heimatort Weierbach als Ehefrau eines Vetters, der wie sie Bläsius hieß.

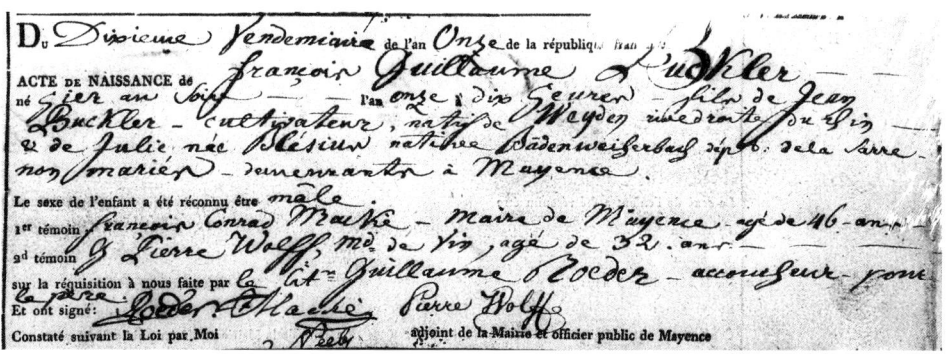

Abb. 8   Geburtsakte des Schinderhannes-Sohnes, der im Holzturm zu Mainz zur Welt kam.

Die Erörterung der historischen Figur Schinderhannes steht und fällt freilich mit dem konkreten Aussagewert der überlieferten Quellen, vor allem den vielbändigen, bei Pfeiffer und von Zabern in Mainz in französischer Sprache gedruckten Voruntersuchungs-Akten.

Wie bereits erwähnt, wollte Schinderhannes, als er von Limburg nach Frankfurt überführt wurde, dort als eine Art von Widerstandskämpfer gegen die französische Herrschaft erscheinen. Frankfurt nämlich stand nicht unter französischem Regime. Von daher bat er — wie es wörtlich heißt — »auf das inständigste, daß man ihn nicht auf das linke Rheinufer an die Franzosen ausliefern möchte«. Als diese Auslieferung dann doch erfolgt war, erwähnte er in Mainz mit keinem Wort den angeblichen Proviantdiebstahl von einem französischen Konvoi, von dem er jenseits des Rheins laut und vernehmlich sprach (den er aber vielleicht gar nicht begangen, sondern nur aus »ideologischen« Gründen erfunden hatte). Vor dem von den Franzosen eingesetzten Untersuchungsrichter Wernher schien es ihm offensichtlich unklug, sich mit einer solchen Tat zu brüsten und damit selber zusätzlich zu belasten.

Die Friedensrichter und Polizeidirektoren in den einzelnen Départements, Arondissements und Kommunen stellten in der Voruntersuchung sehr viele Frage zu den einzelnen Tatkomplexen und ließen die Antwort darauf sowie ihre Erwägung und Schlußfolgerungen mit einer großen Ausführlichkeit protokollieren. Die jeweiligen Gereffiers (also die Amts- und Kanzleischreiber) waren lange mit den Aufzeichnungen beschäftigt.

Dabei sollten, so der Anspruch, die Taten genau formuliert werden — ohne jedwede inhaltlichen Fehler, damit sich im Falle eines Falles der Staat und alle seine Vertreter darauf berufen konnten. Es besteht kein Zweifel, daß fast Rechtsstaatlichkeit im modernen Sinne angestrebt und teilweise in Ansätzen praktiziert wurde, da nach der Revolution jeder Citoyen vor dem Gesetz gleich behandelt werden sollte. So hatte auch Bückler Anspruch darauf, daß ihm seine Aussagen noch einmal im Zusammenhang vorgelesen wurden, um sie korrigieren oder gegebenenfalls widerrufen zu können. Und schließlich mußte er wie die Zeugen, die Verhör-Beamten und die Schreiber mit der Unterschrift beglaubigen, daß alle Aussagen »der Wahrheit gemäß« erhoben und niedergeschrieben worden seien.

Aber, um die Pilatus-Frage mit Manfred Franke abzuwandeln: Was heißt hier Wahrheit? Ist Wahrheit das, was Jean Bückler und seine Komplizen preisgaben? Und vor allem: wie sprachen sie eigentlich? Sprachen sie wirklich so, wie es die Greffiers zu Papier brachten? Oder sprachen sie nicht eine eigene Gaunersprache, das Rotwelsch? Jedenfalls muß man erhebliche Zweifel daran haben, daß ihre Redeweise so gewesen ist, wie es die Friedensrichter, Polizeidirektoren, gebildeten Juristen oder routinierten, professionellen Schreibkräfte aufzeichneten.

Schinder, Holzhauer, Tagelöhner, Musikanten und Deserteure — sprachen sie nicht außer geheimsprachlichen *Standards* zumindest auch in ihrem Heimatdialekt?

Das bedeutet (nach Franke): Ihre Aussagen mußten gewissermaßen erst einmal verstanden, ins Schriftdeutsch übertragen und dann noch einmal ins Französische übersetzt werden. Hier kann man durchaus die Frage stellen, was nach so vielen Transformations-Prozessen und Sprachfiltern noch von der eigentlichen Räuber-Wirklichkeit in den Akten, d. h. in der hochgestochenen Amtssprache, hängenblieb? Wenn derjenige, der das Verhör führte, das diktierte, was in die Protokolle aufzunehmen war, so mögen nur zum Teil stichhaltige Beschreibungen der eigentlichen Abläufe überliefert sein. Denn man muß gewiß davon ausgehen, daß es die Verdächtigen durch Weitschweifigkeiten nicht selten dahin brachten, lediglich verharmlosende Schilderungen des Tatverlaufs unterzeichnen zu müssen, und daß sie sich, in die Enge getrieben, außerdem auf Gedächtnislücken beriefen und sich jedenfalls höchst subjektiv äußerten.

Aber Juristen und Polizeibeamte konnten auf ihrer Seite ebenso subjektiv vorgehen, wenn sie ihrer Entschlossenheit Ausdruck verliehen, die Ruhe und die Ordnung wiederherzustellen. So spiegelt dieses durch das unterschiedliche Zusammenwirken aller Beteiligten entstandene Voruntersuchungs-Protokollwerk nicht nur gegensätzliche Interessen wider, sondern läßt auch höchst unterschiedliche Charaktere zutage treten: einerseits nämlich die der »herrschenden Moral« verbundenen Angehörigen der gebildeten juristischen Notabelnschicht, auf der anderen Seite die Außenseiter, Zukurzgekommenen und Benachteiligten aus der sozialen Unterschicht.

Weit entfernt, der These zuzustimmen: »Quod non est in actis, non est in mundo«, bleibt dennoch im Grunde nichts anderes übrig, als aus dieser zwar in manchen Punkten fragwürdigen, aber dennoch einzigartigen Quelle mit Vorsicht die nötigen Schlüsse über die Taten des Schinderhannes und seiner Bande zu ziehen, wenn dabei auch die wirtschaftlich außerordentlich prekäre Situation der Zeit, d. h. der Hunger weitester Kreise und die allgemein verzweifelte Lage, die mit dem Stichwort Pauperismus mehr akademisch als real umschrieben worden ist, niemals verkannt werden sollte.

Delikte vor dem Gericht

Bei den Angeklagten im Mainzer Prozeß handelte es sich etwa um ein Dutzend Berufsverbrecher, während ebenso viele zur Vaganten-Bevölkerung zählten, somit gewiß über ein Viertel zu den Nichtseßhaften gehörte.

Sie waren als Korbmacher, Scherenschleifer, Kaffeemühlenschärfer, Zunderkrämer, Bänkelsänger oder Kleinhändler von Porzellan, Tonwaren oder Gipsfiguren im Land umhergezogen und nahmen es bisweilen mit dem, was man unter Ehrlichkeit versteht, nicht so genau. Wegen ihrer guten Ortskenntnisse und wegen des Wissens über die Vermögensverhältnisse mancher begüterter Kreise, aber auch als Kundschafter konnten sie den Räubern wertvolle Fingerzeige geben. Unter den Beschuldigten ragt die Zahl von zwei Dutzend Bauern und Müllern zweifellos heraus, von denen die meisten an abgelegenen Ortschaften wohnten und daher nur die Wahl zwischen zwei Möglichkeiten besaßen: entweder mit den Räubern gemeinsame Sache zu machen oder von ihnen ausgeplündert zu werden und Gesundheit und Leben zu riskieren. Daß auch drei Beamte auf der Anklagebank saßen, war wohl nichts Besonderes, da bei minimaler Besoldung sich mancher

Abb. 9   Eine weitere Hinrichtungsszene eines Mordbrenners und Kinderräubers aus
dem Departement Donnersberg.

nach »Nebenverdiensten« umsah und die Unregelmäßigkeiten und Bestechungsfälle zu damaliger Zeit offensichtlich sehr häufig waren.

Schinderhannes' Auftreten vor dem Gerichtspräsidenten Rebmann, vor dem er seine Spießgesellen mehrmals zur Wahrheit ermahnte und sie rügte, wenn sie sich durch Lügen oder Leugnen auf Kosten anderer reinzuwaschen suchten, hat — wie zeitgenössische Berichte immer wieder konstatieren — auf die Zuhörer, zumal auf Frauen, seinen Eindruck nicht verfehlt.

Anstatt eines wilden, ungepflegten und rohen Wegelagerers, der — wie es hieß — einem Maler zum Vorbild teuflischer Bosheit dienen könnte, stand ein gut aussehender, auch durchaus sauber gekleideter und geistig gewandter junger Mann vor Gericht, dessen Bestreben zusätzlich noch dahin ging, Julchen und den eigenen Vater zu schonen und ihre Schuld mit auf sich zu nehmen. Zudem war er offensichtlich von einer heiteren Laune und großer Gelassenheit, was viele Zuhörer überrascht haben muß. Inwieweit dabei die Hoffnung auf eine etwaige Begnadigung durch Napoleon selbst eine Rolle gespielt haben mag, muß vorläufig noch dahingestellt bleiben, bis die französischen Akten ausgewertet sein werden. Im Gegensatz dazu erschienen seine Schicksalsgenossen weitgehend seelisch gebrochen, vor allem vor ihrer Hinrichtung und nachdem Schinderhannes selbst unter der Guillotine zum Tode befördert worden war.

Sieht man sich die etwa hundert nachgewiesenen Straftatbestände des Schinderhannes und seiner Bande genauer an und rubriziert sie teilweise nach Delikten, die im heutigen Strafgesetzbuch verzeichnet sind, so ergeben sich folgende Verbrechen und Vergehen: Landstreicherei und Nötigung, Versuch und Ausführung von Diebstahl und Einbruch, Mundraub und Unterschlagung, Haus- und Landfriedensbruch, Entwendung von Vieh, Einbruch und Erpressung. Dazu kommen Delikte wie schwere Körperverletzung, einige Male solche mit Todesfolge, ferner zweimal Totschlag, über ein Dutzend Mal schwerer Raub, insbesondere Straßenraub und nicht weniger als drei Raubmorde, die jedwede Beschönigungsversuche, dies sei alles nicht so schlimm gewesen, widerlegen.

Bei einer solchen Strafliste muß nach H. Peter Brandt der bisweilen erhobene »modische« Vorwurf, der Schinderhannes und seine Bande seien mehr oder weniger unschuldige Opfer einer einseitigen Klassenjustiz geworden, als fragwürdig, wenn nicht sogar gegenstandslos in sich zusammenbrechen. Wenn sie auch durch ein Spezialgericht aus Berufsrichtern und Offizieren verurteilt wurden, kann an der für damalige Verhältnisse durchaus vorhandenen Rechtsstaatlichkeit und Öffentlichkeit des Verfahrens kein ernsthafter Zweifel bestehen: 68 Angeklagte, 400 Zeugen, zahlreiche Dolmetscher und Verteidiger, sowie etliche Freisprüche weisen eindeutig in solche Richtung.

Verbrechen aus Franzosenfeindschaft?

Biographie und »Werk« des Schinderhannes sind immer wieder auf ihre historischen, aber auch soziologischen und psychologischen Grundlagen durchforstet worden, um zu verbindlichen Auskünften über das Wesen dieses Mannes zu gelangen.

Mit einem gewiß teilweise vorhandenen, aber subjektiv ausgerichteten Rechtsempfinden verband sich bei ihm eine gewisse Eitelkeit und offensichtlich auch Humor, die ihn veranlaßten, die soziale Ordnung und das menschliche Miteinander zu mißachten. So wäre es nicht angebracht, den Schinderhannes etwa mit Michael Kohlhaas vergleichen zu wollen, von dem es hieß, er sei »einer der rechtschaffensten und zugleich entsetzlichsten Menschen seiner Zeit« gewesen. Auch ist er kaum vergleichbar mit Karl Moor, für den diese Erde mit ihren Bindungen und Gesetzen zum Gefängnis geriet und der gegen das »tintenklecksende Saeculum«, d.h. eine schon damals als uferlos und bedrückend empfundene Bürokratie, aufmuckte, der gegen den »Schneckengang der Gesetze« und gegen das »schlappe Kastratenjahrhundert« polemisierte, um sich selbst ausleben zu können. Auch den Vergleich mit Robin Hood, dem Helden vieler englischer Volksballaden aus dem späten Mittelalter, sollte man eher vermeiden.

In Deutschland wurde der Groll unterdrückter Angelsachsen gegen den normannischen Adel und Klerus dichterisch vor allem durch die Balladen von Theodor Fontane rezipiert. Hier steht das Motiv des

Anführers, der mit einer Schar gefügiger Gesellen reiche geistliche und weltliche Herren ausraubte, um ihren Überfluß an die Armen umzuverteilen, im Mittelpunkt. Dies kann jedoch nicht im entferntesten mit Schinderhannes in Verbindung gebracht werden, bei dem von gezielten »Umverteilungsaktionen« bisher aus den schriftlichen zeitgenössischen Quellen nichts ermittelt worden ist.

Auch mit der immer wieder konstatierten Franzosenfeindschaft war es in Wirklichkeit nicht so weit her, wie in der bisherigen Interpretation des Schinderhannes vorausgesetzt und angenommen wurde. Denn gerade auf dem Land hatte eine Errungenschaft der Revolution besonders viele Befürworter und Nutznießer hervorgebracht, die gewiß der Alten Herrschaft nicht mehr nachtrauerten, nämlich die Abschaffung des Feudalismus und die Umwandlung der einst dem Grundherren oder geistlichen Institutionen, etwa Stiften und Klöstern, geleisteten Pachtbeiträge. Kurzum, es kam durch die Ablösung dieser feudalistischen Strukturen zur Begründung einer bürgerlichen Eigentümergesellschaft, an der ein großer Prozentsatz der Land-Leute partizipierte und sich damit auch politisch emanzipierte.

Die Kritik an der napoleonischen Herrschaft wurde erst dann (nach der Hinrichtung des Schinderhannes) wieder stärker, als durch den geforderten Beitrag, ja den Blutzoll an den immer gigantischer werdenden Feldzügen des Korsen durch ganz Europa bis hin nach Rußland beinahe jedes Dorf, jede Familie, Söhne im waffenfähigen Alter für diese Kriege opfern mußte; von daher brachte die offiziell als Verteidigung des französischen Vaterlandes bezeichnete Politik bei den Menschen selbst seit etwa 1806/07 größere Vorbehalte gegenüber dem neuen Regime hervor und begründete zum ersten Mal so etwas wie modernen Nationalismus.

LÄNDLICHER ANTIJUDAISMUS

Dennoch bleibt die Frage offen, ob sich so etwas wie eine Gesamtkonzeption im Treiben des Schinderhannes, und sei sie noch so vage, herauskristallisieren läßt. Und hier ist bezeichnend, daß er von den großen Raubüberfällen, wegen denen er angeklagt wurde, doch übermäßig viele gegen Juden verübt hat. Dies legt den Schluß nahe, daß er seine Opfer nicht zufällig wählte.

Trotz der napoleonischen Judenpolitik, die in einem merkwürdigen Zwielicht bleibt, weil der Korse so philosemitisch nicht war, wie bisweilen aus der Gesetzgebung von 1806 bis 1808 herausgelesen wurde, hatte das Licht der Aufklärung mehr in intellektuellen Zirkeln denn in breiten Kreisen der Bevölkerung gezündet; denn es schien die Befreiung aus dem Verweilen in der Abgeschiedenheit mittelalterlicher Ghettos zu bewirken. Und es gibt wenig Zweifel am Realitätsgehalt der Aussage des Schinderhannes vor dem Mainzer Gericht bezüglich einer Tat vom Oktober 1800, wo er von einem Rentmeister Schüler berichtet, der ihn aufgehetzt habe, den Juden von Merxheim, der die Bauern so plage, einmal zu bestehlen. Als Schinderhannes mit einigen seiner Gesellen diesen Vorschlag in die Tat umsetzen wollte, wurden sie von einer Polizeistreife überrascht. »Ich antwortete ihnen frei« — so Schinderhannes vor dem Untersuchungsrichter — »daß wir den Juden bestehlen gingen, worauf sie uns ohne die mindeste Hindernis gehen ließen.«

Hier ist also keine Spur von Franzosenhaß zu erkennen, sondern sogar eine scheinbar stille Übereinkunft mit den Vertretern der »Besatzungsmacht« im gemeinsamen Antisemitismus — den Begriff gab es zwar damals noch nicht, aber die Sache sehr wohl! — oder dem geschickten Ausnützen eines solchen.

Zu diesem ländlichen Antisemitismus hier ein Zitat aus einem anonymen Schriftstück, das sich im Landeshauptarchiv Koblenz befindet und das sich auf die Kenntnisse beziehungsweise Unkenntnisse über die Schinderhannes-Bande im Birkenfelder Land um 1800 bezieht. Darin heißt es: »Dieser berüchtigte Räuber zeichnet sich unter allen seines Gleichen dadurch aus, daß er nicht allen Menschen Fehde angekündigt hat, sondern die Juden allein sind der Gegenstand seiner Feindseligkeiten. Sonst wurde ein Räuber jederzeit von jeder Menschenklasse verfolgt; jeder spürte ihm nach und machte sich eine Ehre daraus, seinen Aufenthalt ausfindig zu machen. Hier ist aber ein ganz anderer Fall. Der Verfasser vermutet in seiner Einfalt, daß vielleicht

Abb. 10 Peter Hassinger, Kompagnon von Johannes Bückler und mit diesem vor dem Weisenauer Tor hingerichtet.

Abb. 11 Georg Friedrich Schulz, der ebenfalls zusammen mit dem Schinderhannes guillotiniert wurde.

zwei Drittel aller Bürger demselben nichts in den Wege legen werden, ja wohl gar für ihn eingenommen sind. Nicht nur der rohe Landmann, sondern selbst der aufgeklärte Städtebewohner lacht und freut sich über jeden neuen Streich, der an einem Juden verübt worden ist. Selbst fränkische Truppen haben in den Gegenden, wo der Schinderhannes hauste, in gebrochenem Teutsch oft geäußert: Die Schinderhannes ist brav Mann, sie ist klein General, sie verfolgt nur die Spitzbub, die Juden. Und schon manchmal ist von manchem Schurken von Bauer die Äußerung geschehen: der Schinderhannes ist der ehrlichste Mann in der Republik, Gott verleihe ihm langes Leben! Woher aber dieser Haß gegen die Juden bei dem größten Teil unserer Mitbürger? Der Verfasser dieses Aufsatzes glaubt ihn in folgendem zu finden:

1. Diese Sekte lebt, ohne durch Kunstfleiß und Handwerke etwas Nützliches zu verfertigen oder durch Ackerbau nützliche Produkte zu liefern, zum Teil vom Handel und größtenteils vom Wucher und macht sich oft kein Gewissen daraus, 100 bis mehrere 100 Prozent durch Schikane vom armen Landmann zur Zeit der Not zu erpressen.

2. Vor der Revolution lebte diese Sekte fast überall in dem härtesten Druck; in einigen Gegenden war sie gar nicht, in andern nur mit vielen Einschränkungen geduldet. Sie mußten nicht nur ein schweres Schutzgeld zahlen, sondern wurden, wenn sie nur von einem Ort zum andern gehen wollten, mit einem harten Leibzoll gleich dem übrigen Vieh belastet. Durch die veränderte Verfassung wurden sie, wie billig, in gleiche Menschenrechte eingesetzt. Die Vorteile der Freiheit und Gleichheit kamen ihnen ebenfalls zustatten; mancher wurde dadurch übermütig und reizte den Neid und die Eifersucht manches Christen gegen sich . . .«

Kann es nach Kenntnis dessen also wundern, daß zur Zeit des Dritten Reiches mit der verbrecherischen sogenannten »Endlösung« im Holocaust die entschuldigend gemeinte Aussage, Schinderhannes sei ja »nur« ein Feind der Juden gewesen, besonders herausgestellt wurde? Dabei ist die Tatsache, daß unter den Opfern der Bande die jüdische Bevölkerungsgruppe ungleich stark vertreten war, aber wohl nicht auf einen »persönlichen« Antisemitismus oder Antijudaismus von Johannes Bückler zurückzuführen, sondern eher darauf, daß bei den Handelstreibenden auf alle Fälle mehr an Vieh und Bargeld zu holen war. Freilich ist dennoch, absolut gerechnet, die Mehrzahl seiner Opfer christlicher Provenienz gewesen, unter ihnen etwa allein ein halbes Dutzend Mühlenbesitzer.

Gewiß wäre es übertrieben, davon zu sprechen, daß eine Leit-Idee existierte, sich an den Juden schadlos zu halten; aber es scheint doch gerade hier, wenn überhaupt irgendwo, ein Motiv dafür zu liegen, daß nicht wenige Landleute aufgrund ihrer traditionellen Aversionen gegen die Viehhandelsjuden an den Taten dieses Räubers »positive Züge« entdeckt haben könnten. Im übrigen gab es Gemeinden im Hunsrück, etwa Gemünden, die man wegen der großen Zahl der in ihnen ansässigen jüdischen Vieh- und Pferdehändler bis weit ins 20. Jahrhundert hinein als »Klein-Nazareth« bezeichnete.

Aus diesem Gedanken allerdings schließen zu wollen, der vermeintliche Robin Hood des Hunsrücks sei ein sozialer Anwalt und ein Vorkämpfer unterdrückter Landleute und Klein-Bauern gewesen, selbst wenn er sich als solcher gefühlt haben mochte oder als einen solchen ausgab, um sein Treiben irgendwie rechtmäßiger erscheinen zu lassen, ist übertrieben, unwahrscheinlich und kann jedenfalls nicht sicher behauptet werden.

Daß freilich hier einer der wichtigsten Ansätze der Volksüberlieferung von jenem Schinderhannes liegt, der einen Krieg gegen Reiche, Juden und Franzosen führe, während die Obersteiner Handwerker und Hausierer nichts von ihm zu befürchten hätten, und daß die Gerissenheit, Frechheit und der gewisse Humor bei seinem Vorgehen auf den Beifall vieler Landleute spekuliert haben mögen, sagt noch nichts über eine sozial motivierte Gesamtkonzeption aus, die, wenn überhaupt, dann nur in Spurenelementen vorhanden gewesen sein dürfte.

Wie aus solchen vagen Hinweisen in der Volksüberlieferung dann allerdings ein Mann werden konnte, der sich gewissermaßen als ein Werkzeug in der Hand der Vorsehung, ja als ein von Gott Gesandter fühlte, welcher ausgezogen sei, die Geizigen und die Reichen sowie die Verräter und Unterdrücker zu züchtigen: dies zu untersuchen, wären die Germanisten und Volkskundler nicht nur befugt, sondern verpflichtet, um so an der Nahtstelle zwischen Realität und Wunschtraum

Abb. 12   Stieg mit Schinderhannes gemeinsam aufs Schafott: Johann Müller (Vater), genannt Müllerhannes oder »Butla«.

und seiner Tradierung die genaue Einbruchstelle der Phantasie zu markieren.

Ein wirres Zeitalter

Man hat die Entstehung von Räuberbanden wie der des Schinderhannes mit der Auflösung des Heiligen Römischen Reiches und der Phase seiner absoluten Instabilität vor und nach der Französischen Revolution in Verbindung gebracht. Daraus habe eine öffentliche Unsicherheit resultiert, die von ehr- und friedlosen Leuten aller Art, von Zigeunern, landstreichenden Quacksalbern und Scharen von Bettlern, aber auch von vielen desertierten Soldaten und Landsknechten ausgenutzt worden sei. Sowohl im Nassauischen, wo der Schinderhannes zur Welt gekommen sein soll, als auch im Hunsrück, an der Nahe und im Soonwald, wo sich sein Wirken und Treiben besonders intensiv entfaltete, sei es wegen vieler natürlicher Schlupfwinkel nicht leicht gewesen, die Räuberbanden einer schnellen und sicheren Justiz zuzuführen, obgleich der absolutistische Staat sich schon nach Kräften um die Hebung der Moral und die Aburteilung der Eigentumsdelikte bemühte.

In der Tat war dieses 18. Jahrhundert neben Aufklärung und geistigen Impulsen eine Zeit, in der die Ufer des Rheins von der Schweiz bis zu den Niederlanden — von jeher ein Zankapfel — fast ununterbrochen den Kriegsschauplatz der holländischen, französischen, preußischen und kaiserlichen Truppen abgaben. Hatten gestern die Franzosen gesiegt, so konnte heute das Kriegsglück den Österreichern hold sein, morgen waren dann vielleicht die Preußen wieder an der Reihe.

Gesetz und Ordnung, Ehre und Moral wurden in diesen Kriegszügen weithin über den Haufen geworfen; die Wirren und Erschütterungen schafften den Nährboden für plündernde Landsknechte, Marodeure, Abenteurer, politische Hitzköpfe und Heißsporne, Hochstapler, Schieber, Diebe, Wegelagerer, Räuber und Halsabschneider. Da schossen gewissermaßen Menschen jenes Schlages wie Pilze aus dem Boden, denen die Lust am Untergang, die Zerstörungswut zur zweiten Natur gewesen zu sein schien. Das war die Blütezeit für die Banden, die im

Hunsrück und Taunus, im Odenwald und Spessart, am Niederrhein und in Holland, in Frankreich und anderswo ihr Unwesen trieben und ihre Grausamkeiten begingen.

Die zerrüttete politische und gesetzliche Ordnung erlaubte es ihnen immer wieder, sich der Verfolgung zu entziehen, indem sie von einem der zahlreichen Kleinstaaten in den anderen wechselten und Unterschlupf in den noch schwer zugänglichen Wäldern suchten, wo sie vor jedem staatlichen Zugriff so gut wie sicher schienen.

Daß unter diesen Umständen so mancher junge Mensch, der in diese Zeit und Gegend hineingeboren wurde, auf die schiefe Bahn geriet, bedurfte oft nur eines leichten Anstoßes, um ihn auf Abwege zu führen und zu illegalen Taten zu ermuntern.

Vor solchem Hintergrund werden auch die Ausführungen verständlich, die ein ungenannter Zeitgenosse vor Beginn des Schauprozesses gegen den Schinderhannes und seine Mitangeklagten am 24. Oktober 1803 niederschrieb: »Dem wohlwollenden Freunde der Menschheit kann der Anblick dieser großen Zahl von Verbrechern und das harte Schicksal eines großen Teils derselben nichts anderes als Bedauern und Betrachtungen über das Mangelhafte unserer gesellschaftlichen Verfassung erwecken. Die meisten derselben sind junge Leute, die während des Kriegs und der schrecklichen Szenen, die er veranlaßte, ohne Unterricht und Erziehung aufwuchsen.

Mehrere hat die bittere Armut, die Zerstörung jeder Nahrungsquelle durch den Krieg oder nur durch die Furcht vor den Anführern der Räuberbande in eine minder strafbare Verbindung mit ihnen gebracht, wofür sie nun hart büßen. Die Anarchie, welche in den Gegenden herrschte, die so lange der Schauplatz des Kriegs waren, die Lähmung der obrigkeitlichen Gewalt begünstigte diese Menschen, auf dem Pfade fortzufahren, den sie einmal betreten hatten. Sie würden das Maß ihrer Verbrechen nicht so haben anhäufen können, wenn Ordnung, Friede und Ruhe im Lande geherrscht hätten. Dann würde man ihren Gewalttaten bald ein Ziel haben setzen können; und manche, welche jetzt auf dem Schafott bluten werden, hätten nach einer milderen Strafe ihrer Vergehungen wieder reuige und rechtliche Menschen werden können.« Dann folgt eine pädagogisch-psychologische Feststellung:

»Der Mensch ist das, was er ist, durch Erziehung, Unterricht und Beispiel; beides erstere fehlte ihnen ganz, und die Handlungen verheerender Soldaten waren ihnen kein edles Muster.«

Eine »lose« Bande

Zur Zeit des Auftretens des Schinderhannes stand das Räuberunwesen an beiden Ufern des Rheins durch Verbrechen und Gewalttaten mehrerer Banden von der Schweiz bis in die Niederlande hinein in voller Blüte und hat auch nach Verurteilung und Tod des Johannes Bückler keineswegs aufgehört. Die turbulenten Zeitumbrüche von der Aufklärung über die französische Revolution, die Rückeroberung, die abermalige zweite französische Besetzung und die Integration des linken Ufers in das napoleonische Empire und die nach den Befreiungskriegen bis zur Neueinteilung des Gebietes nach dem Wiener Kongreß instabilen Zwischenverwaltungen, kurz gesagt: bisweilen über ein halbes Dutzend Regime, Besetzungen und politische Umbrüche innerhalb von gut zwei Jahrzehnten, ließen in diesen vordemokratischen Zeiten Begriff und Idee des Rechtes und seiner Anwendung offensichtlich immer mehr verblassen und ermatten.

Ferner wird in der Ursachenkette für ein organisiertes Räuber- und Bandenwesen der territoriale Pluralismus, besonders jener im Südwesten des Alten Reiches, angeführt. Ein Historiker des 19. Jahrhunderts hat statistisch exakt nachweisen wollen, daß es 1789, im Jahr der Französischen Revolution, just 1789 Territorien und Kleinstherrschaften auf dem Boden des Reiches gegeben habe. Sie zu markieren würde noch heute die Möglichkeiten einer einzigen Landkarte bei weitem übersteigen. (Freilich dürfte diese Zahl, wenn man die vielherrischen Gebiete und die wechselnden Ortsherrschaften hinzunimmt, eher zu niedrig als zu hoch berechnet sein.)

Bei der Verfolgung von Räubern und der Auslöschung dieser Landplagen hätten sich, so der allgemeine Vorwurf, die Herrschaften der kleinen Territorien und Zwergstaaten nur selten in die Hände gearbeitet, so daß das einfache Überspringen eines Grenzbaches vor der Verfolgung durch den Nachbarstaat geschützt habe und sich die Räuber aus diesem Grund auch mit Vorliebe an den Grenzen betätigten. Ihr Zuhause sei auf einsamen Höhen und in Mühlen gewesen.

Ob allerdings auch die »naive Justiz« der alten Zeit dafür mitverantwortlich zu machen ist, daß die Räuber ungeniert ihr Unwesen treiben konnten, mag dahingestellt bleiben. Freilich, in der Regel wurden die Verbrecher außer Landes gewiesen, abgeschoben, und es war nicht unwahrscheinlich, daß sie dort ihr Treiben in altem Stile fortsetzten. So wurden etwa im Hanauischen einige Landstreicherinnen mit dem Buchstaben OC, d. h. »Oberrheinischer Crais«, gebrandmarkt und ihnen auf diese Weise verboten, jemals wieder dieses Kreisgebiet des Reiches zu betreten. Aber es heißt im Protokoll über eine von ihnen, dies sei das sechste Brandzeichen, das an ihr »nach vorgängiger Besichtigung« zu ermitteln gewesen.

Ein weiterer Grund, warum sich die Banden dem Zugriff von Polizei und Justiz relativ leicht zu entziehen vermochten, dürfte die auch weiten Teilen des Volks unverständliche eigene Gaunersprache gewesen sein, die ein Gemisch von deutschen, italienischen, hebräischen, jiddischen und der Zigeunersprache entlehnten Ausdrücken darstellte.

Und schließlich ist zu bemerken, daß die Bande des Schinderhannes sich nach jedem »größeren Coup« wieder auflöste, d. h. also nicht fest strukturiert war und sich sozusagen pragmatisch aus einem Sympathisanten-Feld von Fall zu Fall ergänzte.

Sozialer Protest

Daß allerdings grundsätzlich in der ganz gewöhnlichen Kriminalität, wie sie in Tausenden von Fällen Polizei und Justiz begegnete und beschäftigte, bisweilen auch ein Stück sozialen Protests mit verpackt sein konnte, ist der modernen Kriminologie durchaus bekannt und eher geläufig, während es immer noch außergewöhnlich erscheint, wenn Historiker diesen Problemkomplex aufgreifen und zu erforschen suchen.

Abb. 13   Franz Bayer, Mitglied der Schinderhannes-Bande und vor dem Weisenauer
Tor hingerichtet.

Der englische Historiker Eric Hobsbawm hat in seinem Buch über »Die Banditen« die Bedingungen erforscht, unter denen gerade in agrarischen Gesellschaften immer wieder einige Menschen die Mühsal und die Plackerei der Landarbeit mit dem scheinbar ungebundenen, jedoch risikoreichen und gesetzlosen Leben des Räubers vertauscht haben.

Er führt wörtlich aus: »Banditentum bedeutet Freiheit, doch können in einer bäuerlichen Gesellschaft nur wenige frei sein, während die meisten an doppelte Ketten gefesselt sind, die sich gegenseitig noch verstärken: Herrschaft und Arbeit. Nicht so sehr ihre wirtschaftliche Schwäche macht die Bauern zu Opfern der Obrigkeitsgewalt und Zwangsherrschaft (. . .), sondern vielmehr ihre Unbeweglichkeit. Verwurzelt mit dem Land und gebunden ans Gehöft, sind sie so unbeweglich wie Bäume (. . .)«.

Aufgrund dieser Tatsache ist immer nur ein geringer Teil bäuerlicher Bevölkerung in der Lage, den Weg in die Gesetzlosigkeit anzutreten und zu gehen. Die Gruppe der Outlaws, der Banditen, die vor der Ausbeutung und Unterdrückung des Grundherren oder lokaler Behörden in die Berge fliehen, um mittels Raub, Mord und Totschlag auf primitive Weise auch gegen die althergebrachte Ordnung der Dinge zu rebellieren, setzen sich demzufolge in der Regel auch aus anderen Schichten zusammen. Mit anderen Worten: es sind nicht zuletzt randständige Existenzen der Agrargesellschaft, die den Nährboden des Banditentums bilden — also, grob gesprochen, Leute, denen ihre soziale Stellung ein Mindestmaß an Ungebundenheit belassen hat. Nach Hobsbawms Definition zählen dazu arbeitslose Landproletarier, entflohene Leibeigene, abgerüstete Soldaten, Deserteure oder auch Hirten, denen es aufgrund ihrer halbnomadischen Lebensweise leicht fällt, sich allen Mechanismen sozialer Kontrolle zu entziehen.

Aber die Reihen der Straßenräuber werden zudem aus einem anderen Reservoir aufgefüllt. »Es gibt«, so der englische Historiker nochmals, »eine (. . .) Klasse potentieller Banditen, die in mancher Hinsicht sogar die wichtigste ist. Man gehört ihr aus individuellen und spontanen Gründen an (. . .). Zu dieser Klasse zählen Männer, die nicht gewillt sind, die unterwürfige und passive Untertanenrolle des Bauern zu spielen: die Hartnäckigen und Widerspenstigen, die individuellen Rebellen, Leute, die wollen, daß andere vor ihnen zittern. In der herkömmlichen Agrargesellschaft mögen es nur wenige sein, doch gibt es stets welche, die sich angesichts einer Ungerechtigkeit (. . .) nicht demütig der Gewalt beugen (. . .), sondern ganz im Gegenteil den Weg des Widerstandes und der Gesetzlosigkeit gehen.«

Das sind also die Männer, aus deren Taten sich der Mythos vom edlen Räuber speist; doch in der Mehrzahl der Fälle hat die Auflehnung der Banditen gegen Recht und Gesetz der Herrschenden noch keine politische Qualität aufzuweisen. »Das individuelle Empörertum dieser Rebellen ist sozial und politisch ohne Basis; unter normalen, nichtrevolutionären Umständen stellen sie nicht Vorhut einer Massenrevolte dar, sondern viel eher ein Produkt der allgemeinen Lethargie der Armen sowie zugleich deren Gegenteil: sie sind die Ausnahme, die die allgemeine Regel bestätigt.«

Über die Herkunft der Banditen läßt sich zusammenfassend und vereinfachend nach den neueren Forschungen feststellen:

Die beiden in der Hauptsache auftretenden Typen von Banditen unterscheiden sich zunächst in ihrer verschiedenen sozialen Herkunft. Die ländliche Bevölkerung ist die Heimat des Bauernbanditen, des »idealtypischen Sozialrebellen«. Namentlich in Zeiten besonderer Not und Unterdrückung beginnen sich einzelne Bauern gegen offensichtliche gesellschaftliche Mißstände zu wehren. Sie bekämpfen mehr oder minder bewußt die unerträglichen Auswüchse herrschaftlicher Willkür, stellen jedoch keinesfalls die Herrschaftsverhältnisse an sich in Frage.

Eine andere Einstellung zu Staat und Gesellschaft zeigen die Vertreter einer starken ländlichen, meist vagierenden Unterschicht. Ihre Mitglieder — in erster Linie Vaganten, dann Angehörige »unehrlicher« Berufe, Zigeuner und ein Teil der jüdischen Bevölkerung — sehen sich ausnahmslos meist ohne eigene Schuld in sozial geringgeachteter und wirtschaftlich kaum hinreichender Lage. Sie haben dabei nur selten die Möglichkeit, ihren Status aus eigener Kraft zu ändern, und sehen sich überdies noch scharfen polizeilichen Verfolgungen ausgesetzt. Diese ins gesellschaftliche Abseits gedrängte Bevölkerungsgruppe bildet im achtzehnten Jahrhundert nahezu geschlossen ein internationales Gaunerwesen. Ihre Angehörigen verstehen sich mehr oder minder ausgeprägt als erklärte Gegner einer Ordnung, die ihnen keinen zureichenden Platz bietet. Gewissermaßen als »harter Kern« dieses Gaunertums erscheinen die Räuberbanden. Während die Lebensweise des Gauners als defensiv zu bezeichnen ist, einzig darauf ausgerichtet, in feindlicher Umwelt zu überleben, trägt das Vorgehen des Räubers bisweilen Merkmale offenen Aufbegehrens.

Aber sie verfügen im Grunde über keinerlei politische Programmatik. Ihre Aktivitäten gegen die, bei denen am meisten Beute zu holen ist, sind nicht in ein theoretisches Gesamtkonzept einbezogen, das etwa auf eine Änderung von unterdrückenden gesellschaftlichen Bedingungen abzielt. Damit ist ihr Auftreten lediglich nur in Ansätzen Ausdruck eines unmittelbaren, unreflektierten, in diesem Sinne »primitiven« oder »archaischen« sozialen Protests.

Und bei Schinderhannes scheint die Thematisierung des Banditen als Rebellen noch problematischer als möglicherweise bei anderen Räubern und Gaunern seiner Zeit. Obgleich wegen der geringen Überlieferung sowie des herrschenden Analphabetismus in diesen Kreisen banditische Selbstzeugnisse äußerst selten sind und auf der anderen Seite das Verhör-Material in seiner Sicht oft einseitig die Auffassung der aburteilenden Obrigkeit wiedergibt, somit also kaum gesicherte primäre Quellen vorliegen, kann doch vorsichtig gefolgert werden, daß sich mancher Bandit prinzipiell des Umstands seiner Herkunft aus einer verachteten und verfolgten Bevölkerungsschicht bewußt war und teilweise auch aus diesem Bewußtsein heraus seine illegalen Aktionen begründete. So könnte man sagen, daß man zwar im Zusammenhang mit Schinderhannes auch die These vom Banditen als Rebellen durchaus diskutieren und differenziert analysieren muß, daß sie aber — auch was die Erörterung über den »Rang« des Banditen in den Augen des Volkes betrifft — kaum oder nur sehr unbestimmt anwendbar erscheint.

Volkstümlicher Chor der Inkompetenz

So neige ich weder der These zu, Schinderhannes sei ein durch und durch politisch motivierter Täter, noch jener, er sei revolutionärer

Sozialbandit gewesen. Ablehnend stehe ich auch jenen Überlegungen gegenüber, die pauschal davon ausgehen, als Angehöriger einer deklassierten Schicht von Nichtseßhaften sei er von vornherein allein aus Überlebensgründen auf derartig organisierten Diebstahl und Raub angewiesen gewesen. Vielleicht müssen wir demnächst in bezug auf die Liebschaften des Johannes Bückler die These zur Kenntnis nehmen, seine Taten seien irgendwie und vorwiegend sexualpsychologisch und psychopathologisch zu deuten. Bei solcher Interpretation wäre die präsentierte Quellenbasis besonders interessant, d. h., ich vermute, ja bin fast sicher, daß diese These schlüssig niemals wird verifiziert werden können.

Obgleich in allen diesen erstgenannten Argumentationen ein Gramm oder gar ein beträchtlicher Teil historischer Realität stecken mag, sind doch viele Taten des Schinderhannes immer noch und nicht bestreitbar eher in die Kategorie von gemeinen »Berufs«-Verbrechen und Kriminalfällen einzuordnen; und er eignet sich, so gesehen, von seiner historischen Gestalt her kaum für eine nachträgliche Rehabilitation, Glorifizierung und Heldenverehrung.

Der erste Biograph des Schinderhannes, der damalige Sicherheitsbeamte von Simmern, J. Nikolaus Becker, schrieb bereits im Jahre 1804 Worte nieder, die einerseits von der in den Augen der Behörden unverdienten Anhänglichkeit der Bevölkerung an den »König« des Soonwaldes zeugen, andererseits sein verbrecherisches Potential und seine diesbezüglichen Aktionen klar verurteilen: »Die Leser in fernen Gegenden werden nun hoffentlich ihre Meinung über den großen Helden, von dem man mit Auszeichnung oder gar wohl mit Bewunderung sprach, ändern.« Becker wünschte, daß es solche Verbrecher in Zukunft nicht mehr geben möge.

Zwischen Wahrheit und Legende, zwischen Historie und Wunschvorstellung schwankte immer wieder und wird noch lange das Bild und die Auffassung vom Schinderhannes schwanken! Und es ist ja in der Tat so, daß dort, wo es an Quellen mangelt oder die herausgegebenen Quellen in Jahrzehnten an breiten Kreisen sozusagen vorbeifließen oder schlichtweg nicht zur Kenntnis genommen werden, Dilettantismus und Scharlatanerie, ja bisweilen wissenschaftliche Hochstapelei

Abb. 14   Christian Reinhard, mit Bückler guillotiniert.

wuchern und sich eines historischen Namens bemächtigen, um vordergründige oder hintergründige Zwecke zu erreichen. So werden auch vielfach in den modernen Medien unter dem Deckmantel der Nostalgie oder der Stärkung des historischen Bewußtseins, die man heute für notwendiger hält als vor Jahrzehnten, wenn auch leider noch nicht mit allen Konsequenzen, mit einer ungeheuren Breitenwirkung Mutmaßungen und Spekulationen verbreitet, während die eigentlich auch erfolgende seriöse Forschung sich in dem Chor der Inkompetenten nur noch schwer einen Platz verschaffen kann. Publizistische Ergüsse und grobe Vereinfachungen ohne große Mühen intensiver Recherchen frisch dem Publikum serviert, können, wie wir es täglich neu erleben, jeden wirklichen Sachverstand zur Karikatur verkommen lassen. Aber die Volksüberlieferung scheint — aus irgendwelchen Neigungen, Anlagen und Zuschreibungen heraus, die man von allem Anfang an und nicht erst im 20. Jahrhundert mit dieser Gestalt des Schinderhannes in Verbindung brachte — wirksamer zu sein als jeder historische Annäherungsversuch. Dies soll nicht kritisiert, sondern nur festgestellt werden, weil die Volksphantasie sich immer wieder jenseits der Realität eine neue, vermeintlich erhöhte, erhabene Wirklichkeit schafft und durch mündliche Tradition und Ausschmückung der ausufernden Phantasie die Sporen gibt.

Von daher kommt es denn auch, daß — um ein Beispiel zu nennen — in einem Zeitalter rationaler Wissenschaft heute noch eine der am häufigsten an das Mainzer Stadtarchiv gestellten Fragen ist, wo sich denn jene düstere mächtige Pappelallee befinde, in deren Schatten das schaurig-schöne Hinrichtungsspektakel stattfand. Diese Allee, eine vermeintlich historische Tatsache, ist jedoch in Wirklichkeit damals der Phantasie des Kurt Elwenspoek entsprungen, von dem wiederum seinerseits Zuckmayer das Motiv übernommen hat.

Zur Verteidigung und Entschuldigung des Schinderhannes hat die volkstümliche Überlieferung einige Klischees hervorgebracht, die bei näherer Betrachtung und Analyse historisch jedenfalls in sich zusammenbrechen und sich als mehr oder minder haltlos erweisen. Sie lauten zusammengefaßt in populärer Diktion: Die Verbrechen des Schinderhannes waren ja gar nicht so schlimm; Schinderhannes ist selbst nie gewalttätig geworden; er war ein Helfer der Armen, »nur« ein Feind der Juden, ein mutiger Held, ein Freiheitskämpfer oder Freischärler gegen die französische Fremdherrschaft und wurde schließlich das unschuldige Opfer einer feindlichen Klassenjustiz.

Woher aber dieser Ruhm, bei dem es offensichtlich nicht mehr um rationale Aspekte geht? Vielfach hört man die Ansicht, der öffentliche Mammutprozeß in Mainz habe allein das Renommee des Schinderhannes begründet. Aber es gibt mehrere Belege dafür, daß er schon zuvor außerordentlich bekannt und sein Name und übler Ruf sogar bis nach Paris gedrungen waren. Im übrigen dürfte der ungeheure Volksauflauf bei der Hinrichtung auch darauf zurückzuführen sein, daß geschlagene zwanzig Jahre lang der Mainzer Galgen seit den Justizreformen der Aufklärung außer Funktion gesetzt war und man nunmehr das in vielen seriösen wie reißerischen Pamphleten beschriebene neue Todesinstrument der Guillotine einmal aus nächster Nähe erleben konnte.

Um nochmals auf Schinderhannes zurückzukommen: Eine in allen Punkten schlüssige Erklärung für seinen Ruhm kann der Historiker allein nicht liefern. Wahrscheinlich liegen die Ursachen in emotionalen Bereichen und alten mythischen Vorstellungen, die sich einer wissenschaftlichen Überprüfung allzu leicht entziehen.

Die Kommandogewalt über eine schreckenerregende Bande, das Umherstreifen in finsteren Wäldern, auf alten Burgen und einsamen Mühlen, das Feiern rauschender Feste in Gesellschaft ausgelassener Mädchen, ein teilweise fideles Leben ohne Streß des Alltags, mit großem Einkommen und ohne Abgaben — das mag nach Brandt zu den geheimen Sehnsüchten vieler, vielleicht über Jahrhunderte hinweg, gehören. Da werden schnell die negativen Seiten im Leben des Räuberhauptmanns verdrängt: die bittere Armut, die Kümmerlichkeit der Lebensverhältnisse, die beständige Angst vor Entdeckung, die Verfolgung, die Gefangenschaft und die unbestreitbare Kriminalität.

Alles in allem erschien es einmal erforderlich, obwohl es wenig Gehör finden wird, die historisch faßbare Gestalt des Schinderhannes von dem literarischen Stoff zu unterscheiden. Freilich gibt da der historische weniger her, was ja auch für andere Gestalten der Weltliteratur Gültigkeit hat. Was ist — um es nochmals zu betonen — der historische

Faust etwa ein erbärmlicher Wicht gegenüber dem von Goethe verewigten!

Da mag sich die historische Forschung abmühen, ja die Zähne ausbeißen; und selbst, wenn wir die Biographie von Faust, von Schinderhannes, von Kaspar Hauser gänzlich aufhellen könnten, bliebe die Dichtung — gottlob — bestehen und bliebe einflußreicher und wirkmächtiger als jedwede historische Analyse.

PRODUKT VON »PUBLIC RELATIONS«

So betrachte man denn die Figur des Schinderhannes neben den vielen Moritaten-Bilderbögen, die über ihn im Umlauf sind, auch ein wenig als Produkt einer Art volkstümlicher und intensiver Öffentlichkeitsarbeit, von deren Auswirkung in unseren Regionen kaum jemand in seiner eigenen Biographie verschont geblieben ist; auch ich nicht. Denn meine erste Begegnung mit dieser Gestalt stammt aus den Berichten meiner Großmutter väterlicherseits, die von ihrer Großmutter mütterlicherseits angeblich genau wußte und sehr realistisch schilderte, wie diese mit ihm, dem sozialen Helden und Freund der Armen, auf dem Kirchweihfest in Bernkastel an der Mosel das Tanzbein geschwungen hat.

Mundpropaganda über Taten, die sich an Witz gegenseitig übertrumpfen, und stilisierte Öffentlichkeitswirkung kann einen Kriminellen durchaus mit positiven Zügen belichten; und wo viel Schatten, da begibt man sich automatisch auf die Suche nach Licht.

Bei Schinderhannes und der versuchten historischen Annäherung an seine Person bleibt festzustellen:

Hunderte von Gedichten und Liedern, Volks-, Puppen- und Schauspielen, von Lebenserinnerungen, Erzählungen, Volksbüchern, Trivialgeschichten, Kolportagen, Romanen, von kriminalistisch-biographischen Versuchen, Theaterstücken, Filmen, Musicals, Operetten und gar eine Oper sollten in den fast 200 Jahren seit den ersten Steckbriefen und dem ersten Schinderhannes-Gedicht von 1798 folgen. Sie sollten an der Stilisierung, Idealisierung und Mystifizierung dieses Schinderhannes mitwirken und so zu seinem Ruhme beitragen, »ein Räuber zu sein, wie er im Buche steht«, der deutsche Räuber schlechthin, obwohl er doch »neben dem bayrischen Hiesel etwa, neben Picard und Fetzer, Damian Hessel, Leichtweis, dem Hölzerlips, dem Sonnenwirthle, Krumfingers-Balthasar und manchen anderen — in Wirklichkeit nur eine räuberische Randfigur gewesen und zeit seines irdischen Lebens bis ins Jahr 1803 geblieben ist« (H. Knebel).

Otto Stückrath hat 1936 vermerkt: »Schinderhannes hat nicht nur das Schrifttum Deutschlands, sondern auch das des Auslandes befruchtet; und man kann sich kaum des Eindrucks erwehren, als sei unsere Zeit die einer wahren Schinderhannes-Renaissance.« Und mit Hajo Knebel aus Simmern möchte ich hinzufügen, Schinderhannes-Zeit existiert zu jeder Zeit, denn: die Literatur, geschrieben oder ungeschrieben, aufgezeichnet oder im Volksmund erzählt, hat Schinderhannes unsterblich gemacht. Da offensichtlich ein ganzes Bündel von Motiven maßgeblich war, bleibt also immer noch schwer auszumachen, warum ausgerechnet der Schinderhannes so lange und so intensiv in der Erinnerung fortlebte und fortlebt. Diese Frage wird wohl auch nie plausibel zu lösen sein. Freilich, er war ein junger Mann, als sein Kopf unter der Guillotine fiel. Ein kaum Erwachsener mußte, so der Mythos, büßen, daß er Opfer widriger Umstände geworden. Sein Leben blieb unerfüllt und ist umgeben von der Tragik eines frühen Todes. Während der Gerichtsverhandlungen hatte der »Hannes« überdies zweifellos eine Portion Intelligenz vor großer Öffentlichkeit bewiesen. Vor allem aber zeichnete er sich durch Humor, Frohsinn und eine gewisse Liebenswürdigkeit aus, und nie hat er die allgemeinen Attribute mittelrheinischer Mentalität verleugnet.

Auf diese Weise ist es auch zu erklären, daß sich die Menschen seiner engeren und weiteren Heimat immer wieder mit ihm beschäftigten und noch heute über ihn erzählen. Dabei mögen neben abergläubisch-altertümlichen Vorstellungen sowohl Tendenzen zur Unterhaltung, ja Bestrebungen, Aufsehen zu erregen, wie auch menschlich-soziale Anliegen bestimmend sein. Wer den Namen des Schinderhannes nennt und über ihn spricht, will sich offensichtlich erheitern und, wie noch

Abb. 15 Schinderhannes-Genosse Philipp Klein.

Abb. 16 Andreas Georg Friedrich Rebmann (1768–1824),
der Richter des Schinderhannes. Gemälde im Landesmuseum
Mainz, Stadtgeschichtliche Abteilung.

in jüngster Zeit durch den publizistischen Wirbel um sein Skelett
geschehen, Makabres und Okkultes beschwören.

Daneben wird sein Erscheinungsbild für breite Kreise immer wieder
in einer fixierten Weise popularisiert. So brachte die Bild-Zeitung am
22. Februar 1955 — ich entnehme das einer volkskundlichen Dissertation — unter der Schlagzeile »Schinderhannes stahl für Arme« einen
Bericht über den französischen Posträuber Barthelémy Warzee. Um
ihn den deutschen Lesern leichter »verständlich« zu machen, wird er als
»Frankreichs moderner Schinderhannes« bezeichnet. »Er war Dieb und

Wohltäter zugleich. Fast die gesamte Beute verteilte er an Arme.« Wie dieser Bericht, bezog sich auch Martin Ruppert, der frühere Chef des Feuilletons der Allgemeinen Zeitung Mainz, in der Frankfurter Allgemeinen vom 7. Februar 1956 auf die edlen Absichten Johannes Bücklers. Unter der Überschrift »Schinderhannes kam bis Oradour...« kritisierte er die Darmstädter Aufführung von John Whittings Drama »Der Tag des Heiligen«.

Dabei spricht er, um die sozialen Absichten eines Gangsters zu verdeutlichen, von dem »Schinderhannestyp als Bandenchef, der die Herren mordete, (...) den Diener aber großmütig leben (ließ)«. Beide Zeitungsartikel, also lange vor der Ernennung eines eigenen »Schinderhannes-Beauftragten« durch den Mainzer Oberbürgermeister Jockel Fuchs im Jahre 1983 erschienen, können stellvertretend belegen, daß die sozial bestimmte Tat gerade dann, wenn sie mit Raub und Gewalt verknüpft ist, die Assoziation an den Namen und die Gestalt des Schinderhannes hervorruft. Johannes Bückler, der Verbrecher aus gekränkter Ehre, gilt daher in weiteren Kreisen ebenso als Symbol des edlen Räubers, wie er bisweilen als Inbegriff tollkühner Streiche und rheinischen Humors angesehen wird.

Dagegen steht ganz klar die andere Auffassung, die etwa der Frankfurter Anatom Johann Christian Lucae bereits bei der Beschreibung des echten oder vermeintlichen Skeletts im Jahre 1854 ausdrückte: »Der Schädel Bücklers (vulgo Schinderhannes), des frechen, aber feigen, ebenso lüderlichen als leichtsinnigen, gern mit der falschen Hülle der Volkstümlichkeit prunkenden Räuber- und Mordbrenner-Hauptmanns, nebst dem Schädel Petris (vulgo Schwarzer Peter), des rohen, dem Trunk ergebenen, im Trunke aber einem Raubtiere gleich, zu Mord und den niedrigsten Grausamkeiten geneigten Zeitgenossen des Obengenannten, ist Eigentum der Anatomie zu Heidelberg.«

DIE »UNSTERBLICHKEIT« DES HANNES

In wesentlichen Teilen ist sein Bild von heute ein Produkt späterer Retuschierungen am alltäglichen Kampf um Geschick und Schicksal

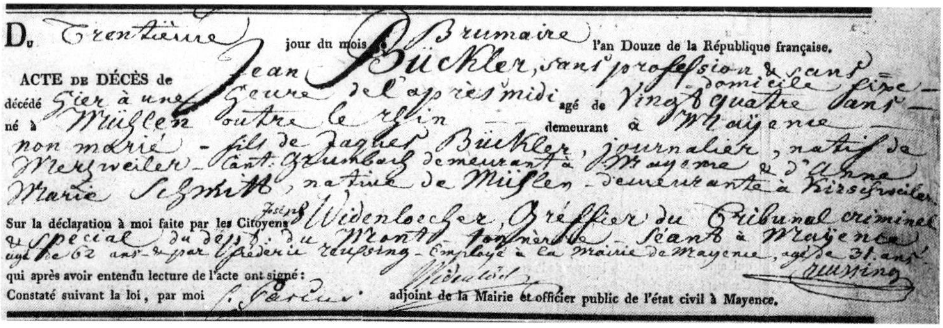

Abb. 17 Todeseintrag des Schinderhannes in den Zivilstandsregistern der Stadt Mainz.

einer Räuberbande. Denn gerade die Rezeption der Schinderhannes-Gestalt — Herausstellung seiner vermeintlichen Franzosen-Feindschaft zur Zeit der Besetzung des Rheinlands von 1919 bis 1930 und Hervorhebung seiner vermeintlichen durchgängigen Judenfeindschaft besonders in der Zeit des Dritten Reiches: das alles sagt über die verqueren und bisweilen ideologisch aufgemöbelten Geschichtsbilder der jeweiligen Zeit mehr aus, als es Erkenntnisse über die eigentliche historische Figur bringt, die hinter allem steht.

Und das, was man mit Hajo Knebel die Unsterblichkeit des Schinderhannes nennen könnte, ist in Wirklichkeit die Unsterblichkeit vieler Probleme, aber auch Tabus und Klischees, für deren Lösung dieser Stoff symbolhaft und stellvertretend herhalten soll. Denn der wirkliche, der historische Schinderhannes, dem diese Bemühungen und Annäherungsversuche galten, ist fast zwei Jahrhunderte tot.

Aber — um nochmals mit Knebel zu sprechen — der wahre, der literarische Schinderhannes lebt und ist in dem eben beschriebenen Sinn »unsterblich« geworden. Und es ist vielleicht nicht verkehrt, daß dieses Thema dem Historiker auch die Grenzen seiner Wissenschaft, seiner Methoden und Erkenntnisse aufzuzeigen vermag.

56

Quellen

Authentische
Beschreibung der Herkunft
des
Schinderhannes und schwarzen Jonas
nebst

der Abbildung aller Personen

wie sie den 16ten Junii 1802. Morgens um halb 4 Uhr nach Mainz

transportirt worden sind.

Erklärung des Kupfers:

No. 1. Der Schinderhannes. No. 2. Der schwarze Jonas, welcher seinen 6jäh-
rigen Knaben zwischen seine Beine hat, der ihn schmeichelt und seine Haare aus dem Gesicht streicht. No. 3. Des Schinderhannes Beischläferin mit einem halbjährigen Mädchen
des schwarzen Jonas auf dem Schoose. No. 4. Des schwarzen Jonas Frau. No. 5. Der
schwarze Peter. No. 6 Matthes Weber; beide letztere wurden von Bergen hieher gelie-
fert. No. 7. Amschel Riedeburg, ein Jude von Rödelheim. Ein Offizier nebst 6 Mann
von den französischen Gens d'armes begleiten den Wagen.

Frankfurt am Mayn 1802.

Martin May.

Quelle I
Abbildung und Beschreibung des »Schinderhannes-Transports« von Frankfurt nach Mainz.

Authentische Beschreibung dererjenigen Personen, welche am 16 Jun. nach Mainz abgeliefert wurden.

1.) **Johannes Bikeler**, genannt **Schinderhannes**, 23 Jahr alt, aus Mühlen bey Nastädten gebürtig, ist der Sohn eines dermalen zu Kirschweiler, Cantons Oberstein, wohnenden Bauersmannes. Er selbst diente vormals bey einem Scharfrichter als Knecht, wurde daselbst aber wegen mehrerer Schaaf-Diebstähle vor ohngefehr 5 Jahren arretiret und nach Kirn gebracht, allwo er sich selbst aus dem Arreste befreyte. Hierauf lernte er 2 Pursche kennen, mit denen er mehrere Pferds-Diebstähle verübte, und deswegen aufs neue arretirt und nach Saarbrücken transportirt wurde. Nachdem er nun allda abermals aus dem Gefängniß ausgebrochen, so gerieth er unter eine förmliche Räuberbande, welche vorzüglich auf dem linken Rheinufer die Gegend von Mainz bis Coblenz, durch Straßenräubereyen und Einbrüche, in Furcht und Schrecken setzte. Von seiner Bande wurde er der Schinderhannes genannt, unter welchem Namen er auch allgemein bekannt war, ist aber auf dem linken Rheinufer als ein Jäger, unter dem angenommenen Namen, Jacob Ofenloch, umher gezogen; auf dem rechten Rheinufer aber handelte er, mit Beibehaltung des angenommenen Namens, mit kurzer Waare, und führte ein Wägelchen mit einem Pferd, bis er endlich im Runkelischen als ein verdächtiger Pursche arretirt wurde, aber, um der gerichtlichen Untersuchung zu entgehen, sich unter die Kaiserlichen engagiren ließ, und den Namen Jacob Schwei-

hard sich beilegte. Seine Beischläferin, Juliana Bletsiußen, ist ein Mädchen von circa 18 Jahren. (Man sehe die Figur No. 3 auf dem Kupferstiche, wo sie des schwarzen Jonas halbjähriges Mädchen auf dem Schoose sitzend hat.

2.) **Christian Reinhard**, mit dem Beynamen, der schwarze Jonas, ist 27 Jahr alt, angeblich aus Berlin gebürtig, will der Sohn eines preußischen Soldaten seyn, und hat zum Schein mit Porzellain gehandelt, aber mit dem Schinderhannes viele Straßenräubereyen und Diebstähle begangen, ist auch schon öfters und noch voriges Jahr zu Affenheim in dem Röddelheimischen aus dem Gefängniß gebrochen. Seine Frau Catharina, eine gebohrne Eberhardin, 26 Jahr alt, gehört ebenfalls zu einer Diebsbande, welche unter dem Namen Schottenfeller bekannt sind, und vorzüglich auf Messen und Märkten ihre Diebstreiche ausführen. (Man sehe die Figur No. 4. auf dem Kupferstiche.)

5.) **Wilhelm Pollet**, auch **Peter Bok**, gemeiniglich aber der schwarze Peter genannt, ist 23 Jahr alt, will seinen Geburtsort nicht wissen, indem seine Mutter, ohne Wohnort, beständig mit ihm herum gezogen und gebettelt — hat mehrere Einbrüche und Diebstähle begangen, und war schon zu einer 16jährigen Kettenstrafe verurtheilt, aber nachher aus dem Gefängniß ausgebrochen.

6.) **Matthes Weber**, gemeiniglich darum Fezeler genannt, weil er alles zusammen haut und bricht, ist 26 Jahr alt und aus Gresrat bey Venlo gebürtig; hat ebenfalls mehrere Einbrüche und Diebstähle begangen, auch seine eigene Frau ermordet, hat sich aber durchgehauen, ehe er arretirt werden konnte. — Dieser und der vorhergehende saßen schon eine geraume Zeit in dem Hochfürstl. Hessen-Hanauischen Amts-Orte Bergen, von wo sie den 15. Jun. nach Frankfurt überliefert wurden

7.) **Amschel Riedebura**, ein zu Rödelheim seßhafter Jude, 47 Jahr alt. Diebsheeler und Abnehmer der gestohlenen Sachen.

Wahrer Bericht von der Gefangennehmung des Schinderhannes und schwarzen Jonas, nebst Weiber und Kinder.

Nachdem der berüchtigte Schinderhannes mit seiner Bande eine geraume Zeit durch Straßenräubereyen, Einbrüche und Diebstähle das linke Rheinufer beunruhiget, jedoch durch die äußerst zweckmäßigen Vorkehrungen der Justiz dergestalt in die Enge getrieben worden, daß er sich genöthiget gesehen hat, dasselbe zu verlassen, so hat zwar auch auf dieser Seite des Rheins in mehreren Ländern und Ortschaften die öffentliche Sicherheit durch seine fortgesetzte ruchlose Lebensart sehr zu leiden angefangen, bis endlich derselbe vor einigen Wochen im Runkelischen, auf einem Ort, wo er den Markt als Krämer besuchen wollte, und sich Jacob Schweikard genannt hatte, angehalten, und, weil er sich nicht hinlänglich legitimiren konnte, nebst seiner Beyschläferin verhaftet wurde. Um aber einer weitläuftigen gerichtlichen Untersuchung zu entgehen, durch welche er befürchten mußte, in seiner wahren Gestalt zu erscheinen, enthob er sich, wie er glaubte, am besten dadurch der Gefahr, entdeckt zu werden, wenn er sich als Soldat anwerben ließ; daher er, seinem Verlangen gemäß, an das zu Limburg an der Layn befindliche Kais. Werb-Commando, bey welchem sich

faſt zu gleicher Zeit einer der vorzüglichsten seiner Diebsgehülfen, der unter dem Namen des schwarzen Jonas berüchtigt war, zum Soldatendienst unter einem andern Namen gemeldet hatte, abgegeben, und mit jenem in das Kaiserl. Werbhaus nach Frankfurt transportirt wurde. Indessen wurden Beide verrathen, und nachdem auch der Jacob Schweikard eingestanden, daß er eigentlich Johannes Bükeler heiße, und der sogenannte Schinderhannes würklich — der andere hingegen sein Diebsgehülfe und der sogenannte schwarze Jonas sey — auch die vorhandenen Signalements damit vollkommen übereinstimmten, so wurden Beide auf diesseitige Requisition den 11. Jun. Abends 6 Uhr an die hiesigen Stadtgerichte ausgeliefert, wo sich dann durch die sogleich unterm 14. und 15. Jun. vorgenommenen Verhöre nur noch genauer bestätigte, daß Beide der Schinderhannes und schwarze Jonas seyen. Und weil schon vorher mehrere Requisitionen von dem linken Rheinufer dahier eingelaufen waren, welche wegen älterer Vergehungen den Schinderhannes und seine Gehülfen auf den Betretungsfall reklamirten, solche auch jetzt erneuert wurden, so sind verflossenen Mittwoch den 16. Junius frühe um halb 4 Uhr sämmtliche Arrestanten auf einem Wagen, wie vorstehendes Kupfer zeigt, nacher Mainz abgeführt worden. Ein starkes Commando Frankfurter Soldaten mit einem Officier marschirten vor, neben und hinter dem Wagen; ein Officier nebst 6 Gemeinen von den französischen Gens d'armes schlossen den Zug, und so gieng es fort bis auf die Grenze der Stadt, allwo sie die Churfürstl. Mainzische Truppen übernahmen und bis nach Cassel an die Rheinbrücke transportirten. Nach 11 Uhr kamen sie daselbst an; eine große Volksmenge war auf der Rheinbrücke und den Straßen, wo sie durchgeführet wurden, versammelt, um den berüchtigten Räuberanführer zu sehen. Nach seiner Aussage in Mainz soll ihn der Bruder seiner Beyschläferin bey dem Kaiserl. Werb-Commando zu Limburg verrathen haben.

Wie ein Jüngling von solchem Alter schon zu solchen Unthaten reif werden kann, ist doch wohl immer eigener Beherzigung werth. Vernunft und Erfahrung spricht laut dafür: es wird kein Bösewicht gebohren; er wird es erst in der menschlichen Gesellschaft. Und doch ist die Menschheit nicht bös, sondern die Menschen. Ein Kind wird von einer barbarischen Mutter ausgesetzt. Räuber finden es, erziehen es für ihr schändliches Handwerk — und es wird gewiß ein Räuber. Der nemliche Fündling geräth einem rechtschaffenen Prediger — wie ein Knabe vor einigen Wochen dem biedern B. — in die Hände; er nimmt ihn an Kindes Statt an, erzieht ihn vernünftig und für die Religion, und er wird ein nützlicher Bürger des Staats werden. So viel aus dem vorherigen kurzen Abriß des Lebens des sogenannten Schinderhannes erhellet, und so wie seine Aufmerksamkeit und Gewandheit seit Jahren es darlegt, so kam er mit nicht gemeinen Anlagen auf die Welt. Er hätte eben so gut für Menschen- und Vaterlandsrecht streiten können, als daß er gewaltthätig geraubt hat. Und daß er hier raubte, und dort wieder wohlthat, beweißt immer noch, daß keine gemeine Seele in ihm wohnte. Ja, wir schaudern über solche Beispiele Aber wir beben nicht zurück über die elende Erziehung, besonders auf dem Lande; über den erbärmlichen Schulunterricht, den hin und wieder die Dorfjugend erhält; über den Menschenhaß, der ihr sogar mit der Religion eingepflanzt wird; spotten oder zanken wohl, wenn ein freimüthiger Mann es wagt, bessere Einrichtungen zu treffen, und Herrscher setzen

fogar ihr Leben auf's Spiel, wenn sie die Nacht ihrer Reiche nur mit einer wohlthätigen Morgendämmerung erhellen wollen.

Der Unglückliche, von welchem diese Blätter sprechen, ward früh gegen Menschen gereizt, die die häusliche Wohlfahrt seines väterlichen Hauses betrügerisch zertrümmerten. Wär es nicht eine edle Rache gewesen, hätt' er die Betrüger im jugendlichen Eifer auf der Stelle dafür strafen können? Aber jezt ward sein Gefühl missgeleitet. Eine ganze Nation, über die er vielleicht mehr als einmal das Verdammungsurtheil hatte aussprechen hören, ward ihm verhaßt; so wie es noch manche wohlbehaltene, fast nicht ungebildete Männer giebt, die jener Nation nur einen Hals wünschen, damit sie mit einem Hieb solche vertilgen könnten. Und dennoch kam kein Mordgedanke in seine Seele; dennoch begnügte er sich nur damit, daß er bei Gelegenheit Einzelne beraubte, und das Geraubte wieder verschenkte, oder Bedrängten damit aufhalf, um nur seinen Muth an jenen Einzelnen kühlen, und so, wie er glaubte, die älteren Beleidigungen, obgleich an Schuldlosen, ahnden zu können.

Ob er nach einer genaueren Untersuchung, die erst bevorsteht, nach den Gesetzen der Nation, welcher er überliefert ist, wird bluten müssen, muß die Zeit lehren. Aber das wäre zu wünschen, daß nach überhingegangenem Schwindel des Unglaubens, ein redlicher und gewissenhafter Lehrer der wieder neu aufgelebten Religion die Geschichte seines Lebens studiren und dem Publikum vorlegen mögte. So würde es sich wahrscheinlich ergeben, daß der Verbrecher nicht unsern Haß, sondern unser Mitleiden verdiene; so wie ja die Religion im Allgemeinen von uns fordert: „nie den Sünder, aber immer die „Sünde zu hassen!"

SIGNALEMENT
deren Postwagenräuber.

I.

Anton Lautner, von Mittelsschelbach 53 Jahr alt, 5 Schuh 6 bis 7 Zoll groß, hat ein rund Gesicht, volle Backen, ein länglichte Nase, schwarzen Bart, und die Haar rund geschnitten mit einem Haarkame, ist frisch von Farb, breit geschultert, und an der rechten Achsel durch eine Kanonkugel bleßirt, daß solche etwas niedriger ist als die linke, tragt einen grauen auch dunkelblauen Rock mit einem Kragen, auf dem blauen gelbe Knöpf mit Strahlen von Stahl, ein rothes Camisol von Scharlach, auch zum Wechsel blau und weiß gestreiften Brustfleck von Baumwollenzeug, gelblederne Hosen auch roth scharlachene. Strümpf und Schuh mit Kamaschen, führt in einem haarigen Ranzen kurze Waaren, hat einen dreyeckigen Hut auf. Dieser ist der Schwiegervatter des nachstehenden Fritz Bopp, dahier in Haften befindlichen Inquisiten Johannes Klemm, Großvatter des gleichfalls hier einsitzenden 18jährigen Inquisiten Johannes Jörg Bauer von Villmar, und soll sich zu Mittel- oder Unterschelbach im Deutscherrischen Amt Eschenbach bey einem geistlichen aufhalten, mögte auch im Culmbachischen zu Seidenhof oder zu Burghayn zu betretten seyn.

II.

Fritz Bopp, ein kleiner Mann, nicht gar 5 Schuhe hoch, nahe an den 40iger Jahren, von Gesicht mager, blaß und pochennarbig, hat eine mittelmäßige Nase, schwarze lockigte Haare, tragt einen hellblau, dunkelblau, oder schieferbarbigen Uiberrock, darunter ordentliche Kleider von verschiedener Farbe, schwarz manchesterne Hosen, Strümpf, Kamaschen und Schuhe wechselseitig. Soll aus dem bambergischen gebürtig seyn, welche Sprache er auch redet. Ist ein sehr geschickter Schütz, hat sich auch zu seiner Auswanderung ein Attestat als Jäger machen lassen.

Dessen Frau Gertrud eine gebohrne Lautner von Villmar, ist ein sehr großes dickes mastiges Weibsbild, hat ein etwas länglichtes Angesicht, rothe volle Backen, kohlschwarze Haare, spricht den Pfälzer Accent und stößt ein wenig mit der Zunge an, mag bis 38 Jahr alt seyn, hat 5 Kinder, 2 Buben und 3 Mädchen, wovon das älteste ohngefehr 12 Jahr alt ist. Beide Eheleuthe haben ihre Krämerwaaren auf einem kleinen Wagen mit einem Pferd nachgeführt; und waren ehedessen zu Sickingen in der Pfalz ansäßig.

III.

Jörg Bopp, ledig, groß von Statur, ungefehr 36 Jahr alt, breit geschultert, geht durch das Kastentragen etwas vorwärts, ist pochennarbig, frisch und vollkommen von Gesicht, hat schwarze etwas lockige Haare, tragt sich in Kleidung wie sein Bruder Fritz Beide sind Galanteriekrämer, und letzter war zu Hochhausen ansäßig, und hielt sich nachher zu Neckerels und dasiger Gegend auf. Beide reisen mehrentheils mit der Post oder sonst fahrender Gelegenheit, und kehren in den vornehmsten Gasthöfen ein.

IV.

IV.

Franz Fischer, bis 46 Jahr alt, von mittler Statur, schmalem Leibe, länglichtem schmalem und blassem Gesichte, mit großen hervorliegenden Augen und Nase, tragt braune und geschnittene Haare, ein braun rothfarbiges melirtes Kleid, auch Zeitweis ein mausfarbiges, gelb lederne Hosen, Strümpf, Schuhe und Kamaschen. Dieser war ehedessen im Schwarzenbergischen bey Oberschönfeld, eine halbe Stunde von der Residenz, und nachher zu Hochhausen in der Pfalz ansäßig. Ist aber seit 1784 von da aus, und mit beiden Boppen ins preußische oder kaiserliche Polen gezogen.

Dessen Frau Barbara, ist mittelmäßiger Statur, stark und untersetzt von Leib, mit runden vollen Backen und frischer Farbe, 47 Jahr alt, hat sich nach pfälzer Art getragen, mit ihrem Ehemann 5 bis 6 Kinder, wovon das älteste ein Mädchen Namens Barbara, ungefehr 22 Jahr alt seyn mag; Die übrigen Kinder sind männlichen Geschlechts in absteigenden Alter.

Vorbenannte 4 Räuber sind die Urheber der Postwagen=Rauberei, complices des Göttinger, jenes bei Grünberg attendirt Postwagen=Raub und Angriff und mehreren anderen. 3 letztere besuchten die Leipziger Braunschweiger und Hamburger Messe.

V

Johann Mergenthal, von Wetterfeld, in den 40iger Jahren, ein großer Mann, von Statur schwank, Hager und blaß von Gesicht, hat eine ziemlich große Nase, tragt die Haare rund geschnitten, einen dreieckig aufgeschnaupten spitzen Hut, die eine Seite heruntergeschlappt, und Zollzeichen darauf, über einem grünlechten Rock einen blaun Fuhrmannskittel, gelb lederne Hosen, Schuhe und Strümpfe, handelte mit Porcelain und Krüge, führt seine Waare auf einem kleinen Karn mit einem Pferde mit sich, redet nach heßischer Mundart; dieser soll den Fuhrmannskittel abgelegt haben, abwechselnde Kleidung tragen, kurze Waaren sich angeschaft haben, und nebst diesen noch wenigstens für 500 Rthlr Seiden und Baumwaaren führen, welche er vor einigen Jahren hinter Fach von einem Gütervagen geraubet hat.

Dessen Frau ist von dick gesetzter Statur, hat ein vollkommenes frisches Angesicht, stumpfe Nase, ist in den 40ßer Jahren, tragt sich und spricht nach heßischer Art, hat 4 Kinder, darunter ein Mädchen von 18 bis 19 Jahren, und 3 Buben, von 12, 8 und 4 Jahren.

Dessen Tochter Elisabetha 18 biß 19 Jahr alt, geschmeidig von Leib, zart und weiß von Gesicht, mit einer lätglichten Nase, mannbar gewachsen, hat schwarzbraune Augen, tragt ein hellblaues Mützchen, halb wollen damastenes blaues und rothgeblümtes Leibchen, grünen Rock, eine weiße zitzerne Haube mit schwarzem Band nach sächsischer Art, und darüber Zeitweis ein braun seiden Halstuch gebunden.

Dieser ist zu Thiersheim einem Markgraf=Anspach=Bayreuthischen Justizamt und Stadt mit Frau und Kinde, Haab und Baarschaft gefänglich eingezogen worden, und allda in Haften. Dieser wurde bei der Bande der Fuhrmann oder Fuhrlatsch genannt.

VI.

VI.

Henrich Wichmann, ein kurzer gesetzter Mann, in den 40iger Jahren, hat dicke Pausbacken, eine kurz gestumpfte Nase, schwarzbraunes Angesicht, eine rauhe Stimme, schwarze in einen Zopf geflochtene Haare, trägt einen dunkelblauen Rock und Kamisol, gelb lederne Hosen, Schuhe und Strümpfe, und schwarze Kamaschen; soll in Hirschfeld Pedell gewesen seyn. Handelt mit Porcelain und Krüge, ist dabei ein Drucker und Korbmacher, führt seine Waare auf einem Schubkarn nach sich, den sein Sohn meistens schiebt. Wichmann hieß bei der Bande Schoderer oder der Buttel.

Dessen Frau Namens Marie in den 40iger Jahren, ein großes schweres Weibsbild, mit rundem vollem Gesichte, frischer Farbe, stumpfer mittelmäßiger Nase, schwarzbraunen Augen, schwarzen Haaren, trägt sich und spricht nach heßischer Art.

Dessen Sohn Valtin 23 Jahr alt, mittelmäßiger Statur, breit geschultert, mit rundem frischem Angesicht, etwas länglichter Nase, schwarzbraunen Haaren in einen Zopf geflochten, trägt gewöhnlich ein kurzes Camisol mit Taschen, baumwollenen Brustfleck, gelb lederne Beinkleider, Schuhe und Strümpfe.

Dessen Tochter, 22 Jahr alt, star² und groß gewachsen, hat blaue Augen, blonde Haare, volle Backen, lange Nase, ist weiß und zart von Angesicht, trägt ein hellblau damastenes Leibchen vorn zugeschniert, hat sich ein blau mit roth und weißen Striefen durchschossenes Baumwollenzeug zum Mützchen gekauft, und vermuthlich machen lassen, trägt ferner einen wollenen weiß und roth gestrieften Rock, eine weiß zitzerne Haube mit einer Schnieb und Seidenkordel eingefaßt.

VIII.

Johannes Fischer, ein Kastenkrämer von Aufenau, 56 Jahr alt, hat ein länglichtes blasses Gesicht, mit einer großen Nase, gelbe abgestutzte Haare, an der rechten Hand fehlt der mittlere Finger von 1½ Glied, trägt einen grauen Uiberrock und Camisol, Strümpf und Schuhe, ist über mittelmäßiger Größe, hat eine Frau mit 6 Kindern bei sich, wovon der älteste Nro 7. nachstehender Räuber ist.

Dessen Frau Margareth hat ein schwarzlechtes Gesicht mit Sommerflecken, schwarze Haare, ist mittelmäßiger Statur, ungefehr 50 Jahr alt, trägt einen grünen Biberrock und schwarz cattunen Mützchen.

Dessen zweiter Sohn Johann Adam, ungefehr 16 Jahr alt, klein von Statur, schwarzlechtem Gesichte mit Sommerflecken, gelblechten Haaren, trägt einen braunlechten Rock, blau geblümtes cattunen Leibchen, gelb lederne Hosen, Strümpf und Schuhe.

Dritter Sohn Christoph, bis 10 Jahr alt, blauen Rock Leibchen und Hosen, Strümpf und Schuhe tragend.

Vierter Sohn Johannes, bis 8 Jahr alt.

Fünfter

Fünfter Sohn Jacob, 4 Jahr alt.

Deſſen Tochter Maria Anna, bis 20 Jahr alt, von ſchwarzlechtem Geſichte mit Sommerflecken, ſchwarzen Haaren, tragt ein blaues tuchenes auch Zeitweis cattunes Mützchen, einen grünen Büffelrock.

Deſſen Tochter Eliſabetha, eine verwittibte Heidelmeierin, 26 Jahr alt, von ſchwarzlechtem Angeſicht mit Sommerflecken, mittler Statur, tragt ein cattunen Mützchen roth und blau geſtrieft, einen blaulechten baumwollenen Rock, hat ein Kind bei ſich.

IX.

Johann Jörg Fiſcher, Johann Fiſchers älteſter Sohn, bis 19 Jahre alt, mittelgroß, tragt ein blondes Haar in Zopf, und abgeſtumpfte Locken, einen hechtgrauen Rock mit grünen Aufſchlägen und Kragen, blaues Mützchen und Hoſen, weißwollene Strümpfe und Schuhe; an der rechten Hand dieſes Räubers iſt das vordre Glied des kleinen Fingers halb weggefreſſen.

Dieſer Räuber hat einen falſchen Paß bei ſich, worinn er ſich Johann Jörg Fiſchlein nennt, 18 Jahr alt, ſeiner Profeßion ein Schuſter, tragt einen dunkelblauen Rock, lederne Hoſen, Strümpf und Schuhe, Kamaſchen. Dieſer Paß iſt mit dem Freiherrl. von Münſteriſchen Wappen geſiegelt, und darinn der Name Kappler als des Beamten unterſchrieben. Bemeldter Räuber giebt ſich auch für einen kaiſerlichen Verber aus, tragt eine weiſe Uniform mit rothem Kragen und Aufſchlägen, auch zum Wechſel Stock und Seitengewehr.

Der Poſtwagen-Räuber Johann Jörg Fiſcher und deſſen Bruder Johann Adam hat ſich zu Friedberg oder bei Gelnhauſen unter die königlich preuſſiſche Huſaren engagiret, und iſt 14 Tag nach Pfingſten durch Stadt Wetter in Heſſen durch ein commandirt ſchwarzer Huſaren transportirt worden, bei welchem Transport auch Johann Fiſcher der Vatter mit Frau Kindern geſehen worden, und vermuthlich mit nach Preuſſen oder benachbarten Landen gezogen iſt: beide Johann Fiſcher der Vatter und deſſen Sohn Johann Jörg haben bei der Bande der alte und junge Biſchoff geheißen.

Aſchaffenburg am 17ten September 1788.

J. B. Ovelog,
Kurfürſtl. Mainziſ. Vicedomamts-Richter.

Nicht nur die Franzosen, sondern auch die alte Kurfürstliche Herrschaft hatte bereits große Probleme mit dem Räuberunwesen. Hier ein »Steckbrief« von 1788 über etliche Postwagenräuber.

Demande en grâce
pour Jean Bückler
(Schinderhannes)
fils aîné de 20 ans.

Au Citoyen Bonaparte
premier Consul de la République française

Citoyen Premier Consul!

Au milieu des immenses travaux qui vous occupent, vous aurez peut-être entendu parler d'un homme qui, à peine sorti de l'enfance, fut la terreur et l'épouvante de trois des nouveaux Départements de la Rive gauche du Rhin.

Cet homme dont les cent bouches de la renommée ont encore accru le nombre et l'horreur de ses forfaits,... c'est moi-même. Je vais bientôt paraître devant mes Juges.

Je ne me dissimule pas que la loi prononce le dernier supplice.

Je n'entrerai pas dans le détail de mes crimes; je les ai tous avoués, je ne me fais pas illusion sur leur énormité.

Mais jamais le sang des hommes ne souilla volontairement mes mains. non 'non.' J'en prends à témoin mes Juges. plus d'une fois je m'exposai à la fureur assassine des compagnons de mon brigandage! et tel malheureux qui se croit aujourd'hui en droit de m'accuser, doit la vie à ma ferme contenance qui fit renoncer les brigands à leurs projets homicides.

Eh comment eut-il été possible que je fusse pas vicieux! tenant de la nature, un esprit actif, un courage irédiantable, une complexion robuste, je fus abandonné à moi-même dès mes premières années: sans état, isolé parmi le reste des hommes, le besoin guida mes premiers pas dans la carrière du crime. oh que la pente en est glissant

à peine y aurai-je posé un pied d'abord timide, que j'y marchai bientôt
à pas de géant. ma jeunesse, mon inexpérience, une espèce de
célébrité dont des brigands fiers pour l'être se plaisaient à flatter mon
amour propre resserrèrent les liens qui m'attachaient au crime. mais
je résolus bientôt de les briser ces liens indignes; j'eus le courage d'en
confier le dessein à un honnête homme qui remplissant jadis un saint
ministère, m'avait le premier parlé d'un Dieu qui pardonne...
Je ne demandais que la miséricorde de mon Juge; et je m'offris de découvrir
toutes les ramifications de cette horde de brigands qui me faisait
horreur... on me fit entendre que la Loi était inflexible. Dr
Dans ce tems là celui qui par faiblesse ou par inexpérience avait
commis un crime et le scélérat endurci marchaient au même
supplice, parceque le magistrat suprême n'avait pas encore
le droit de donner, si j'ose m'exprimer ainsi, un discernement
à la Loi. Je ne vous veux pas mon cachet le dessein généreux
que j'avais conçu... Je m'enrôlai comme soldat. mais je fus
bientôt reconnu et livré à la Justice. J'ai tout avoué, tout révélé!

Citoyen Premier Consul! il a retenti jusqu'au fond de
mon cachot le cri terrible qu'ont poussé les français, ce cri de mort
à la perfide Angleterre! Les hommes de courage ne sont pas
rares en france, je le sais. mais si vous connaissiez ce sang froid
imperturbable qui m'accompagne au milieu des dangers, vous
sauriez qu'un homme comme moi a toujours son prix.

Je vous en conjure par ma jeunesse, par mes larmes, par
mon sincère repentir; qu'il me soit permis d'expier mes désordres dans le
sang de l'anglais!!!

Je sais que si vous considérez mes crimes en eux mêmes, je suis
indigne de l'honneur de mourir pour mon pays. mais

que si ma vie fut le fléau de mes contemporains, ma mort du moins leur soit utile.

oh ! si vous saviez quel baume ce triste espoir consolant vient verser sur les maux qui m'accablent dans la solitude des Cachots !... alors je me sens rendu à la Dignité d'homme j'ose presque me croire déjà défenseur de ma patrie.

et un jour, lorsque l'orgueil britannique sera humilié, si mon nom vit encore dans la postérité théâtre de mes écrits, l'enfant avide d'apprendre demandera à son père quelle fut ma fin dernière. « Mon fils, lui répondra le Vieillard,
» ce jeune homme n'était pas né pour le Crime. de vils scélérats
» entourèrent et séduisirent sa jeunesse; enfin il avait
» vingt deux ans, lorsque le bras de la Justice l'atteignit.
» c'était sous le Consulat de Bonaparte. ce grand homme vit
» quel flambeau de la vertu, quoique obscurci des ténèbres,
» du vice, n'était pas encore éteint dans son âme. « va,
» lui dit-il; porte contre le féroce anglais ce courage qui fut
» imperturbable qui fit de ton nom la terreur de la contrée. —
» ce jeune homme y vole; il demande le poste le plus —
» périlleux, on le lui accorde ... quelques Anglais —
» échappés à ses coups disent qu'il était terrible ... on trouva
» quelque tems après son Cadavre percé de Coups. noblement
» entouré d'ennemis qu'il avait terrassés. son œil éteint
» était encore tourné vers sa patrie et semblait lui
» dire; o ma Mère ! vois... et pardonne.

Salut et Profond Respect.

Prisonniers Louis Elie _____ Pfinder_____
_____ _____

Quelle II
Zu S. 66–68:
Undatiertes Gnadengesuch des Schinderhannes an Napoleon
(Briefsammlung Stadtarchiv Mainz) 1802.
Ob das hier von Schreiberhand formulierte Gnadengesuch des Schinderhannes an den
Bürger Bonaparte, ersten Konsul der Französischen Republik, überhaupt abgeschickt
wurde oder seinen Adressaten wirklich erreicht hat, war bislang nicht zu verifizieren.
Schinderhannes verhehlt zwar darin nicht die Schwere seiner bereits gestandenen Verbrechen, macht jedoch geltend, daß er niemals mit Absicht Menschenblut vergossen
habe. Mehr als einmal sei er Mitgliedern seiner Bande bei direkten Mordabsichten ent-
gegengetreten. Immer wieder hebt er auf seine Lebensumstände ab: unehrlicher Herkunft und isoliert von seiner Umgebung, habe der Hunger und die Not seine ersten
Schritte in der Laufbahn des Unrechts bestimmt. Seine Jugend und Unerfahrenheit,
aber auch ein wenig Ruhmsucht hätten ihn zu den Briganten geführt — in die Mitte
von Leuten, die auf unwürdigen Pfaden wandelten.

Er fordert daher Barmherzigkeit (misericorde) von seinen Richtern und erklärt seine
Bereitschaft, alle Schrecken dieser Horde von Briganten aufklären zu helfen. Zum
Schluß stilisiert er sich zu einer Art »politischem Fall«. Bis in sein Verlies sei der Schrei
gedrungen, den die Franzosen gegen das »perfide England« ausgestoßen hätten. Würde
der Adressat das kalte Blut kennen, das ihn inmitten aller Gefahren begleitet habe,
wüßte er gewiß, daß ein Mann wie Schinderhannes seinen Wert besitze. Ein Mann von
22 Jahren, ein Verführter, ein Bürger in Frankreich wie er bitte um Gnade, da er nicht
für Verbrechen, sondern für echt soldatische Tätigkeiten geboren sei.

Quelle III

Zu S. 71–159:

Das Verhör des Schinderhannes in Mainz — nach den Voruntersuchungsakten, die in drei Bänden unter folgendem Titel gedruckt worden sind: Procédure instruite par le tribunal criminel spécial établi à Mayence pour le département du Mont-Tonnerre, en exécution de la loi du 18 Pluviôse an IX contre Jean Bückler, dit Schinderhannes, et soixante-sept de ses complices tous prévenus d'assassinats, ou de vols, ou de complicité desdits crimes. (. . .) Mayence, chez C. F. Pfeiffer et Th. Zabern, imprimeurs de la préfecture. — Das Verhör fand statt am 19. Juni 1802 = 30. Prärial des Jahres X.

Verhör

des Johannes Bückler, Schinderhannes genannt.

Mainz am 30sten Prärial 10ten Jahres, Nachmittags drei Uhr.

Wir Wilhelm Wernher, durch Ordonnanz des Präsidenten unterm gestrigen Tag, mit dem Verhör des Johann Bückler, Schinderhannes genannt, beauftragter Richter des, zufolge der von dem Bgr. Jeanbon-St.-André, General-Regierungs-Kommissär in den vier neuen Departementen des linken Rheinufers, unterm 17 und 18ten Germinal letzthin erlassenen Beschlüssen, zu Mainz niedergesetzten Peinlichen-Spezial-Gerichtes, haben uns in Begleitung des Kommis-Greffier in das Justizhaus dahier begeben, den Straßenraubes und sonstiger Verbrechen beschuldigten Johann Bückler, vor uns, in das Zimmer des Aufsehers des Gefängnisses führen lassen, und folgendermaßen befragt:

Erste Frage. Welch ist euer Name, Alter, Gewerb, Geburts und letzter Wohnort?

Antwort. Ich heiße Johann Bückler, bin ohngefähr 22 Jahr alt, von Mühlen bei Nastätten auf dem rechten Rheinufer gebürtig, Sohn von Johann Bückler und Anne Marie Schmitt, welche dermalen zu Kirschweiler, im Kanton Oberstein, Saardepartements wohnen; ich war bei denselben bis in mein 16tes Jahr, habe kein Gewerb erlernet.

2) Wer war der Krughändler so bei euch auf der letzten Kirchweihe zu Iben und Fürfeld gewesen?

Antw. Es war einer Namens Joseph, ein hessischer Deserteur, Schwager des Johann Martin Rinkert von Schloßborn bei Königstein; er streift auf dem rechten Rheinufer umher und ich sah ihn noch einige Tage vor meiner Verhaftnehmung zu Wolfenhausen bei Limburg.

3) Wer war der Junge, so mit euch, dem Georg Friederich Schulz und dem eben erwähnten Krughändler, bei dem Juden Joseph Manasses zu Fürfeld, gewesen?

Antw. Es war der Hannikel Müller, Butla genannt, Sohn des Johann Müller, bekannt unter dem Namen Müllerhannes.

4) Wißt ihr nicht wo derselbe sich dermalen aufhalten möge?

Antw. Er hat mich bei dem Diebstahle von Obermoschel und Erbesbüdesheim begleitet; allein er war nicht mehr bei mir, als ich jenen zu Waldgrehweiler und auf dem Neudorfer-Hof verübte. Er verließ mich aus Verdruß, weil ich ihn verwichenen Winter geprügelt hatte.

5) War gedachter Butla nicht schon mit euch in der Wittwe Seibel von Hamm Behausung gewesen?

Antw. Ja; er war zwei oder dreimal mit uns in dem Haus gedachter Wittwe Seibel.

6) In welcher Verbindung standet ihr dann mit gedachter Wittwe und ihren Söhnen?

Antw. Ich stand in keiner andern Verbindung mit ihr, als daß ihre Söhne mich gewöhnlich auf das rechte Rheinufer fuhren; ich habe auch letzten Winter, einmal bei ihr, in Gesellschaft des Johann Leiendeker, Johann Martin Rinkert und letzteren Schwagers, Joseph genannt, übernachtet; weiß aber nicht, ob diese Wittwe oder ihre Söhne mich gekannt haben.

7) War nicht der Peter Haffinger mit euch bei dem obenerwähnten Joseph Manasses zu Fürfeld?
Antw. Ja.

8) War nicht ein Jude von Fürfeld zu euch in gedachten Joseph Manasses Haus, wo ihr Kaffe getrunken, gekommen, und war es nicht der nämliche, an den ihr Waaren im Ibener Wald verkauft habt?

X r

Antw. Es ist wohl ein Jude in gedachtes Haus gekommen; ich kann aber nicht sagen, ob es der nämliche ist, dem ich die Waaren im Ibener Walde verkauft habe.

9) Ist der Petronelle Michel, von dem ihr in eurem Verhör, vor dem Jury-Direktor zu Mainz gesprochen, nicht der nämliche, mit dem ihr, und Peter Marcher, bei Peter Haas zu Oberhausen gewesen?

Antw. Ja, das ist der nämliche; gewöhnlich zieht er in den Gegenden von St. Wendel und Tholey herum.

10) Kennt ihr den Peter Haas von Oberhausen?

Antw. Ja ich kenne ihn, habe aber keine Verbindung mit ihm, als daß er mich über die Nahe gefahren.

11) Kennt ihr auch den Friederich Leirit von Oberhausen?

Antw. Ja ich kenne ihn; nach dem Laufersweiler Diebstahl verbargen wir uns in den Lemberger Bergwerken. Hier brachte uns gedachter Leirit Lebensmittel, zeigte uns sogar den Weg bis nach Hamm und trug die Päcke: zu Hamm fuhr er mit uns über den Rhein, begleitete uns bis nach Kleinrohrheim, wo jeder von uns ihm einen Gulden gab, nebst Tuch für Rok, West und Hosen; zu Kleinrohrheim verließ er uns, um sich nach Mannheim zu begeben, und mir einen Paß zu holen, welchen er mir auch wirklich brachte, und der in französischer Sprache auf gedachten Leirit ausgestellt war.

Der Beschuldigte berichtiget seine Aussage dahin, daß dieses nicht nach dem Laufersweiler sondern nach dem Merrheimer Diebstahl gewesen.

12) Warum habt ihr diesen Juden zu Merrheim bestohlen?

Antw. Er war dem Müllerhannes und Petronelle Michel, annoch Geld schuldig für die Waaren, welche leztere einem Kaufmann zu Süßbach gestohlen und welche er zu Hundsbach von ihnen gekauft hatte; da der Jude nicht zahlen wollte, so haben wir uns auf diese Art an ihm erholt.

Beschuldigter bemerkt, daß dieser Jude mehrmalen gestohlene Sachen von seinen Kameraden gekauft, und daß er ebenfalls deren von ihm zu kaufen, gesucht habe.

13) Wer hat den Brief an Heinrich Zürcher auf dem Neudorfer-Hof geschrieben?

Antw. Johann Leiendeker hat die zwei Briefe in des Peter Haas Behausung und in dessen Gegenwart geschrieben; weder Körper noch Haas, kannten die Verhältnisse des ersten Briefes; als aber Körper ohne Geld wieder zurük kam, wurde er von der zweiten Absendung unterrichtet, und ich habe Ursache zu glauben, daß er seinem Schwager Peter Haas davon Nachricht gegeben.

14) Wer sind dann die sogenannte Hannikel und Philipp die mit euch in des Peter Haas von Oberhausen Wohnung gewesen?

Antw. Ich kenne keinen andern Hannikel als des Müllerhannes Sohn, von dem ich gesprochen, wie auch ausser dem Philipp von Archenthal, keinen andern Philipp.

15) Wer war bei euch in des Peter Haas Behausung als ihr mit dem Lorenz Gerhard nach Mandel gegangen?

Antw. Es war Christoph Blum von Lautert; er hatte seine Beischläferinn Christine, des Jäger Kaspers von Süßweiler Tochter, (von seinem Stande so genannt), bei sich.

16) Kennt ihr denn auch Balthasar Lehr aus den Lemberger Bergwerkern?

Antw. Ja, ich kenne ihn; wir haben einigemal bei ihm gegessen und getrunken, und er sagte mir daß alle Jäger Befehl hätten mich aller Orten zu erschiessen; gegen denselben weiß ich aber gar nichts auszusagen.

17) Habt ihr einstmalen den Johann Adam Steininger von Trombach mit einem Briefe nach Lettweiler gesendet?

Antw. Nein; allein von Lettweiler auf die Trombach, habe ich einen Weber, Bruder des Philipp Weber, geschikt, um den gedachten Steiniger zur Waldgrehweiler Unternehmung einzuladen.

18) Wer ist denn der schwarze Michel, der auf dem Bangarter-Hof arretirt worden und zu Wolfstein entloffen ist?

Antw. Er heißt auch Bakenbarts-Michel, hat einen Schmarren im dem Gesicht und ist einer der besten Kameraden des alten Müllerhannes. Wir haben in Gesellschaft gedachten Müller-

hannes und des Jakob Fink, vor 4 Jahren, einen Fleisch Diebstahl zu Niederwiesen verübt; dieser Bakenbarts Michel hält sich gewöhnlich in der Gegend von Kaiserslautern, des Donnersbergs,
bis nach Worms, auf.

19) Kennt ihr den Jakob Schläfer von Jakobsweiler?

Antw. Nein; ich kenne ihn nicht.

20) Kennt ihr einen Namens Jakob Schneider?

Antw. Nein; ich kenne keinen Namens Jakob Schneider.

21) Kennt ihr nicht einen sichern Georg Adam von Lemberg und Johann Heinrich Durr von
Bärenthal bei Bitsch?

Antw. Nein ich kenne sie nicht; mein Wirkungskreiß dehnte sich nie weiter als auf Birkenfeld, Simmern, und hauptsächlich auf die Pfalz, Nahe- und Glan-Gegenden aus.

22) Habt ihr keine Bekanntschaft mit dem Juden Raphael, gewöhnlich Raffel von Niedersaulheim genannt?

Antw. Ich kenne zwar den Vater nicht persönlich, wohl aber seine zwei Söhne, welche ich
schon zu Großzimmern auf dem rechten Rheinufer gesehen, wo ihre Schwester wohnet; ich weiß aber
daß Müllerhannes gewöhnlich diesem Raphael und seinen Söhnen die gestohlene Sachen verkaufet
hat und dieser Handel besonders von deſſen Frau betrieben worden. Außerdem weiß ich daß die
beiden Söhne des gedachten Raphael, so wie ein anderer Jude Namens Feist von Habitsheim bei
Umbstadt, viele Diebstähle auf dem rechten Rheinufer begangen; da dieselbe meinen Namen mißbrau-
chet, so habe ich das Amt zu Umbstadt durch einen, an das Fenster des Wachthauses daselbst ange-
hefteten Brief, hievon benachrichtiget, worauf gedachter Feist soll arretiret worden seyn.

23) Habt ihr zu Niedersaulheim und der Gegend nicht noch sonstige Bekanntschaften?
Antw. Nein.

24) Woher wißt ihr dann, daß Müllerhannes, dem Raphael und seiner Familie gestohlene
Sachen verkauft habe?

Antw. Ich habe dieses vom Müllerhannes selbsten, der mir gesagt, daß er diesem Juden
nicht allein Kaufmannswaaren, sondern auch Ochsen und Kühe verkauft habe.

25) Woher wißt ihr dann, daß Müllerhannes vor 4 bis 5 Jahren den Oehlmüller Vollenbach
zu Oberhausen bestohlen?

Antw. Der Sohn dieses Müllerhannes sagte mir es; dieser Vollenbach mag jedoch nicht
seine Brust so ganz frei haben, indem er uns eingeladen, zu ihm zu kommen, wo wir ganz sicher
seyn könnten; indem er uns zu Kreuznach Schießpulver gekauft, die Kugeln gegossen, mit dem Johann Laiendeker auf eine Flinte getauscht, welche letzterer auf dem Neudorfer-Hofe gestohlen. Zudem ist er es, welcher uns die Gelegenheit 1800 Gulden zu stehlen, verrathen, welche von Duchroth
nach Obermoschel sollten gebracht werden; dieser Streich ist uns aber mißlungen.

26) Habt ihr keine Wissenschaft von dem Diebstahl, der vorigen Winter bei Wisbaden an dem
Jäger des Fürsten begangen worden?

Antw. Ich war nicht mit dabei, weiß aber, daß ein gewisser Nikolaus mit seinem Bruder
Georg und einem Namens Anton, der sich gewöhnlich zu Ekerroth und zu Gellhausen in der Burg
aufhält — diesen Diebstahl mit einigen andern, die ich nicht weiß, begangen haben. Ich habe diese
That von dem Müller der Haasen-Mühl, zwei Stunden von Königstein bei Jttstein, der mir sie
vor acht Wochen erzählt hat, als ich zu ihm kam, meinen Karch zu hohlen, welchen ich vier
Wochen zuvor da gelassen hatte. Der Müller kannte mich, weil ich schon mehrmalen bei ihm
logirt hatte.

27) Wer war der Heinrich, der mit euch, bei dem zu Obermoschel begangenen Diebstahl war?
Antw. Dies muß ein Taglöhner von Jben seyn, der diesen Namen hat.

28) Kennt ihr den Heinrich Rosel von Hallgarten?

Antw. Ich kenne ihn, habe mit ihm Karte gespielt, war mit ihm auf der Jagd, habe
aber nie ein unerlaubtes Verkehr mit ihm gehabt, und er hat an meinen Diebstählen keinen
Antheil genommen; was er aber mit seinen Kameraden kann gethan haben, davon weiß ich nichts.

X 2

29) War Müllerhannes nicht mit euch auf dem lezten Kirchweihfest zu Jben?

Antw. Ja, er war mit mir, er stand damals Wache, und ich brachte ihm einen Schoppen Wein in den Garten des Beständers. Georg Friederich Schulz war auch da. Ich und gedachter Müllerhannes wir begaben uns in den Wald bei Jben. Schulz blieb auf dem Hof.

30) Kennt ihr die Namens Leonard Beker, Gustav Beker und Nikolaus Arnold von Fürfeld?

Antw. Ja ich kenne sie; ich habe einigemal mit ihnen gegessen und getrunken, sie haben aber gar keine andere Verbindung mit mir.

31) Kennt ihr den Karl Stieh von Feil?

Antw. Ja, ich kenne ihn, ich war einigemal in seines Vaters Haus bei ihm und war mit ihm auf der Jagd; allein er hat an gar keinem Vergehen Antheil genommen.

32) Habt ihr nicht auch im Monat Floreal neunten Jahrs auf dem Weg zwischen Duchroth und Odernheim einen Juden bestohlen?

Antw. Ja, ich war von Christoph Blum von Lautert und Peter Henrichs Hannadam begleitet.

33) Habt ihr nicht auch vor zwei Jahren, bei Niederhausen mehrere Juden beraubt?

Antw. Ja, ich war begleitet von Peter Dalheimer von Sohnschied, und von Georg Pik von Mittelbollenbach. Ersterer wurde guillotinirt und lezterer zur Galeere verdammt.

34.) Was hattet ihr für Ursachen, den Diebstahl zu Hottenbach zu begehen?

Antw. Die Juden von besagtem Hottenbach gaben mir Geld, damit ich sie frei passiren lasse, sagten mir zugleich, daß ein gewisser Wolf besagten Orts mir auch etwas geben könne. Ich war damals auf der Mühl von Weiden, und ließ besagtem Juden durch andere andeuten, daß er mir Geld, Halstücher und einige Päkgen Tabak zuschiken sollte. Seine Antwort war; wir müßten zu ihm kommen, um sie zu hohlen. Ich schikte hierauf den Jakob Gerhard und den Messerschmitt Stein von Weiden auf Spähe aus und acht Tage darnach beging ich gedachten Diebstahl mit den genannten Gerhard und Stein, so wie mit Johann Laiendeker, einem gewissen Denig, Müller von Hennweiler, der, wo ich nicht irre, mit dem Vornamen Christian heißet, Philipp Arnold von Argenthal bei Simmern, Franz Rieb, Peter Dalheimer von Sohnschied. Stein blieb mit meiner Frau zurük, allein er ging mit uns bis gegen Schmitburg, wo wir die Beute theilten und er seinen Antheil bekam.

35) Habt ihr nicht auch einmal dem Br. Schweizer von Rehborn Geld erpresset?

Antw. Ja, wir bekamen zwölf Louisd'or, ich war damals begleitet von Christian Rheinhard, John genannt und einem gewissen Georg Michel, Kleinhändler und Musikant vom Uiberrhein, der gewöhnlich im Amt Boksberg umher gieng, und izt in Gefangenschaft zu Darmstadt ist, wohin er von Semm bei Bekenbach gebracht wurde, weil er sich in der Gegend erklärt hatte, Gesellschafter von mir zu seyn.

36) Habt ihr nicht auch einen Namens Müller von Rambach Geld erpresset?

Antw. Ja, Johann Leiendeker, der den Mann kannte, machte den Plan dazu und schrieb den Brief, welchen ich selbst gedachtem Müller brachte, der uns vierzehen und eine halbe Louisd'or an den ihm von uns angezeigten Ort brachte. Ich war damals von besagtem Leiendeker und von Johann Martin Rinkert begleitet.

37) Wie viel Geld hat euch Körper vom Beständer des Neudorfer=Hofs gebracht?

Antw. Achtzehen Louisd'or; es waren damals bei mir Christian Rheinhard und Johann Leiendeker, er brachte uns dieses Geld in eine Höhle auf dem Berg neben dem Haus des Peter Haas, und Peter Haas begleitete ihn, als er uns das Geld brachte.

38) Habt ihr noch mehr Nächte in dieser Höhle zugebracht?

Antw. Nein.

Nachdem dem Beklagten gegenwärtiges Verhör vorgelesen und auf deutsch ausgelegt worden, erklärte er, daß solches wahrhaft aufgesezt sei, bemerkte blos, daß er sich in seiner Antwort auf die dreizehnte Frage gegenwärtigen Verhörs geirrt habe, indem er gesagt, daß Johann Leiendeker von Laufschied — die zwei an den Hofmann Zürcher auf dem Neudorfer=Hof geschikte Briefe geschrieben habe — daß er selbst den zweiten gedachter Briefe geschrieben habe. Nachdem er also seine Antwort

berichtiget

berichtiget hatte, und nachdem sie ihm ebenfalls vorgelesen, und auf deutsch ausgelegt worden — hat er mit uns obgenannten Richter und unterzeichnetem Kommis-Greffier unterschrieben.

Mainz den Tag, Monat und Jahr wie oben, um halb acht Uhr des Abends.

Unterschrieben: Johannes Bückler, Wernher und Brellinger, Kommis-Greffier, mit Handzügen.

Fortsezzung des Verhörs, Mainz den 3ten Messidor zehnten Jahrs.

39) Wer waren diejenigen, die euch begleiteten, als ihr neulich bei Wilhelm Vollenbach waret?

Antw. Die Personen die mit mir waren, sind,

Nämlich:

1. Die Brüder Christoph und Konrad, von Hoheweissel gebürtig, Fayencehändler, welche ich in der Gegend von Limburg an der Lahn verlassen habe. Christoph Ekard wurde mit mir in Verhaft genommen, als man mich zum erstenmal nach Runkel führte und ward mit mir losgelassen.

Als ich mich zu gedachtem Runkel anwerben ließ, ward Konrad Ekard auch auf einem Streifzug welcher statt hatte, erwischt, aber wieder frei gelassen, nachdem er einige Stokschläge bekommen hatte. Diese beide Menschen haben gar kein Verbrechen mit mir begangen, ich weiß aber daß sie mit Christian Rheinhard, zu Spall auf dem Hundsruk zwei Pferde gestohlen haben.

2. Christian Rheinhard, John genannt.

3. Peter Petry von Hütgeswasem, genannt Schwarzer Peter.

4. Krämer Antons-Joseph von Feil, und

5. Johann Adam vom Odenwald, der weder Johann Adam der Korbmacher von Ueberrhein — noch der Johann Adam von Trombach, sondern der Sohn eines Börschknechtes aus der Grafschaft Erbach ist.

Lezterer hat kein Verbrechen mit mir begangen, allein nach einer Uibereinkunft die wir unter uns hatten, kam er mit mir von diesseits, um ein Vorhaben auszuführen, das nicht vollzogen werden konnte.

40) Wißt ihr nicht, wo gegenwärtig die zwei Söhne des Raphael Süsel von Niedersaulheim sind?

Antw. Wenn sie nicht zu Haus sind, so sind sie wahrscheinlich anderstwo nicht, als bei ihrer Schwester, die an einen Juden Namens Gerson zu Großzimmern auf dem rechten Rheinufer verheirathet ist, wo sie oft hingingen.

41) Kennt ihr auch den Wilhelm Landfried zu Lettweiler?

Antw. Ja.

42) Was habt ihr für Gemeinschaft mit ihm?

Antw. Ich weis keine.

43) Habt ihr ihn nicht einmal nach Meisenheim geschikt, um da Schießpulver und Strike zu hohlen?

Antw. Ja, es war damals ein großer Schnee — allein er brachte kein Schießpulver, weil ich ihm durch Philipp Weber anderst befehlen ließ, den ich zu ihm schickte, er brachte blos Tabak und Kordel.

44) Welchen Gebrauch wolltet ihr von der Kordel und dem Pulver machen?

Antw. Ich erinnere mich nicht mehr was wir mit der Kordel machen wollten. Johann Laiendeker nahm sie mit sich. Dies war einige Tage vorher, als wir von einem Bauern von Rambach Geld erpreßten. Das Pulver wollten wir auf der Jagd brauchen.

45) Kannte euch Wilhelm Landfried auch?

Antw. Ja, weil ich oft in dem nämlichen Hause war, das er bewohnt, er hat mir sogar einmal ein paar Hosen ausgebessert und Knöpfe darauf gesezt — übrigens hatte er nie mit mir zu thun, noch ich mit ihm.

Dy

46) Kennt ihr auch den Philipp Schik von Hallgarten?

Antw. Ja, er ist Wirth, ich habe einigemal Brandwein bei ihm getrunken, einige, mal bei ihm übernachtet, habe aber nie etwas mit ihm vorgenommen, noch er mit mir, ausser daß wir einmal mit einander auf der Jagd waren, wobei auch Heinrich Roffel, Karl Stich und Peter Dalheimer von Sonschied waren.

47) Wie oft waret ihr in dem Hause des Adam Schmitt zu Lettweiler?

Antw. Nur zweimal, das erstemal war ich bei der Hochzeit seiner zwei Kinder. Das Ungefähr führte mich nach Lettweiler, begleitet von Georg Friederich Schulz, vom Müllerhannes und Müller Jakob von Eiffenbach. Wir gingen in das Haus des Karl Müller, wo sich auch Gustav Müller befand, der mich zu gedachter Hochzeit führte; die andern blieben bei Karl Müller; ich weiß mich der Personen nicht mehr zu erinnern, die bei der Hochzeit waren.

Das zweitemal daß ich da gewesen, war zu einer Zeit, wo ein großer Schnee fiel; zu der Zeit kam ich nach Lettweiler mit dem schwarzen Peter, Christian Rheinhard, Johann Laiendeker, dem Sohn von Müllerhannes, Johann Martin Rinkert, dem sogenannten Joseph — Krugkrämer. Wir giengen also in das Haus des Karl Müller, wo wir Brandwein tranken, nachher führte uns Gustav Müller in das Haus des Adam Schmitt, wo wir den Tag zubrachten.

Gegen Abend theilten wir uns, ich und Johann Laiendeker gingen zu Jakob Müller, Schwarz-Peter und der Krugkrämer begaben sich zu Philipp Weber, und Johann Martin Rinkert mit dem jungen Butla blieben bei Adam Schmitt. Ich erinnere mich nun, daß Christian Rheinhard nicht mit uns war. Während unserm Aufenthalt in diesen Häusern kam eine Abtheilung Chasseurs nach Lettweiler, und da wir glaubten, daß solche komme um uns zu holen, so zogen wir aus dem Ort gegen Rehborn, wohin bald darauf Philipp Weber kam, uns zu benachrichtigen, daß wir frei zurükkehren könnten, indem die Chasseurs nicht wegen uns gekommen wären, worauf wir dann auch dahin zurük giengen.

48) In welcher Verbindung waret ihr mit Adam Schmitt und seinem Sohn Heinrich?

Antw. Ich war nie in Verbindung weder mit dem einen noch mit dem andern, nie haben sie Theil an meinen Verbrechen genommen und unter den zweimalen, wovon ich so eben gesprochen, war ich niemals in ihrem Haus.

49) Woher kommt es dann, daß ihr euch Leuten anvertraut habt, die ihr nicht gekannt habt?

Antw. Karl Müller, dessen Bekanntschaft ich auf den Märkten machte, die wir besuchten, wollte uns nicht in seinem Haus behalten, unter dem Vorwande, es werde zu viel besucht, und sein Bruder führte uns deswegen in die Behausung von Schmitt, da er voraus wußte daß man sich ihm anvertrauen könne.

50) In welchen Verhältnissen waret ihr mit Karl Müller?

Antw. In gar keinem, ich sah ihn von Zeit zu Zeit auf dem Markt, nie aber hatten wir miteinander zu thun; auch hab ich ihn in seinem Haus gesehen.

51) Habt ihr nicht auch gestohlene Waaren besagtem Karl Müller verkauft?

Antw. Nein, in Ansehung des Verkaufs den ich von gestohlenen Waaren gemacht, habe ich darüber dem geschworen Direktor zu Mainz eine ganz umständliche Erklärung gegeben.

52) Kennt ihr auch den Adam Landfried von Lettweiler?

Antw. Ich habe nichts mit ihm zu thun gehabt; ich weiß aber, daß nach dem Diebstahl von Staudernheim Georg Friederich Schulz und Krug Joseph in das Haus des besagten Adam Landfried zu Lettweiler kamen, und ihm, so wie seiner Schwester Margaretha Landfried angelegen haben, ihnen die Päcke mit gestohlenen Waaren zu tragen, das sie auch thaten. Obbesagter Krug-Joseph und Schulz, begleitet von Adam und Margaretha Landfried, kamen in dem Wald von Iben wieder zu mir und da gaben wir den beiden Landfried einige Reste Zitz für ihre Bemühung.

53) Erinnert ihr euch nicht anderer Mitschuldigen, die ihr noch nicht angezeigt habt?

Antw. Keines — als des Knöpp Antons Hannadem, der der Schwager von Christian Rheinhard, der mit mir den Diebstahl zu Laufersweiler begangen; es ist ein steinerner Krug-Krämer, der gewöhnlich an der Bergstraße im Amt Neustadt umhergeht, auch gewöhnlich zu Großzimmern zu Zeillert bei Steinem, nicht weit von Otzberg sich aufhält, auch bisweilen in dem Odenwald.

Nachdem man dem Beklagten gegenwärtiges Verhör vorgelesen und auf deutsch ausgelegt hatte, erklärte er, daß seine Antworten und das Auffezen davon Wahrheit enthalten, er bestande darauf, und hat mit uns Richter und dem Greffier unterschrieben.

Mainz den Tag Monat und Jahr wie oben.

Unterschrieben: Johannes Bückler, Wernher und Widenlöcher, Greffier.

Fortsezzung, zu Mainz den 11ten Messidor zehnten Jahrs.

54) Erinnert ihr euch noch der Margaretha Bläsius, Schwester eurer angeblichen Frau und welchen Antheil hat sie an eurem Verbrechen genommen?

Antw. Ja, ich erinnere mich noch dessen; ich habe ihre Bekanntschaft auf dem Wikenhof bei Kirn gemacht, allwo sie Musik machte: etliche Tage nachher schikte ich den Feldschüz von Dikesbach in ihres Vaters Haus um sie einladen zu lassen, zu mir in den beim Reidenbacher-Hof gelegenen Wald zu kommen. Sie kam wirklich mit ihrer Schwester Juliane, und weil diese leztere mir besser gefiel, so ließ ich die Margareth meinem Kammeraden Dalheimer: sie hat etliche Wochen lang die Gegenden mit uns durchstrichen, aber keinen thätigen Antheil an unseren Verbrechen genommen.

55) Kennt ihr auch eine Namens Margaretha Berg, welche in der Eigenschaft als Magd bei Christian Rheinhard war?

Antw. Ja, im Jahr achtzehnhundert eins, war sie Dienstmagd bei besagtem Christian Rheinhard und strich mit ihm in der Wetterau, in der Gegend von Limburg und Diburg herum: ob sie einigen Antheil an seinen Verbrechen genommen, ist mir unbewust; ihre Schwester Marie Eve ein Mädchen von dreizehen Jahren, war in der nämlichen Eigenschaft bei meiner Frau, bis zur Zeit wo ich mich lezthin in Limburg anwerben ließ. Sie wußte wohl daß ich der Schinderhannes war: sie hat aber keinen thätigen Antheil an meinen Verbrechen genommen. Der Vater dieser zwei Mädchen heißt Adam Berg; es ist ein alter hinkender Mann und spielt die Klarinette, aber sein Haupthandwerk ist auf den Märkten zu stehlen. Ich weiß dieses aus seinem eigenen Mund. Was mich anbetrift, ich habe keine Gemeinschaft mit ihm, ausgenommen den Diebstahls-Versuch zu Horrweiler. — Der nämliche Adam Berg war auch einmal in Meisenheim angehalten und nach Oberstein geführt worden, wo er entwischt ist; er war ebenfalls (zu deutscher Zeit) zu St. Goar so wie auch zu Limburg an der Lahn arretirt, hat aber immer Mittel zu entwischen gefunden; ich weiß übrigens nicht, warum er diese verschiedene Verhaftungen ausgestanden hat; sein Sohn Johannes Berg ist durch die Gebrüder Zerfas von der Langenhek bei Limburg an der Lahn getödtet worden; ich füge endlich hinzu, daß dieser nämliche Berg noch einen Sohn hat, der sich Franz nennt und in einem Dorfe bei Kirchenboland wohnhaft ist. Ich kenne diesen leztern nicht persönlich und ich weiß es nur aus der Erzählung seiner Schwester, welche bei mir gedient hat.

56) Der Namens Georg Michel von welchem ihr in eurer Antwort auf die fünf und dreißigste Frage gesprochen habt, nimmt er auch bisweilen den Namen Franz Joseph Vetter an?

Antw. Nein, und ich kenne niemand der sich so nennt.

57) Habt ihr keine Wissenschaft von dem in der Nacht vom sieben und zwanzigsten auf den acht und zwanzigsten April lezthin bei dem Pfarrer Lindenborn zu Neuenkirchen auf dem rechten Rheinufer verübten Diebstahl?

Antw. Auf das lezte Osterfest war ich mit Christian Rheinhard, Christoph und Jakob Gerhard, wie auch Peter Petri der sogenannte Schwarzpeter und Johann Adam, Sohn eines Hägereiters aus dem Odenwald, in dem Wald bei Wildenburg; ich füge hinzu, daß Krämer Antons Joseph von Feil auch bei uns war; den Montag sind wir in den Wald bei dem Mittel-Reidenbacherhof gegangen; den Dienstag haben wir uns in die Steinalp in den Waldbezirk, auf den Botg genannt, begeben. Den Mittwoch sind wir nach Hundsbach gegangen, wo wir den Tag über in des Peter Allenbachers Scheuer waren. Den Donnerstag sind wir auf den Steinerterhof zwischen Sobernheim und Bekelheim gegangen.

Von da haben wir uns den nämlichen Tag auf den Eisenhammer zu Grevenbach in dem Sonwald begeben. Freitags Nachmittag habe ich mich von den andern getrennt und bin auf den Hünerhof zurück gegangen; Krämer Antons Joseph war bei mir; ich habe diesen leztern Samstags verlassen und habe mich nach Hundsbach begeben, wo ich mit Peter Allenbach von Hundsbach welcher mich bis an den Stall führte, ein Pferd gestohlen habe. Ich habe den Weg über Rehborn nach Ekelsheim genommen, allwo ich das Pferd bei einem Namens Grothe ließ. Ich sezte meinen

Weg gegen Hamm fort, wo ich den Dienstag über den Rhein fuhr und zu Kleinrohrheim bei einem Wirth Namens Maus die anderen, nämlich: Christian Rheinhard, Christoph und Konrad Ekard, und Schwarz-Peter wieder antraf; der Namens Johann Adam hatte den Morgen vor meiner Ankunft schon Kleinrohrheim verlassen. Erote welcher ein Saamenhändler ist hatte einen Karch mit dieser Waar beladen, und selbigen mit obigem Pferd nach Kleinrohrheim auf die andere Rheinseite geführt, allwo er mir selbiges zustellte.

Ich habe von den andern gehört, daß nachdem ich sie verlassen hätte, sie in der Nacht vom Freitag auf den Samstag zu Spall auf dem Hundsrück zwei Pferde gestohlen, und diese zwei Pferde in den bei Lemberg gelegenen Wald geführt haben, und daß der Eigenthümer welcher sie verfolgt hatte diese zwei Pferde in besagtem Wald wieder gefunden hat. Wornach sie in der Nacht vom Samstag auf den Sonntag ihren Weg nach Ekelsheim nahmen, wo sie bei einem Namens Keim, Wirth, der sie so gut als mich kannte, den Tag über geblieben, welcher aber übrigens keinen Antheil an meinen Verbrechen genommen hat. Von Ekelsheim sind sie in der Nacht vom Sonntag auf den Montag nach Bibelsheim gegangen, wo sie den Tag bei dem Wirth im Ochsen zubrachten, bei welchem wir, so oft wir durch diese Gegend reißten, wohnten. Von Biebelheim sind sie nach Hamm gegangen, wo sie Dienstags in aller früh über den Rhein fuhren, und den nämlichen Tag haben wir uns zu Kleinrohrheim wie schon gesagt, wieder getroffen. Die andern haben Kleinrohrheim den Abend des nämlichen Tags verlassen und sind nach Semm bei Umbstadt gegangen. Ich bin ihnen Mittwoch Nachmittags nachgefolgt und habe sie Donnerstags in besagtem Semm bei Umbstadt angetroffen, wo sie die Nacht auf dem Speicher eines Bauern Namens Knell zugebracht hatten, bei welchem ich auch mein Pferd, welches ich dem Jud Namens Jekuf von Diburg verkauft habe, einstellte.

Ich beweise durch diese umständliche Beschreibung dieser Reise, daß es unmöglich ist, daß ich oder einer meiner Kameraden den befragten Diebstahl hätten begehen können. Ich habe dennoch einige Auskunft über den Diebstahl zu geben.

Nachdem ich mich von Kleinrohrheim nach Semm begab, paßirte ich über Seheim; da ist es daß mir der Wirth, bei welchem ich einkehrte, die erste Neuigkeit des zu Neunkirchen begangenen Diebstahls mittheilte. Einige Tage nach meiner Ankunft zu Semm, war ich im Gasthaus zum Engel, wo ich einen gewissen Maus aus besagtem Ort angetroffen habe, welcher mir bekannt war, weilen er gestohlene Effekten, insbesondere von Georg Friederich Schulz, damals in Umbstadt und izt in Mainz gefangen sizzend, gekauft hatte. Dieser Maus sagte mir, daß der Namens Feist von Habitsheim, des Gersons Knecht von Großzimmern, des besagten Gerson zween Schwäger welche zu Niedersaulheim auf dem linken Rheinufer wohnen und vier andere Juden von dieser Seite, endlich ein Bauer von Großzimmern, welcher, wenn ich mich nicht irre, der Sohn des Fleischmann ist, den fraglichen Diebstahl begangen haben. Uibrigens wird die Frau bei welcher Georg Friederich Schulz damals in Großzimmern angehalten worden ist, nähere Auskunft geben können, dann sie ist die Vertraute des Georg Friederich Schulz und obengesagter Gerson.

58) Habt ihr keine Wissenschaft von dem den zwölften April lezthin, bei Kaspar Döngers, Eigenthümer der bei Niederems gelegenen Oberdorfer Mühl begangenen Diebstahl?

Antw. Ich habe keinen Theil daran genommen, auch habe ich durch den Müller von der Haasen Mühl erfahren, daß es der Müller von der Falkensteiner Mühl ist, welcher wegen diesem Diebstahl arretirt war; daß man ihn nach Ittstein führen wollte, er aber unterwegs entwischt ist.

59) Kennt ihr diesen Falkensteiner Müller?

Antw. Ich habe einigemal mit Peter Heinrichs Hannadam die Nacht auf seiner Mühl zugebracht; damals hatte er noch diese Mühle, die seitdem verkauft worden, in Besiz. Ich weiß nicht ob er mich gekannt hat, es schien mir aber daß mein Kamerad hinlänglich von besagtem Müller gekannt war.

60) Kennt ihr seinen Sohn nicht, der im Finsterthal wohnt?

Antw. Nein.

61) Kennt ihr nicht einen Namens Friederich Schmitt, unter dem Namen Sachs oder Zinngießer bekannt?

Antw. Nein.

62) Kennt ihr Peter Korb von Södern nicht?

Antw. Nein, ich habe ihn niemal gesehen, aber ich weiß daß er einer von der sogenannten
Birkenfelder

Birkenfelder Bande ist, welche aus den Gebrüder Johann von Södern, Johannes Welsch und sein Bruder gemeiniglich der Hemme von Heimbach genannt, einem Glaser von Ruschberg Namens Adam, einem Müller Namens Benedum von Konkenlangenbach und noch mehreren andern welche ich nicht mit Namen kenne, bestehet. Der Glaser Adam von Ruschberg hat mir sie alle genannt als ich vor einem Jahre vom Breitzester-Hof nach Fronhausen mit ihm gegangen bin. Ich weiß ausserdem daß diese Bande den Einnehmer von Kussel und einen Müller bei diesem Ort bestohlen hat.

63) Hat der Müller Jakob von Eisenbach nicht einen Sohn?

Antw. Ich weis es nicht, dann er war nur acht Täge bei mir.

64) Habt ihr niemal keine Verbrechen mit einigen der Birkenfelder Bande begangen?

Antw. Nein, mit Ausnahm des Müller Jakob von Eisenbach, und einem Namens Benzel, — welche ehemals einen Theil dieser Bande ausmachten.

65) Kennt ihr nicht einen Bergmann, Namens Valentin Dinnhof?

Antw. Nein.

66) Habt ihr keine Wissenschaft von dem an der Person des Mendel Löb von Södern begangenen mit Raub begleiteten Meuchelmord?

Antw. Ich habe kein Theil daran genommen, aber ich habe gehört daß es die von der Birkenfelder Band waren, die diesen Raub verübt haben.

67) Kennt ihr den Friederich Edinger, Eigenthümer des Breitzester-Hofs?

Antw. Ich kenne ihn, ich bin mehrmal durchgereiset und ich weiß von Müller Jakob von Eisenbach, daß er einer der Birkenfelder Bande ist und daß er etliche Mehl- und Fleisch-Diebstähle mit besagtem Müller Jakob begangen hat.

68) Kennt ihr Abraham Benedum vom Maiweiler-Hof?

Antw. Ich kenne ihn nicht und war niemal auf diesem Hof.

69) Kennt ihr den Friederich Doll ehemaligen Schultheisen von Dennweiler?

Antw. Nein.

70) Kennt ihr Jakob Helfenstein von Kerborn?

Antw. Nein, ich habe aber gehört daß sein Haus den Räubern zum Aufenthalt dienet; überhaupt habe ich wenig Bekanntschaft in diesen Gegenden.

71) Welches sind dann die Bekanntschaften die ihr da gehabt?

Antw. Es ist der Pächter vom Breitzester-Hof und die zween Wirthe zu Fronhausen Namens Johann Jakob und Kirsch.

72) Sagt mir auf welche Art der Hottenbacher Diebstahl begangen ist worden, ob ihr während dem Diebstahl so viel Lärm gemacht habt, daß die Bewohner des Dorfs dadurch aufgewekt werden konnten und auf welche Summe die gestohlenen Effekten sich belaufen können?

Antw. Als wir an das Haus des Juden zu Hottenbach gekommen waren, welcher neben dem Dorf wohnet, war es eilf Uhr vorbei; ich klopfte an der Thür; der Jud fragte mich durch das Fenster was man wollte; ich antwortete daß ich es wäre: daß er aufmachen und mir ein Glas Brandwein geben sollte; er that es ohne einige Schwierigkeit. Ich gieng mit Johann Laiendeker und Peter Dalheimer ins Haus, der erstere bewachte die Person des Juden und Peter Dalheimer machte sich mit mir an die Auslerung des Kramladens; während wir in dem Hause waren, wollte ein Jud der nicht weit vom bestohlenen Haus wohnte aus dem seinigen gehen, wurde aber von Philipp Arnold von Argenthal aufgehalten und zur Hergabe seiner Uhr gezwungen; der Nachtwächter kam auch dazu, wurde aber von meinen wachthabenden Kameraden an und bis zur geendigten Verrichtung zurück gehalten. Nachdem der Diebstahl vollbracht war, haben wir die Juden und den andern welchem Philipp Arnold die Uhr abgenommen hatte in des erstern Keller eingeschlossen und den Wächter losgelassen.

Wir haben diesem Juden nicht mehr als zwei hundert Gulden genommen, einen silbernen Becher und eine Elle Silber-Borden, welche zusammen ein halb Pfund wogen und welche wir dem Schey Maier von Bruschit für eilf oder zwölf Gulden verkauften. Der Werth der Waaren belauft sich höchstens auf sieben hundert Gulden und ich habe für meinen Theil der Waaren von einem umherziehenden Krämer, welcher keinen bestimmten Wohnsiz hat und dessen Vornamen Joseph ist, welchem ich selbiges verkauft habe, die Summe von drei und eine halbe Louisd'or bekommen.

Z z

Ich bemerke übrigens daß meine Kameraden Gerhard, Denig und Rüb vormals öfters im Haus des bestohlenen Juden waren; dennoch weiß ich nicht ob er sie für Diebe kannte und ich füge bei, daß wir keinen Lärm machten, welcher die Einwohner der Gemeinde rege machen konnte.

73) Kennt ihr Matheis Schäfer von Bliesen?

Antw. Nein.

74) Kennt ihr die Namen Nikolaus Theiß, Friederich Albert und Johannes Welsch von Ekertsweiler?

Antw. Nein.

75) Müßt ihr nicht zugeben, daß diese drei Individuen, den in der Nacht vom zehnten auf den eilsten Messidor neunten Jahrs bei Herz Maier zu Ulmet begangenen Diebstahl verübt haben?

Antw. Nein und ich habe schon alle Mitschuldigen genannt.

76) Hat Schwarzpeter nicht auch einen Sohn?

Antw. Ja, er heißt auch Peter; er hat Bienenkörbe, Hämmel und Pferde mit mir gestohlen. Unter andern haben wir zu Niederwürzbach Pferde, auf dem Hünerbergerhof Hämmel und zu Boos Bienenkörbe gestohlen. Ich erinnere mich nicht mehr von diesem allem, aber die zu Altensimmern gegen mich eingeleitete Procedur muß diese Umstände alle enthalten.

77) Kennt ihr auch einen Namens Müller?

Antw. Ja, es ist ein Sohn von Johannes Müller dem sogenannten Müllerhannes: er ist mit mir zu Schnappenbach angehalten und nach Altensimmern geführt worden. Er hat mit mir auf dem Heinzeberg Schweine und zu Boos die Bienen gestohlen; übrigens beziehe ich mich auf meine Procedur von Altensimmern.

78) Kennt ihr die Anna Maria Schäfer von Wallenbruk, Kanton Kirchberg?:

Antw. Ja, sie war die Beischläferinn des Benzel, welcher in Koblenz guillotinirt ist worden. Seitdem hat sie sich dem Peter Zuchetto von Erz an der Mosel gebürtig, zugesellt; sie hat mit dem lezten meinen Namen mißbraucht um von den Thalfanger Juden Geld zu erpressen; dieses ist mir durch den Wirth zu Hütgeswasem bei Allenbach erzählt worden.

79) Kennt ihr nicht einen Schuhmacher zu Aspach?

Antw. Ja, er nennt sich Heinrich Gerhard; ich habe ihn als ich noch bei meinem Vater war gekannt, seitdem habe ich ihn in Großzimmern auf dem rechten Rheinufer wieder gesehen, allwo er als Schuhknecht arbeitete: ausserdem auch bei seinem Bruder, Müller zu Weiden, Herrsteiner Kanton; aber ich habe keine Gemeinschaft mit ihm gehabt.

80) Kennt ihr Adam Keßler von Gribelschid?

Antw. Ja, ich war mit meinen Kameraden oft in seinem Haus; wir haben allda gegessen und getrunken und auch etliche Nächte zugebracht; er ist Wirth und wir haben ihm unsere Zeche bezahlt, und weder ich noch meine Kameraden haben irgend eine Gemeinschaft mit ihm gehabt.

81) Kennt ihr Karl Zerfas von Gribelschid?

Antw. Ich erinnere mich des Namens nicht; weil wir aber in so viel Häuser in Gribelschid waren, wo Peter Dalheimer uns hinführte, so ist es möglich daß ich ihn kenne. Uebrigens hat kein einziger Einwohner von Gribelschid Theil an unseren Verbrechen genommen.

Nachdeme dem Angeklagten Vorlesung und Auslegung auf deutsch gegeben worden war, so erklärte derselbe, daß gegenwärtiges Verhör Wahrheit enthält und hat mit uns obenbenanntem Richter und Kommis-Greffier unterschrieben zu Mainz den Tag, Monat und Jahr wie oben, des Abends um halb neun Uhr.

Unterschrieben Wernher, Johannes Bückler und Breilinger, mit Handzügen.

Fortsezzung, zu Mainz den 13ten Messidor zehnten Jahrs.

82) Habt ihr keine andere Mitschuldige mehr anzugeben?

Antw. Die zwei Gebrüder Christoph und Konrad Ekard, haben noch zween Schwäger, welche sich der kleine Georg und der dike Hannes nennen; sie wohnen zu Eisenbach bei Obernburg an dem Main, führen Handel und haben schon etliche Diebstähle an mit Waaren beladenen Wägen begangen; unter andern haben sie einen ähnlichen Diebstahl mit besagten zwei Ekard verflossenes Jahr, bei Hanau begangen.

83) Habt ihr keine Wissenschaft, von dem am zweiten Germinal lezthin am Bürger Simon Hog, auf der Nikolaus-Maienmühl bei der Salershütte verübten Diebstahl?

Antw. Nein.

84) Kennt ihr den Namens Hannosius von Walbach, welcher ehemals auf der Nikolaus-Maienmühl wohnte?

Antw. Nein.

85) Kennt ihr nicht einen Namens Wenzeslaus Jesenovsky von Dichtelbach?

Antw. Nein.

86) In welchem Verkehr waret ihr mit dem Jud Leiser von Altenbamberg?

Antw. Schwarzpeter und ich wir haben ihm, die einem Juden im Thiergarten in dem Sonwald gestohlene Waaren verkauft. Dieser Verkauf hatte in einem beim Bangarterhof gelegenen Wald statt; er kannte uns damals schon und wann wir seitdem auf dem Bangarterhof waren, so brachte er uns Zuker, Kaffe und Tabak. Es ist ausserdem ein alter Jud zu Altenbamberg Namens Isak, welcher mich oft eingeladen hat ihm Silberwerk zu bringen; ich habe ihm wirklich zu Hallgarten in dem Haus des Philipp Schik und in seiner Gegenwart eine silberne Uhr, welche ich vor zwei Jahren etlichen Juden von Kreuznach auf der Straße von Simmern raubte, verkauft.

Müllerhannes hat ihm auch gestohlene Sachen verkauft, unter andern Bettwerk und ein goldenes Pfeifenbeschläg, welches er von dem Erbesbüdesheimer Diebstahl bekommen.

87) Gebt uns die Leibesbeschreibung von dem scheelen Franz, welcher, eueren Antworten auf die vor dem Jury-Direktor geschehenen Fragen nach, sich in den Gefängnissen von Mannheim befinden soll?

Antw. Dieser Mann ist von Lindenfels nach Mannheim geführt worden; er streicht auf den Märkten mit gemeinen Krämerwaaren herum; er hat gemeiniglich einen Esel und einen Karren bei sich; er muß noch einen halb-leinenen Rok tragen, welchen ich ihm schenkte. Es ist ein großer starker Mann welcher einäugig ist oder vielmehr ein Aug kleiner als das andere hat, runde dunkelbraune Haare, rothen Bart, und eine dike Nase hat. Es ist ohngefähr drei Jahre, daß er in der Gegend von Worms auch einen Diebstahl begangen hat. Seine Kameraden sind von dem Tribunal vom Donnersberg auf vierzehen oder sechzehen Jahr in die Eisen verurtheilt worden, er ist aber entwischt.

88) Gebt uns die Leibesbeschreibung von Wilhelm Rheinhard?

Antw. Er ist mit dem vorhergehenden und noch drei andern zu Lindenfels arretirt worden; zween, unter welchen sich der Korbmacher Hannadam vom Ueberrhein befand, von welchem ich auch schon gesprochen habe, sind entwischt. Die drei andern, nämlich: der scheele Franz, Wilhelm Rheinhard und ein junger Mensch der sich Hannes nennt, welchen ich aber nicht kenne, sind nach Mannheim gebracht worden; dieser Wilhelm Rheinhard treibt gemeiniglich den Porzellanhandel, er ist ein starker Mann, der schwarze Haare und desgleichen Backenbart hat, seine Nase zeichnet sich aus, indem sie ziemlich groß und gegen den Mund gebogen ist. Ich bemerke daß sein wahrer Name nicht Rheinhard sondern Gundermann ist.

89) Erinnert ihr euch noch eines Johann Georg von Lauschid?

Antw. Ja, ich habe mehrere Pferdediebstähle mit ihm begangen; er ist in Koblenz verurtheilt worden.

90) Wer ist dann der Peter Kees von Lauschid?

Antw. Er nennet sich gerade aus Keesgen und ist in den Gefängnissen zu Kölln gestorben.

91) Wißt ihr wo der Nikolaus Nagel in diesem Augenblik sich befindet?

Antw. Er ist zu Koblenz verurtheilt worden; aber er ist entwischt und dermalen Schweinhirt in Merschid, Kanton Herrstein.

92) Wer ist dann der Hannfried von Wildenburg, mit welchem ihr ein Pferd auf dem Schemerhof gestohlen habt?

Antw. Es ist ein Bettler von Wildenburg; sein wirklicher Aufenthalt ist mir unbewußt; als ich ihn kannte, war es ein noch ganz junger Mensch.

B 2

93) Wer ist dann der Velte-Weimertshannes, mit welchem ihr Schweine in Altensimmern gestohlen habt?

Antw. Er ist von Seibertsbach und ich vermuthe daß er noch bei seinem Vater ist.

94) Kennt ihr auch die zween Hannes von Schnellbach?

Antw. Ich kenne einen davon, aber ich weiß nicht wo er wohnt und habe auch keine Gemeinschaft mit ihm.

95) Kennt ihr den Namens Ildesjakob?

Antw. Ja, wir haben aber keine Gemeinschaft miteinander gehabt, er ist in Koblenz guillotinirt worden; und sein wahrer Name ist Jakob Krämer.

96) Kennt ihr auch die Namens Grimm, Frau des Zuchetto?

Antw. Ja, sie heißt Marie Katharine, ihr Vater heißt Joseph, er ist ein Glas- und Fayencehändler und wohnt gemeiniglich zu Löffelschid; sie soll aber in Trier arretirt seyn.

97) Könnt ihr auch mit Ziffer schreiben und absonderlich in der dageliropuischen Sprache?

Antw. Nein, ich weiß nichts davon; ich habe aber von Johannes Leiendeker gehört, daß er eine dergleichen Sprachen in den Gefängnissen zu Koblenz gelernt hat.

98) Welche sind dann die Ursachen welche euch bewogen haben, dem Friedensrichter von Kirn, als er euch in euerer wirklichen Verhaftung in Mainz besuchte, zu sagen: daß ein Namens Husch, Schneider, bei den Gebrüder Hassinger auf der Mühl bei Simmern sich befände und Kleider von gestohlenen Waaren mache?

Antw. Ich habe dieses dem Bürger Friedensrichter nicht gesagt, ich weiß nichts von dieser Sache und es ist schon über drei Jahre, daß ich nicht mehr zu Simmern gewesen bin; dieser Bürger muß sich dann geirrt haben und diese That welche er von anderswo vernommen, mit dem was ich ihm, in Betreff eines mir durch einen Schneider von Hanenbach vor zwei Jahr verfertigten Kleides sagte, vermengt haben.

99) Kennet ihr die Gebrüder Kloninger, Müller, auf der Mühl zu Simmern?

Antw. Ja, ich habe sie mehreremal auf ihrer Mühl zu Iben, und auf dem Schloß zu Iben gesehen; ich habe den Wendelin Kloninger noch auf der lezten Ibener Kirchweih gesehen; er kannte mich, daß ich Schinderhannes war, er hat aber keinen Antheil an unseren Verbrechen genommen und seitdem sie zu Simmern sind, habe ich sie nicht mehr an diesem Ort gesehen.

100) Wer ist der Scherer vom Althof, welchem ihr ein mit Jakob Fink zu Steinbach bei Altensimmern gestohlenes Pferd verkauft habt?

Antw. Es ist ein Viehhändler, welcher wirklich zu Kempfeld im Kanton Herrstein wohnt und sich Johann Georg Scherer nennt. Ich habe ihm nicht allein dieses Pferd, sondern auch ein anderes, welches ich mit Schwarzpeter auf der Marienpforte und dasjenige welches ich mit Jakob Fink zu Neuenkirch gestohlen habe, verkauft. Dieses alles hat sich vor vier Jahren zugetragen.

101) Habt ihr noch andere Bekanntschaften zu Hamm ohne die mit der Seibelschen Familie?

Antw. Ja, es ist noch ein Mann neben dem Haus der besagten Wittib Seibel; es ist ein kleiner Mann, welcher einen lahmen Arm hat; er hat mich einmal über den Rhein geführt, ich weiß aber nicht ob er mich gekannt hat.

102) Habt ihr diesem Mann nicht einmal Vorwürfe gemacht, daß er euern Namen in dem Dorf ausgebreitet hat?

Antw. Nein, aber einer der Seibelschen Söhne sagte mir, daß dieser Mann im Dorfe von mir gesprochen hätte; ich habe ihn dann in das Seibelsche Haus kommen lassen und ihm gesagt sich vor dergleichen Gesprächen zu enthalten; worauf er noch ein Glas Brandwein mit mir trank.

103) Hat dann dieser Mann euch mehreremalen über den Rhein gesetzt?

Antw. Ja, zweimal; das erstemal als ich verflossenen Sommer mit dem scheelen Franz überfuhr, und das andermal als ich nach dem Osterfest, bei hellem Tag ganz allein hinüber paßirtte.

Nachdeme dem Angeklagten gegenwärtiges Verhör vorgelesen und auf deutsch ausgelegt worden war, erklärte derselbe daß solches wahrhaft verfaßt ist und hat mit uns und dem unterzeichneten Kommis-Greffier unterschrieben zu Mainz den Tag, Monat und Jahr wie oben, des Abends sieben Uhr.

Unterschrieben Wernher, Johannes Bückler und Brellinger, mit Handzügen.

Fortsezzung

Fortsezzung, zu Mainz den 16ten Messidor zehnten Jahrs.

104) Habt ihr nicht vor drei Monat von dem Jakob Schowalter vom Montforterhof, durch einen Drohbrief Geld erpresset?

Antw. Ja, ich habe den Brief selbsten geschrieben; ich war damals von Christian Rheinhard, Johannes Leiendeker und Georg Michel begleitet; der leztere hat den Brief auf den Hof getragen, von wo er achtzehn Louisd'or, welche wir untereinander theilten, brachte.

105) Was bedeuten dann die unten an besagten Brief gemachten drei Kreuz, und die Worte: „Dieses merkt was es bedeutet„?

Antw. Johannes Leiendeker von Lauschid machte mir in der Zeit, da er noch in besagtem Ort wohnte, einen Jagdsak, auf welchen er ohne mein Wissen den Namen Johannes Durchdenwald und drei Kreuz machte. Seither habe ich mich einigemal dieser Unterschrift und der drei Kreuz bedient. Sie hatte aber weiters keine Bedeutung.

106) Die Wittib Seibel, die zween Söhne und ihre Tochter Elisabeth von Hamm, kannten sie euch für Johannes Bückler, als ihr bei ihnen waret?

Antw. Ich habe ihnen dieses nicht gesagt; aber sie sollten es durch Johann Nikolas Müller und Georg Friedrich Schulz wissen, indem diese mich sogar mit meinem Namen Hannes ruften.

107) Als ihr damals mit Johannes Leydeker, Johann Martin Rinkert und Krugjoseph in diesem Haus übernachtetet, habt ihr nicht der Elisabetha Seibel ein Halstuch versprochen?

Antw. Ja, sie hat mir Halstücher gefordert, und wir haben ihr zwei oder dreimal jedesmal zwei, unter welchen ein schwarz Seidenes war, gebracht.

108) Wußten dann besagte Seibel daß diese Halstücher von Diebstahl herkamen?

Antw. Ich weiß nicht ob sie glaubten daß diese Halstücher gestohlen waren; übrigens muß ich bemerken daß diese Halstücher nicht gestohlen waren; sondern ich habe sie wirklich in Frankfurt gekauft.

109) Hat Adam Seibel euch nicht Geld in einem seidenen Beutel auf die andere Rheinseite geschaft?

Antw. Nach dem Erbesbüdesheimer Diebstahl bin ich mit dem jungen Boutla nach Hamm gekommen; ich hatte damals zwanzig Louisd'or, welche von diesem Diebstahl herkamen, in einem Sammet-Beutel. Adam Seibel, um die Ausfuhr zu erleichtern, nahm ihn und legte ihn in seinen Nachen. Uebrigens habe ich ihnen nichts von diesem Diebstahl gesagt, und sie konnten folglich nicht wissen daß dieses Geld von diesem Diebstahl herrührte. Als dieses Geld in dem Nachen lag, fuhr ich mit dem jungen Boutla über den Rhein.

110) Als ihr acht Tage vor Ostern das leztemal über den Rhein gienget, waret ihr nicht auch in dem Seibelschen Hause?

Antw. Nein.

111) Wann habt ihr dann eure zwei Flinten dort niedergestellt?

Antw. Ich war's nicht, sondern Christian Rheinhard, Schwarzpeter, die zween Eckard und Johann Adam, Sohn des Hägereiters aus dem Odenwald, welche den nämlichen Tag übet den Rhein giengen und welche vor ihrem Uebergang besagte zwei Flinten in dem Seibelschen Haus niederstellten. Eine dieser Flinten gehört einem Namens Weisheimer von Diffenthal und die andere dem Müller auf der Kleemühl bei der Langenbach.

112) Bei welcher Gelegenheit habt ihr dann diese zwei Flinten bekommen?

Antw. Verflossenen Winter wo ich mit Johann Martin Rinkert und anderen Kameraden übergefahren bin; wir ließen unsere Flinten in dem Wirthshaus des Bürger Keim zu Eckelsheim, und der junge Boutla blieb dabei; dieser verkaufte eine dieser Flinten an dem Namens Weisheimer von Diffenthal; Weisheimer in Gefolg einer Polizeimaaßregel, machte seine Deklaration auf der Mairie — darum gab er uns ein Kommisgewehr, welches eines derjenigen ist, welche zu Hamm

Aaa

niedergestellt sind; die andere dem Kleemüller zugehörig, ist durch Johann Adam aus dem Odenwald entlehnt worden, um sich derselben auf der Jagd zu bedienen.

113) Hat euch dann der Müller gekannt?

Antw. Ja, wir waren öfters bei ihm um zu essen und zu trinken, aber er hat niemal keine Gemeinschaft mit mir gehabt.

114) Bei eurem letzten Rheinübergang, waret ihr nicht von eurer Magd Marie Eve Berg begleitet?

Antw. Nein, sie ist aber mit Christian Rheinhard und den andern welche sie in dem Hause des Gastwirths Keim zu Eckelsheim angetroffen hat, über den Rhein gegangen.

115) Haben euch besagte Seibel niemal mit gestohlenen Waaren über den Rhein gefahren?

Antw. Ich bin dreimal mit gestohlenen Waaren zu Hamm über den Rhein gefahren. Erstens; nach dem Merxheimer Diebstahl, damals waren es die Seibel nicht, sondern ein mir unbekannter Greis mit seiner Frau haben mich über den Rhein gefahren. Zweitens; nach dem Diebstahl zu Lausersweiler, damals holte uns ein Schiffmann von Gernsheim auf diesem Ufer. Drittens; nach dem Diebstahl zu Staudernheim, alsdann fuhr einer oder vielleicht alle beide Seibel uns über den Rhein.

116) Wußten die Seibel daß die Waaren mit welchen ihr beladen waret, gestohlen waren?

Antw. Sie konnten nicht anders glauben, indem sie uns für Diebe kannten; auch haben wir immer drei Livres auf den Kopf für die Ueberfahrt bezahlt.

117) Habt ihr niemalen gestohlene Sachen in diesem Hause niedergelegt?

Antw. Nach dem Pferdsdiebstahl auf der Hanenmühl, welchen ich verflossenen Winter mit Johann Müller begangen habe, wollte ich zu Hamm über den Rhein fahren, aber dieser Fluß gieng so stark mit Eis, daß ich davon abgehalten wurde; ich blieb dann mit diesen zween Pferden vier und zwanzig Stunden lang in dem Seibelschen Haus, nach welchen die zween Seibel mich und die zween Pferde über den Rhein führten; die nämlichen Seibel haben mich den nämlichen Winter noch einmal mit einem Pferd, welches ich einem Bauern zu Sonschid gestohlen und dem kommandirenden Lieutenant der Gräflich Wied-Runkelschen Truppen, als ich mich letzthin unter selbige anwerben ließ, verkauft habe, über den Rhein gefahren.

118) Wie viel habt ihr besagten Seibel für eure Ueberfahrt über den Rhein mit besagten zween Pferden bezahlt?

Antw. Als ich mit den zween Pferden übergefahren bin, habe ich achtzehn Franken bezahlt; und das zweitemal, wo ich mit einem Pferd in Begleitung des Christian Rheinhard und Georg Michel übergefahren bin, haben wir eine Louisd'or bezahlt.

119) Wer ist dann der Martin Schmitt, Ausreißer der Ungarischen Husaren?

Antw. Er streicht gemeiniglich in der Gegend von Kirn herum; er war in Koblenz in Verhaft genommen, ich weiß aber nicht was aus ihm geworden ist.

120) Wisset ihr nicht, wo Karl Engers von Sonschid wirklich sich befindet?

Antw. Er ist durch das Tribunal zu Trier in die Eisen verurtheilt worden.

121) Könnt ihr keine bestimmte Auskunft von Johann Martin Rinkert von Schloßborn geben?

Antw. Er ist von der Haasemühl bei Schloßborn gebürtig; er treibt den Porcellan- und Krämerwaaren-Handel, er hat Weib und sieben Kinder, besucht gemeiniglich den Odenwald, Aschaffenburg, Limburg, Diburg und die Gegenden.

Er hat auch verflossenen Sommer mit dem Scheelen Franz, Johann Adam dem Korbmacher von Ueberrhein und Wilhelm Rheinhard einen Juden von Michelstadt bestohlen.

122) Hat Philipp Arnold von Argenthal nicht noch Brüder?

Antw. Ja, der eine heißt Johann und wohnt in Argenthal, der andere heißt Joseph, welchen ich noch niemal gesehen habe, ein französischer Ausreisser ist, und vor zwei Jahren in einer Mühle bei Kiderich in dem Rheingau sich aufhielt.

123) Wo streicht dann der Johann Adam, Korbmacher vom Ueberrhein, herum?

Antw. Es ist ein Gevatter von dem Scheelen Franz; ich weiß daß er den Weg gegen den Oberrhein genommen hatte, und da er sich in dem Odenwald nicht aufhalten kann, weil er schon mit besagtem Franz in Lindenfels in Verhaft war, so vermuthe ich, daß er den Weg gegen Schwaben genommen hat; auffer seinem Korbmacherhandwerk treibt er auch noch den Porcellanhandel; es ist ein Mann von mittlerer Größe, aber stark, schwarze runde Haare, er ist verheirathet und hat seine Frau bei sich; ich weiß aber nicht ob er Kinder hat.

124) Wer ist dann der Georg Müller mit dem lahmen Daumen?

Antw. Er ist aus dem Niederland und macht mit Pickard den Obersten der bekannten Niederländer Bande.

125) Kennt ihr auch einen Namens Rech von Kallenfells?

Antw. Ja; wir waren oft in seinem Hause; nach dem Hottenbacher Diebstahl haben wir die gestohlenen Waaren zu ihm geschafft; da haben wir uns Kleider davon machen laffen und das übrige haben wir sowohl ihm als einem Kaufmann Namens Joseph verkauft.

126) Wo befindet sich dann Philipp Gilcher von Wiswiler?

Antw. Er ist in Trier guillotinirt worden?

127) Was ist aus dem Jakob Fink geworden?

Antw. Er ist in den Gefängniffen zu Trier gestorben.

128) Wisset ihr nicht, wo der sogenannte Bucherhannes sich befindet?

Antw. Er mit Zuchetto auf der Röderbach bei Dronecken angehalten und nach Trier geführt worden; ich weiß nicht was aus ihm geworden ist. Er hat den Namen Bucherhannes, weil er gebürtig aus Buch bei Kastellaun, ist.

129) Was ist dann aus dem Namens Knapp von Lipshausen geworden?

Antw. Er ist gestorben.

130) Wer ist dann der Konrad von Damflos?

Antw. Es giebt zween Brüder, von welchen der eine Konrad, der andere Theiß sich nennt und von der Birkenfelder Bande sind; ich weiß aber nicht wo sie sich befinden können.

131) Wißt ihr nicht, wo der Namens Zuchetto, der sogenannte Erzpeter, sich befinden kann?

Antw. Er durchgehet die Gegenden vom Hundsrück und der Eiffel.

132) Wer sind dann diejenigen, welche euch bei dem Versuch zu Horrweiler begleiteten?

Antw. Es war auffer mir, Peter und Philipp Haffinger, Heinrich Walter, diese drei von Iben; Georg Friedrich Schulz, Franz Mundo, Müllerhannes und sein Sohn Hannickel, Adam Berg und Krugjoseph.

133) Kennt ihr den Müller von der Kreutermühl nicht?

Antw. Ja.

134) Welche Gemeinschaft habt ihr mit besagtem Müller?

Antw. Es ist eines der gewöhnlichen Diebsnester des Müllerhannes; was mich anbetrifft so war ich nicht mehr als zwei oder dreimal in seiner Mühle, das letztemal bin ich mit besagtem Müllerhannes in seine Mühle gegangen, vor der Verrichtung zu Erbesbüdesheim; wir sagten ihm, daß wir den Diebstahl ausüben giengen, und seine Frau antwortete uns: daß wenn wir dazu gelangen sollten, das Geld des Juden zu stehlen, so würden wir für Zeit unfers Lebens genug bekommen.

Nachdem man dem Angeklagten gegenwärtiges Verhör vorgelesen und auf deutsch ausgelegt hatte, so erklärte derselbe, daß solches treulich niedergeschrieben ist, Wahrheit enthält, und hat mit uns obenbenannten Richter und Kommis-Greffier unterschrieben zu Mainz den Tag, Monat und Jahr wie oben, des Abends um acht Uhr.

Unterschrieben Werner, Johannes Bückler und Brellinger, Kommis-Greffier, mit Handzug.

Aaa 2

Fortſezzung des Verhörs, Mainz den 19ten Meſſidor zehnten Jahrs.

135) Welche ſind die zween Jäger, mit welchen ihr vor dem Staudernheimer Diebſtahl bei dem Hünerhof geſprochen habt?

Antw. Es ſind die Namens Brixius von Abtweiler und Baumann von Staudernheim.

Johannes Leidecker von Lauſchid hat mir die Bekanntſchaft des erſtern in dem Wald bei der Hottenmühl verſchafft.

Dieſer nämliche Brixius hat uns aufgemuntert, den Einnehmer von Meiſſenheim, welcher ſich nach Birkenfeld begeben ſollte, zu beſtehlen. Er iſt auch derjenige, welcher den Anſchlag machte, einen Juden von Jllingen zu beſtehlen, zu welchem Diebſtahl er ſelbſten uns begleiten wollte. Er iſt endlich derjenige, der uns ſagte, daß der Jude zu Staudernheim viel Geld und viele Waaren habe, und der bei dieſem Diebſtahl mit uns bis an das Dorf und ſogar bis hinter die Scheuer des Hauſes, wo der Diebſtahl begangen worden iſt, und wo er als Schildwache bleiben wollte, gegangen iſt; als wir aber aus beſagtem Hauſe gegangen ſind, haben wir ihn nicht mehr wieder gefunden.

Der andere, welcher ſich Baumann nennt, war mit uns den nämlichen Abend auf dem Hüner-hof; da ſind wir mit ihm übereingekommen, daß wir uns an einen Hügel bei Staudernheim begeben würden, allwo er uns abholen ſollte, um uns bis an das zum Diebſtahl bezeichnete Haus zu führen, welches er auch gethan hat.

Nachdem dem Johannes Bückler ſeine Antwort vorgeleſen und auf deutſch ausgelegt worden war, ſo erklärte er, daß ſelbige Wahrheit enthält, und hat mit uns und dem Greffier des Tribu-nals, welcher gegenwärtigen Akt aufgeſetzt hat, unterſchrieben.

Unterſchrieben Wernher, Johannes Bückler und Widenlöcher mit Handzügen.

Fortſezzung, Mainz den 23ten Meſſidor zehnten Jahrs.

136) Habt ihr gar keine Wiſſenſchaft von dem Diebſtahl, welcher in der Nacht vom dreißig-ſten Thermidor auf den erſten Fruktidor des ſiebenten Jahres an der Einregiſtrirungskaſſe in dem Birkenfelder Schloſſe begangen iſt worden?

Antw. Ich weiß, daß des Glaſer Adam von Ruſchberg, Johannes Welſch und ſein Bruder der ſogenannte Hemme von Heimbach, und etliche Jäger aus der Gegend von Wolfersweiler und Nohfelden dieſen Diebſtahl begangen haben. Ich weiß dieſe That von Glaſers Adam von Ruſch-berg, welcher mir ſelbige verfloſſenen Herbſt in dem Hauſe des Hannjakob, Gaſtwirth in Frohn-hauſen, erzählte.

137) Wiſſet ihr nicht, daß Jakob Benedum, Friedrich Edinger, die Gebrüder Bock und die Namens Braun von Thal-Lichtenberg, Theil an dieſem Diebſtahl genommen haben?

Antw. Es iſt mir unbewußt; aber ich weiß, daß Jakob Benedum wie auch Friedrich Edinger von dieſer Bande ſind; was die Gebrüder Bock und Namens Braun anbetrift, ſo habe ich nie-malen von ihnen reden hören.

138) Wiſſet ihr nichts von dem Diebſtahl, welcher in der Nacht vom fünf und zwanzigſten auf den ſechs und zwanzigſten Vendemiär letzthin auf der ſogenannten Streitmühl begangen iſt worden?

Antw. Jakob Benedum von Konkenlangenbach, der Glaſer Adam von Ruſchberg und der Müller Jakob von Eiſenbach haben mit noch etlichen andern, welche ich nicht kenne, dieſen Dieb-ſtahl begangen.

Dieſe zween letzteren, welche ich zu Frohnhauſen geſehen hatte, luden mich ein, mitzuhalten, aber ich habe nicht gewollt, weil zu viel Franzoſen in der Gegend von Kuſſel gelegen.

139) Habt

139) Habt ihr gar keine Wissenschaft von dem den eilften Brumäre lezthin an Johann Peter Collet und seiner Frau von Bärenbach, so wie auch an Michel Collet von Mittelreitenbach auf der Straße zwischen Kirn und Oberstein verübten Diebstahl?

Antw. Ich habe davon sprechen hören und das öffentliche Gerücht sagte damals: daß es Leute von Weiherbach gewesen wären, die diesen Diebstahl begangen haben.

140) Kennet ihr den Peter Horrbach, Huffschmidt in Weiherbach, Peter Bender, Schneider besagten Ortes, und Peter Hahn, Maurer in Dikesbach?

Antw. Ich kenne fast alle Einwohner dieser Gegenden, aber ich erinnere mich dieser Namen nicht.

141) Als ihr in der Nacht vom dreißigsten Germinal auf den ersten Floreal lezthin zu Hunds-bach waret, habt ihr nicht eine doppelte Flinte allda gelassen?

Antw. Nein, aber ich weiß, daß Johannes Seibert von Lipshausen eine solche Flinte in dem Hause des Peter Allenbachers gelassen hat; die Ursache, warum er selbige in diesem Hause gelassen hat, war, weil er sie in einem Streit, welchen er mit Zuchetto zu Lauschid hatte, zerbro-chen hat; darum hat er sie dem Peter Allenbacher übergeben, um selbige ausbessern zu lassen. Ich bemerke, daß in dem nämlichen Zeitpunkt, nämlich den lezten Winter, der nämliche Allen-bacher die obengenannten Seibert und Zuchetto auf die Altheckermühl geführt, allwo sie auf meinen Namen Geld erpreßt haben.

142) Kennet ihr den sogenannten Hirtenpeter von Aptweiler?

Antw. Ja, ich habe etlichemal und besonders zur Zeit, da ich mit Jakob Fink von Weiler war, bei ihm gewohnt. Ich weiß auch, daß Schwarzpeter etlichemal, vor vier oder fünf Jahren, fünf bis sechs Wochen bei ihm wohnte; aber er hat keinen Antheil an unsern Verbrechen genommen, obschon er uns gekannt hat.

143) Habt ihr nicht von dem Förster Baumann von Staudernheim eine Flinte gekauft?

Antw. Dieser Handel hat sich vor zwei Jahren auf der Hottenmühl zugetragen; ich habe fünf und zwanzig Gulden für diese Flinte bezahlt, und habe sie mit einem Jäger von Allenbach zu Hüt-cheswasen gegen eine andere Flinte vertauschet. Dieser Jäger nennte sich Müller und ist seit der Zeit gestorben.

144) Kennet ihr den Namens Theobald Jung von Schwarzerden nicht?

Antw. Nein.

145) Kennet ihr auch die Namens Peter Ort, Heinrich Herrmann und Christoph Dammbach von Kallenfells nicht?

Antw. Nein.

146) Kennet ihr den Namens Franz Dries, den sogenannten Zunderfranz von Heinzehausen nicht?

Antw. Ich kenne einen Namens Zunderfranz, welcher ein großer, starker Mann ist, zwei Söhne und einen Bruder, der sich Johann Adam nennt, hat. Entweder dieser Franz oder sein Bruder ist ein Schwager von Lorenzepeter, welcher noch einen andern Schwager hat, der sich Quintemichel von Sehsbach nennt. Einer dieser Brüder wohnte voriges Jahr noch zu Eisenbach; übrigens weiß ich nichts, welches sie verdächtig machen kann, ausgenommen daß sie Freunde mit Lorenzepeter sind, welcher einer meiner Kameraden ist.

147) Kennt ihr die Frau des Franz Rieb nicht?

Antw. Ja, sie soll Christine heißen und ich weiß nichts zu ihrer Last.

148) Hat der Namens Müllerjakob von Eisenbach nicht einen Sohn?

Antw. Ich weiß nicht.

149) Waret ihr nicht verflossenes Jahr mit zween eurer Kameraden auf dem Breitzesterhof? Wer sind diese zween Menschen, und wer sind die Leute welche ihr auf diesem Hof angetroffen habt?

Antw. Ja, Müllerhannes und Georg Friederich Schulz waren mit mir; ich habe die Na-mens Müllerjakob und Glaser Adam von Ruschberg allda angetroffen: diese zween leztern haben uns

Bb b

87

damals den Vorschlag gethan einen Müller bei Kuffel zu bestehlen. Wir haben aber diesen Vorschlag nicht angenommen.

150) War nicht auch einer Namens Friederich Schmitt, der Sachs genannt, allda?

Antw. Es waren noch mehrere sowohl Juden als Christen da, unter andern ein Banngarde von Thal-Lichtenberg, aber ich weiß ihre Namen nicht.

Der Angeklagte sezt hinzu, daß noch ein Mann welcher gerade aus den Gefängnissen zu Trier kam, allwo er frei gesprochen wurde, auch da war.

151) Habt ihr nicht damals Lichter von dem Wachs, welches euch die Frau Edinger zu Baumholder gekauft hatte, gemacht?

Antw. Dieses war nicht damals, aber es war zur Zeit des zu Ulmet begangenen Diebstahls. Ich bin dann mit dem scheelen Franz, Lorenzepeter, Christoph Blum von Lautert, Müllerjakob von Eisenbach, Peter-Henrichs Hannadam, dem Korbmacher Hannadam vom Ueberrhein dahin gekommen, und damals hat die Frau Edinger Wachs zu Baumholder geholt; aber sie hat es nicht gekauft, dann die Söhne des Juden Löb aus besagtem Ort Namens Hirsch, Herz und Bär haben es uns umsonst gegeben. Die Frau Edinger wußte den Gebrauch welchen wir von diesem Wachs machen wollten, und die Juden haben es uns aus desto gegründeter Furcht gegeben, als ich und Karl Benzel ihnen acht Louisd'or in der Winterhauch nahmen.

Nachdem dem Angeklagten gegenwärtiges Verhör vorgelesen und auf deutsch ausgelegt worden war, so erklärte derselbe, daß solches treulich niedergeschrieben ist, Wahrheit enthält und hat mit uns oben benannten Richter und Kommis-Greffier unterschrieben.

Mainz den Tag, Monat und Jahr wie oben, des Abends um acht Uhr.

Unterschrieben: Wernher, Johannes Bückler und Brellinger, mit Handzug.

Fortsezzung, Mainz den 1ten Thermidor zehnten Jahrs.

152) In einem eurer vorhergehenden Verhöre habt ihr gesagt, daß Jakob Gerhard von Weiden sich auf einer bei Umbstadt gelegenen Mühl befindet. Könnet ihr uns keine genauere Anzeige von dem Aufenthalt des besagten Gerhard, wie auch seine genaue Beschreibung geben?

Antw. Nach dem Hottenbacher Diebstahl wurde besagter Gerhard angehalten und in die Gefängnisse nach Birkenfeld allwo er entwischt ist, geführt. Er ist mir auf der andern Rheinseite nachgefolgt, allwo ich ihm zu Kriftel zwischen Ittstein und Königstein einen Dienst als Mühlknecht ausmachte; er hat diesen Dienst nächtlicherweile verlassen und soll seinen Meister bestohlen haben. Von da hat er sich zu einem Müller bei Hofheim verdungen, und einige Zeit hernach ist er zu dem Umbstatter Müller in Dienst gekommen. Es ist ein junger Mensch von zwei und zwanzig Jahren, fünf Schuh drei Zoll groß, hat dunkelbraune Haare, blatternarbiges Gesicht, gewöhnliche Stirn, spizen Kien, und mittelmäßiger Leibesgestalt.

153) Befragt, ob er gar keinen der, in dem auf Befehl der Hessen-Schaumburgischen Regierung zu Rinteln verfertigten Verzeichniß, enthaltenen Individuen kenne?

Antw. Er kenne viele Juden auf dem rechten Rheinufer, wisse aber ihre Namen nicht: könne also nichts bestimmtes in Betref dieser Individuen sagen; mit Ausnahm dennoch eines, Namens Anton Heinz, mit welchem ein Namens Müller und Christoph Blum welcher in den Gefängnissen zu Kölln gestorben ist und noch vier andere Individuen aus dem Niederland, er einen Diebstahl zu Baierthal bei Wißloch in der Pfalz begangen hat.

154) Habt ihr gar keine Wissenschaft von einem vor zwei Jahren in dem Haus des Gerichtsschöffen Lauer zu Grosseelheim in der Landgraffschaft Hessen-Kassel begangenen Diebstahl?

Antw. Ich habe gar keine Wissenschaft davon.

155) Befragt, ob er keinen der in dem durch das Amt Stuttgard mit getheiltem Verzeichniß, von welchem wir ihm Vorlesung gaben, enthaltenen Individuen kenne?

Antw. Er kenne keinen davon.

156) Auf welche Art und mit wem habt ihr den Diebstahl zu Würges begangen?

Antw. Ich war damals mit meiner Frau auf der Haasenmühl; etliche von der Bande des Pickard unter dem Namen Niederländer Band bekannt, kamen auch dahin. Sie machten mir den Vorschlag mit ihnen auf Verrichtung zu gehen; ich nahm ihn an, und ehe ich dahin gieng, führte ich meine Frau nach Haßloch, wo ich den gegenwärtig in Mainz verhafteten Christian Rheinhard antraf; sein Bruder Wilhelm, (wirklich in Mannheim einsißent) Christoph Blum von Lautert: (in den Gefängnissen zu Cölln gestorben) und Johann Adam Hofmann sogenannten Peter Henrichs Hannadam welche sich in der Gegend befanden schlossen sich an mich an. Ein Jud von Asselheim Namens Johann, gemeiniglich der Schnukel genannt, brachte noch einen Mann von Vilbel, mit welchem ich in Frankfurt konfrontirt worden bin, einen andern Menschen, den sogenannten Kannengießers Henrich und einen Mann von Homburg an der Höh, dessen Namen ich nicht kenne, mit sich. Es waren ausserdem die Namens Pickard, Müller, dieser erkenntlich weil er durch einen Schuß den Gebrauch eines Daumen verlohren hat, Polak welcher ein junger Mensch von zwanzig Jahren ist, ein Mann von Königstein, der Königsteiner genannt, welcher einmal mit Pickard zu Cölln arretirt war in der Gegend von Höchst wo er wieder entwischt ist geführt worden, ein Berliner Jud von siebenzehn Jahren, und kleiner Gestalt, endlich ein Hesse Namens Christoph welcher zu selbiger Zeit auf besagter Haasenmühl wohnte, und mit seinem Bruder dessen Namen ich nicht kenne das Fischer Handwerk treibt, dabey. Ausser diesen fünfzehn Individuen sind noch drei oder vier von der Niederländer Bande, welche ich nicht kenne, dazu gekommen.

Der Sammelplaz war auf der Haasenmühl; der Müller wußte daß wir zu einer Verrichtung gehen sollten, er wußte aber nicht gegen wen selbige gerichtet war.

Gegen zehen Uhr des Abends verliessen wir die Mühl, alle mit Schieß-Gewehren bewaffnet. Als wir bei Würges ankamen, schnitten wir mit einer Säge welche oben genannter Hesse bei sich hatte einen Baum ab. Mittelst dieses Baumes wurde die Hausthüre eingestoßen. Sie giengen alle hinein, ausgenommen ich, der Hesse und der Mann von Vilbel.

Nach vollbrachtem Diebstahl giengen wir auf die Haasenmühle zurük, allwo wir unsere Beute in Gegenwart des Müllers, welchem wir die dem Posthalter gestohlene Flinte gaben, getheilt. Das Weißzeug wurde an einen Jud von Esch dessen Namen ich nicht kenne verkauft. Mein Antheil war, eine goldene Uhr und sieben oder acht große Thaler.

157) In welchem Verbindniß waret ihr dann mit dem Haasenmüller?

Antw. Die Schwägerinn des Johann Martin Rinkert hat mir vor zwei und ein halb Jahr die Bekanntschaft dieses Müllers verschaft; seit der Zeit war ich sehr oft in seiner Mühl, ich blieb unter andern im Winter des neunten Jahrs sieben oder acht Wochen nach einander da. Der Müller wußte wer ich war; aber während meinem Aufenthalt auf seiner Mühl hielt ich mich ruhig und begieng nichts. — Ich zahlte ihm nichts für meinen Aufenthalt, wenn er mir aber Lebensmittel gab so zahlte ich sie ihm baar, und er ist mir wirklich noch Geld schuldig; nämlich: vier Gulden welche ich ihm zu Hefterich für einen Schweinkauf lieh, zwei Gulden zwei und vierzig Kreuzer welche ich ihnen in Frankfurt gab. Im Winter des neunten Jahrs hatte ich fast zu sagen meine Haushaltung auf besagter Mühle errichtet; ich hatte mir Lebensmittel gekauft, und mit dem Wildpret, welches ich in den fürstlichen Waldungen schoß, unterhielt ich meine Familie, und die des Müllers genoß auch davon. Ich habe diesem Müller keine Drohung wegen meiner Aufnahme in sein Hauß gethan, im Gegentheil, er war mit meinem Aufenthalt sehr zufrieden, welcher in dem Winter des neunten Jahrs noch länger gedauert haben würde, wenn die Verrichtung zu Würges nicht vorgefallen wäre.

Mit Ausnahme der oben erwähnten Flinte hat besagter Müller nichts gestohlnes von mir bekommen, dennoch muß ich eingestehen, daß diese Mühle allen verdächtigen Leuten, welche immer gut von dem Müller empfangen wurden, zur Räuberhöhle gedient hat.

Einige Zeit vor meiner Verhaftung ließ ich mein Pferd, Karre und Bude fünf Wochen lang in besagter Mühle; ich habe dem Müller gesagt, daß ich das Pferd in Münster bei Diburg gekauft habe, und habe ihm noch einen Schein, worin dieser Kauf bekräftigt wurde, gewiesen.

Bbb 2

Nachdem dem Angeklagten gegenwärtiges Verhör vorgelesen und auf deutsch ausgelegt worden war, erklärte derselbe, daß solches treulich niedergeschrieben ist, Wahrheit enthält und mit uns oben benanntem Richter und Kommis-Greffier unterschrieben. Mainz den Tag, Monat und Jahr wie oben.

Unterschrieben Wernher, Johannes Bückler und Brellinger, mit Handzug.

Fortsezzung, Mainz den 4ten Thermidor zehnten Jahrs.

158) Kennet ihr die Namens Heller und Jost von Kleinweidelbach?

Antw. Ich kenne sie nicht persönlich; aber ich weiß von Schwarzpeter, daß er nach seiner Entweichung zu Simmern sich gerade nach Kleinweidelbach begeben hat, wo ein Namens Heller aus besagtem Ort ihm seine Ketten los machte.

159) Kennet ihr einen Mann, der sich der dicke Mathes nennt?

Antw. Ich kenne keinen andern Menschen der diesen Namen trägt, als einen Obersten der Niederländer Bande, welcher gemeiniglich zu Eckerrod bei Gellhausen auf dem rechten Rheinufer wohnt. Uebrigens habe ich niemals einigen Handel mit ihm getrieben.

Ich kenne noch einen andern Menschen, der sich der dicke Jakob nennt, welcher vor vier Jahren zu Lipshausen wohnte, wo er ein Haus hatte und als Holzhauer im Sonwald arbeitete; obschon ich kein Verbrechen mit ihm begangen habe, so kenne ich ihn dennoch als einen Räuber.

160) Kennet ihr einen Namens Johannes Kerein, auf der Ziegelhütte zu Pferdsfeld wohnhaft?

Antw. Ich habe in dieser Ziegelhütte geschlafen, habe aber keine Gemeinschaft mit ihnen gehabt?

161) Kennet ihr den Banngard von Pferdsfeld nicht?

Antw. Ja, ich kenne ihn, habe aber keine Gemeinschaft mit ihm gehabt.

162) Kennet ihr nicht einen Mann zu Pferdsfeld, welcher Becker und Wirth zugleich ist?

Antw. Ja, ich war einmal in einem Wirthshause in Pferdsfeld, aber der Name des Eigenthümers ist mir unbewußt.

163) Kennet ihr den Abdecker von Schweppenhausen, Namens Mayer?

Antw. Er ist noch in einem entfernten Grade verwandt mit mir; ich habe zwei Nächte bei ihm zugebracht; — das erstemal mit dem Abdecker von Bundenbach Namens Christoph, welcher mich damals auf das andere Rheinufer führte; das zweitemal mit Christian Rheinhard, Johann Martin Rinkert, und Peter Hennrichs Hannadam vor dem, durch uns begangenen Diebstahl zu Merxheim; aber besagter Mayer hat gar keinen Antheil an unseren Verbrechen genommen.

164) Kennt ihr nicht zween Schlosser von Birkenfeld?

Antw. Nein.

165) Kennt ihr nicht einen Namens Christoph Kaspar von Lipshausen?

Antw. Nein, ich kenne aber einen Namens Johann Kaspar, ehemaligen Schultheisen zu Lipshausen, welchem ich vor vier oder fünf Jahren ein mit Philipp Mosebach in Hirschstein bei St. Wendel gestohlenes Pferd verkaufte; das Haus dieses Johann Kaspar diente damals, sowohl mir als allen andern verdächtigen Leuten zur Räuberhöhle. Seit diesem Zeitpunkt bin ich nicht mehr hin gegangen.

Der Schwager dieses Johann Kaspar nennt sich Andres Litger; er hat eines der durch mich mit Jakob Fink von Weiler zu Heimerich bei Naumburg gestohlenen Pferde von mir gekauft; er wußte daß das Pferd gestohlen war und er ist mir noch den Kaufpreiß mit eilf großen Thaler schuldig.

Er

Er ist auch derjenige, der den Makler zwischen mir und dem Jud Dreidel Moyses von Rhein-bellen, bei dem Verkauf welchen ich dem lezten von zwei zu Niederwirzbach Herrsteiner Kantons, durch mich gestohlenen Pferde machte. Diese Pferde waren anfänglich in dem Stall des Litgers, dieser rufte den Juden; nachdem der Handel geschlossen war, führte ich die Pferde in den Wald wo besagter Litger und des Juden Sohn selbige abholten.

166) Habt ihr keine Wissenschaft von dem zu Münster an dem Pfarrer Blau besagten Orts begangenen Diebstahl?

Antw. Ich weiß daß der Namens Krugjoseph, Johann Martin Rinkert und etliche Bauern von Großzimmern diesen Diebstahl verübt haben; ich weiß diese Geschichte von Konrad Ekard einem Kamerad des Krugjoseph; ich vermuthe daß die gestohlenen Sachen an den Juden Gerson von Großzimmern verkauft worden sind.

167) Kennt ihr einen Taglöhner welcher sich Anton Morsch von Rhaunen nennt?

Antw. Nein.

168) Kennt ihr einen Namens Georg Daniel Storr, Müller zu Sennsweiler?

Antw. Ja, wenn es der Georg Daniel Storr von Süßweiler bei Bruchweiler ist. Er hat aber keinen Theil an meinen Verbrechen genommen.

169) Kennt ihr einen Namens Jakob Mehn, Dachdecker von Lieser?

Antw. Nein, von allen den Dieben, welche in den Gegenden an der Mosel herumstreichen kenne ich keinen als den Zuchetto, den Namens Patmathes, schon zu Koblenz verurtheilt, und den Namens Lorenz, Müller, ebenfalls in Koblenz verurtheilt.

170) Könnet ihr uns keine genauere Auskunft von dem Namens Welsch, dem sogenannten Hemme von Heimbach, und dem Antheil, welchen derselbe an dem an Mendel Löb zu Södern be-gangenen Meuchelmorde genommen hat, geben?

Antw. Ich weiß nichts anders, als was mir von Glaser Adam von Ruschberg erzählt worden ist, welcher mir sagte, daß es die Birkenfelder Bande war, welche dieses Verbrechen begangen hat.

171) Ihr habt die Mitschuldigen, welche mit euch den Ulmeter Diebstahl begangen haben, schon eingestanden. Sagt mir jezt, auf welche Art dieser Diebstahl begangen ist worden und in was die gestohlnen Sachen bestunden?

Antw. Nachdem wir die nöthigen Vorkehrungen auf dem Breitzesterhof getroffen hatten, haben wir uns in die Steinalb begeben, wo wir die Nacht bei dem Müller Alles, welcher bei Wissel-bach wohnt, zugebracht haben. Die darauf folgende Nacht sind wir nach Ulmet gegangen. Die Thüre des Juden wurde mit einem Balken eingestoßen. Ich gieng mit dem Scheelen Franz, Peter Henrichs Hannadam und Korb-Hannadam in das Haus. In ein Zimmer auf ebener Erde, in welches ich mit Korb-Hannadam gegangen bin, fand ich eine alte Frau bei einem Bette sitzend, und ein Kind in ihren Armen haltend. Ich habe ihr gar nichts zu leid gethan; aber ich nahm aus einem in diesem Zimmer sich befindenden Schranke eilf Louisd'ors in Gold und drei große Thaler. Peter Henrichs Hannadam und der Scheele Franz waren in das obere Zimmer gegangen, wo sie den Juden sehr mißhandelten; ich folgte ihnen nach und riß besagten Juden aus ihren Händen. Wir raubten ihm in diesem Zimmer neunzehn Dukaten, eine goldene Uhr, fünf Pfund Silberwerk, drei goldene Ketten, etliche Ringe, wovon nur einer von Werth, welcher sieben Steine hatte, end-lich etliche Kleider und Hemder.

Ein Theil dieser Sachen, nämlich: zwei goldene Ketten, der kostbare Ring, von welchem ich gesprochen habe, und ein Theil des Silberwerks wurde einem Juden zu Heidelberg, welcher uns hundert bis hundert zehn Gulden zahlte, verkauft.

Ccc

Ein andrer Theil wurde der Frau des Juden Gerson zu Großzimmern verkauft, nämlich:

Zwei Ringe, etliche Becher und Löffel von Silber, welche uns fünf bis sechs Louisd'ors bezahlt hat. Das übrige der gestohlnen Sachen ist in natura unter uns allen vertheilt worden, der Werth des ganzen Diebstahls sowohl in Silber als andern Effekten kann höchstens auf tausend Gulden sich belaufen.

Der Diebstahl ist Nachts um eilf Uhr ohne viel Lärm begangen worden; nachdem wir fort gegangen waren, hat man Sturm geläutet, aber niemand hat uns auf unserer Flucht erreicht, welche wir über Ratskirchen, Röder und Mittelreidenbacherhof bis an die Treberhanneshütte, wo wir Halt gemacht, genommen haben.

Nachdem dem Angeklagten gegenwärtiges Verhör vorgelesen und auf deutsch ausgelegt worden war, erklärte derselbe, daß solches treulich aufgesetzt ist, und hat mit uns und dem Kommis-Greffier unterschrieben. Mainz den Tag, Monat und Jahr wie oben des Abends um drei Viertel auf sieben Uhr.

Unterschrieben Wernher, Johannes Bückler und Brellinger, mit Handzug.

Fortsezzung zu Mainz den 7ten Thermidor zehnten Jahrs.

172) Als ihr mit euren Kameraden auf den Breitzesterhof gekommen seid, hattet ihr den Anschlag den Juden zu Ulmet zu bestehlen schon abgefaßt und wer hat euch diesen Rath gegeben?

Antw. Ich hatte meine Kameraden versammelt, um einen Diebstahl zu Illingen, welchen mir der Jäger Brixius vorgeschlagen hatte, zu begehen: aber die Verhaftung des Johannes Leidecker von Laufchid, mit welchem besagter Brixius auf den Sammelplatz zwischen Wolfersweiler und Herrstein sich begeben wollte, war die Ursache, daß besagte Leiendecker und Brixius sich nicht allda einfinden konnten, und dieses machte das Vorhaben fehl schlagen. Von diesem Sammelplatz zurück kam ich mit meinen obengenannten Kameraden auf den Breitzesterhof; Jakob Porn, welcher Früchte drosch, nahm uns für eine Abtheilung Streiftruppen, und lief bei unserer Annäherung davon. Die Pächterinn gieng ihn in einem benachbarten Wald wieder holen, und sagte ihm wer wir wären; durch diesen Zufall sahen wir auch, mit wem wir es zu thun hatten. Wir wendeten uns dann an diesen Jakob Porn und fragten ihn, ob er keinen Juden in der Nachbarschaft kenne, welchen wir bestehlen könnten? Er sprach mit uns von diesem Juden zu Ulmet; Lorenzepeter bestätigte die Aussage dieses Jakob Porn über den Reichthum des besagten Juden, und dieses bestimmte uns, diesen Diebstahl zu begehen.

173. Waret ihr alle oder nur zum Theil bei besagtem Diebstahl bewafnet?

Antw. Wir waren alle mit Schießgewehren bewaffnet, aber keiner von uns hatte einen Säbel.

174. Ihr habt gesagt, daß der Jude, welchen ihr bestohlen habt, mißhandelt worden seie, sagt mir von wem und auf welche Art es geschehen?

Antw. Als ich in den ersten Stok kam, sahe ich den Scheelen Franz und Peter Henrichs Hannadam, welche dem Juden Stillschweigen geboten und ihn am Hemd hielten; das Blut träufelte von seinem Kopf; ich vermuthe, daß diese Wunden von etlichen Schlägen der Pistolengriffe herrührten; ich riß ihn aus den Händen meiner Kameraden und legte ihn auf sein Bett, nach welchem der Jude auch still schwieg, und der Diebstahl auf die Art, wie ich in meinen vorhergehenden Antworten schon gesagt habe, begangen wurde.

175) Ich will euch das Verzeichniß der gestohlnen Sachen, so wie es durch den Maire zu Ulmet auf die Aussage des Juden ist aufgesetzt worden, vorlesen*). Ich fodere euch auf mir zu sagen, ob es der Wahrheit gemäß ist.

---

*) Man sehe Theil II. Seite

Antwort auf den ersten Artikel.

Es waren nur drei Ketten dabei, von welchen ich eine behalten und die zwei andern für zehn große Thaler verkauft worden sind.

Antwort auf den zweiten Artikel.

Wir haben nur drei Ringe bekommen, wovon einer mit sieben Steinen besetzt, und zwei ein jeder nur ein Rößchen hatten.

Antwort auf den dritten Artikel.

Ich habe keine silberne Borte gesehen.

Antwort auf den vierten Artikel.

Ich erinnere mich der Anzahl Löffel nicht mehr; aber ich weiß daß alles Silberwerk nicht mehr als sieben und ein halb Pfund wog.

Antwort auf den fünften Artikel.

Wie auf den vorhergehenden Artikel.

Antwort auf den sechsten Artikel.

Es war gar kein Leuchter dabei.

Antwort auf den siebenten Artikel.

Dieses ist falsch, es waren keine dergleichen Münzstücke dabei.

Antwort auf den achten Artikel.

Es war nur ein Scheerenhaken da.

Antwort auf den neunten Artikel.

Es waren nur zwei Ringe dabei, welche höchstens zwölf Franken werth waren.

Antwort auf den zehnten und eilften Artikel.

Es waren höchstens vier oder fünf Becher.

Antwort auf den zwölften Artikel.

Es war eine goldne Uhr dabei, welche Lorenzepeter bekommen hat.

Antwort auf den dreizehnten Artikel.

Wir haben nicht mehr als eilf Louisd'ors, neunzehn Dukaten, eine doppelte Dukate, welche ich in meinem lezten Verhör vergessen hatte, und drei große Thaler in Silber.

Antwort auf den vierzehnten Artikel.

Wir haben nicht mehr als vier Kleider, drei Westen, drei paar Hosen und drei oder vier Hemder bekommen, und diese Effekten alle hatten wenig Werth.

176) Seid ihr dann sicher, daß keiner von euren Kameraden noch Sachen ohne euer Wissen gestohlen habe?

Antw. Weil ich den Diebstahl in dem Zimmer zu gleicher Erde allein begangen habe, und da die andern, als ich in den ersten Stok kam, noch nichts genommen hatten, so kann ich versichern, daß die andern nichts ohne mein Wissen nehmen konnten, und dies um so mehr, da wir uns nach dem Diebstahl einander durchsucht haben.

Ccc 2

177) Wer ist dann der Jude zu Heidelberg, welchem ihr die gestohlnen Sachen verkauft habet?

Antw. Es ist ein Juwelenhändler, welcher sehr viel mit der Niederländer Bande handelt; ich kenne ihn nicht; es ist der Namens Müller, welcher den kostbaren Ring bei einem Juden verpfändet hat.

Uebrigens muß ich bemerken, daß ich in meinem lezten Verhör in Betreff des Verkaufs der gestohlnen Sachen geirrt habe. Dieser Jude von Heidelberg hat nichts als den Ring, von welchem ich gesprochen habe, bekommen, und des Gersons Frau zwei andere Ringe von wenig Werth. Was aber die goldenen Ketten und das sieben und ein halb Pfund schwere Silberwerk anbetrift, haben wir solches einem zu Feilsroth wohnenden ehemaligen Goldschmid, Namens Gabel, verkauft. Dieser Verkauf hat sich in dem Wald zwischen Feilsroth und der Rotermühl zugetragen. Ich hatte einen Knaben dieser Mühle nach Feilsroth geschikt, um meinem Vater welcher damals in besagtem Ort wohnte, zu sagen, daß er zu mir in den Wald kommen sollte. Mein Vater kam wirklich dahin, und ich bat ihn mir einen Schuhmacher zu schiffen, welcher mir ein paar Stiefel machen könne; bei dieser Gelegenheit sahe er die gestohlenen Sachen; er benachrichtigte besagten Gabel, welcher sie 'in Gegenwart meines Vaters und meiner Kameraden, die bei besagtem Diebstahl mitgeholfen haben, kaufte, und uns das Silberwerk mit fünfzehn und eine halbe Louisd'ors, die Ketten aber mit zwei und einer halben Louisd'ors bezahlte. Ich füge hinzu, daß mein Vater nichts von diesem Diebstahl erhalten hat.

178) Habt ihr keine Wissenschaft von einem Tuchdiebstahl, welcher im Jahr sieben zehn hundert sieben und neunzig in der Fabrike zu Birkenfeld ist begangen worden?

Antw. Ja, ich habe die beste Wissenschaft davon, indem ich ihn selbsten verübt habe.

Acht Tage zuvor bin ich in diese Fabrike gegangen, um Tuch zu kaufen, ich war alsdann von Peter Hartmann von Bierfink begleitet. Bei dieser Gelegenheit sahe ich, daß es leicht wäre, sich Tuch zu verschaffen, ohne es zu bezahlen. Ich gieng dann des Nachts dahin. Eine Schildwache, die in dieser Nachbarschaft stand, verhinderte mich zweimal; ich kam endlich das drittemal mit einer Leiter, welche ich neben einem Brauhaus zu Birkenfeld genommen hatte, wieder. Mittelst dieser Leiter bin ich bis an das Magazin gestiegen; der Laden war offen; ich hob eine Scheibe aus dem Fenster, welches ich hernach ohne Hinderniß aufmachte. Neben dem Magazin in einem Zimmer war ein Mann, der mit Schreiben beschäftigt war.

Ich nahm vier oder fünf Stükke Tuch, welche ich die nämliche Nacht noch bis gegen die Mineralquelle, dem sogenannten Sauerbrunnen, trug, wo ich sie in das Gebüsch versteckte.

Den nämlichen Tag gieng ich mit dem Mädchen des Georg Wilhelm Neumann von Volegarten, welches damals zwölf bis dreizehn Jahr alt war, besagtes Tuch zu holen und in ihres Vaters Haus zu tragen. Neumann wußte den Zweck, warum seine Tochter mit mir gieng. Den nämlichen Tag gegen Abend half mir Georg Wilhelm Neumann, dieses Tuch nach Hundheim tragen, wo ich es einem Namens Winkel, welcher wußte, daß dies Tuch gestohlen war, und welcher mir vorher schon sagte, daß wenn ich etwas hätte, es ihnen bringen sollte, verkaufte. Dieser Winkel wohnt bei der Kirche zu Hundheim bei dem Stumpenthurm. Ich habe ihm schon zuvor ein Pferd verkauft, welches ich einem Namens Ribel von Wismeiler bei Lauterecken gestohlen hatte. Ich bemerke, daß dieser nämliche Ribel auch einmal durch Johannes Seibert von Lipshausen, dem Namens Krugrickes und Ungerhannes wegen dieser That zu Lauterecken angehalten, und wieder in Freiheit gesezt wurde. Ich weiß diese Geschichte von Jakob Fink von Weiler, der seitdem zu Trier gestorben ist.

179) Was hat Neumann für einen Theil von den zu Birkenfeld gestohlenen Sachen bekommen?

Antw. Ich habe ihm Tuch für Kleider gegeben; er hat aber an meinen übrigen Verbrechen gar keinen thätigen Antheil genommen.

180) Hat Peter Hartmann von Bierfink gar keinen Antheil an bemeldtem Raub genommen?
Antw. Nein.

181) Die Wittib Depre und ihre Kinder auf der Mouhl wohnhaft, haben sie keine Wissenschaft von eueren Verbrechen?
Antw. Nein.

182) Ihr

182) Ihr habt doch eine beträchtliche Zeit hindurch bei ihnen gewohnt — ihr entfernet euch öfters, und wann ihr zurück kamet hattet ihr immer Geld. Habt ihr ihnen dann niemal von der Art eures Erwerbs etwas gesagt?

Antw. Ich habe ihnen gesagt, daß ich meines Vaters Haus zufolge eines Streits welchen ich mit Soldaten hatte, verlassen habe und daß ich Geld bei meinem Vater holte, indem ich sie glauben machte daß mein Vater der Abdecker von Meßbach seie.

183) Habt ihr nicht im Jahr siebenzehnhundert neunzig sieben, zween Pferde in dem Wald bei Abenteuer gestohlen?

Antw. Ja, ich war damals von Philipp Mosebach der seither zu Koblenz guillotinirt worden ist, begleitet.

184) Wem habt ihr die Pferde verkauft?

Antw. Mosebach hat sie dem Schulmeister von Reschid bei Simmern verkauft; ich war nicht gegenwärtig beim Verkauf, aber ich habe Ursache zu glauben, daß der Namens Michel Kezer von Lipshausen mit besagtem Schulmeister in Gesellschaft gewesen. Der nämliche Kezermichel hat schon vorher von mir und genannten Mosebach, zwei Pferde welche ich zu Oberreitenbach mit Jakob Fink von Weiler und Peter Keeßgen von Lauschid gestohlen hatte, gekauft. Der Verkauf geschah in dem bei Lipshausen gelegenen Wald mittelst fünfzehn Louisd'ors.

185) Kennet ihr einen Namens Blatau und seinen Bruder, Er-Agent von Lauschid?

Antw. Ich war oft zu Lauschid bei Johannes Leidecker, welcher des Agenten sein Schwager ist; dieser kam öfters uns zu besuchen, und benachrichtigte uns sogar, wann Gendarmen ins Dorf kamen. Eines Tags kamen etliche Herren von Meisenheim, worunter einer Namens Hohl und ein anderer Namens Ludwig Keller sich befand, auch dahin. Der Agent benachrichtigte uns, daß diese Herren, welche in Geschäften nach Mettersheim reisten, mit uns sprechen möchten, und daß wir zu diesem Ende an die Hottenmühl, allwo sie vorbei passiren würden, uns begeben sollten. Ich gieng wirklich mit Pik, Dalheimer und Philipp Arnold dahin; bei ihrer Ankunft redete ich sie an, und sagte ihnen: daß sie mich in den Meissenheimer Konton ruhig lassen sollten; sie versprachen mirs auch, wenn ich zur Wiedervergeltung nichts mehr in ihrem Kanton unternehmen wollte. Den nämlichen Abend ließ mir der Müller von der Hottenmühl sagen, daß ich ganz allein in seine Mühle kommen sollte, allwo jemand wäre, der mit mir sprechen wollte. Ich gieng dahin und fand allda obenbesagten Ludwig Keller, welcher Wein bei sich hatte; er machte mich trunken und bat mich ihn in seinem Geschäftsgang, welchen er in seiner Eigenschaft als Einnehmer zu verrichten hätte, ungehindert zu lassen, und daß zur Erwiederung dieser Gefälligkeit er mich benachrichtigen würde, wenn etwas gegen mich unternommen werden sollte. Uebrigens muß Müllerhannes die zwei Gebrüder Blatau besser kennen.

186) Kennet ihr den Namens Franz Nikolaus Nagel von Rimsberg?

Antw. Ja, er ist meines Vaters Schwager, hat aber keinen Theil an meinen Verbrechen genommen.

187) Kennet ihr den Heinrich Gimbel, sogenannten Harz-Henrich von Kirchenbollenbach?

Antw. Ja, ich habe ihn auf dem Markt zu Breunigeborn, wo er in genauer Verbindung mit dem Namens Hemme von Heimbach stand, gesehen; aber ich weiß nichts gegen ihn.

188) Kennet ihr einen Namens Georg Kullmann von Hirschweiler?

Antw. Nein, ich habe meines Vaters Haus schon damals, als er noch in Feilsroth wohnte, verlaßen und bin niemal nach Hirschweiler selbst gekommen.

Dbb

189) Kennet ihr den Namens Philipp Nikolaus Brunk, Schmidt zu Kempfeld, und Jakob Schulteis, Uhrmacher zu Nonnkirchen, nicht?

Antw. Nein.

190) Seyd ihr gewiß, daß der Glaser Adam von Ruschberg euch einen gewissen Hemme von Heimbach als Mitglied der Birkenfelder Bande genennt hat?

Antw. Ja, ich bin gewiß von besagtem Glaser Adam gehört zu haben daß der Namens Hemme, Bruder des Johannes Welsch von Heimbach ein Mitglied der Birkenfelder Band ist, ich weiß aber insbesondere kein Verbrechen, welches er begangen haben soll.

191) Kennt ihr einen Namens Johann Adam Juber von Hinzenroth?

Antw. Ich kenne einen Namens Johann Adam von Hinzenroth, er ist Krämer und Geiger; es ist ein Kamerad von Blakenklos welcher von Johannes Seibert von Lipshausen, Klärsphilipp, Schwarzpeter und Jakob Fink von Weiler zu Baldenau getödtet worden ist. Ich kenne ihn durch des lezten Erzählung: ich habe ihn etlichemal unter andern zu Wederode wo er sich eine gewisse zeitlang aufhielt, gesehen. Ich traf ihn auch einmal in dem Hohenwald, welchen ich mit Schwarz-peter und zween gestohlenen Pferd durchreißete, an. Uebrigens kenne ich insbesondere kein Ver-brechen welches er begangen habe.

Nachdeme dem Angeklagten gegenwärtiges Verhör vorgelesen und auf deutsch ausgelegt worden war, erklärte derselbe daß solches wahrhaft verfaßt ist und hat mit uns obenbenannten Richter und Kommis-Greffier unterschrieben. Zu Mainz den Tag, Monat und Jahr wie oben, des Abends um halb neun Uhr.

Unterschrieben Wernher, Johannes Bückler und Brellinger, mit Handzügen.

Fortsezzung, zu Mainz den 10ten Thermidor zehnten Jahrs.

192) Habt ihr Bekanntschaften zu Eckweiler?

Antw. Ja, ich war etlichemal bei einem Wirth Namens Ludwig Martin; er kannte mich wohl, er nahm aber keinen Antheil an meinen Verbrechen.

193) Kennt ihr den Namens Jakob Herrmann aus besagtem Ort?

Antw. Nein.

194) Wisset ihr nicht ob einer euerer Kameraden mit besagtem Herrmann in Verbindniß stund?

Antw. Nein.

195) Habt ihr niemals keine Drohbriefe geschrieben, um von dem Juden von Argenschwang Geld zu erpressen?

Antw. Nein

Nachdem dem Angeklagten gegenwärtiges Verhör vorgelesen und auf deutsch ausgelegt worden war, erklärte derselbe, daß solches treulich niedergeschrieben ist, Wahrheit enthält und hat mit uns und dem Kommis-Greffier unterschrieben. Mainz den Tag, Monat und Jahr wie oben.

Unterschrieben Wernher, Johannes Bückler und Brellinger, mit Handzug.

Fortſezzung, Mainz den 11ten Thermidor zehnten Jahrs.

196) Kennt ihr die Gebrüder Fuchs von Kempfeld?

Antw. Ja, einer heißt Heinrich und der andere Karl; ſie haben ein Wirthshaus. Ich war etlichemal in ihrem Hauſe um zu eſſen und zu trinken. Sie kannten mich auch ſeit meiner Kindheit, haben aber an keinem meiner Verbrechen Antheil genommen. Es iſt ſchon zwei Jahre, daß ich nicht mehr in ihrem Hauſe war. Das leztemal als ich in ihrem Hauſe war, tauſchte ich von dem Förſter Hahn von Wildenburg eine Flinte gegen eine Uhr ein, welchem ich noch drei große Thaler herausgab. Ich hatte dieſe Uhr von Karl Benzel gekauft, und die Flinte iſt durch die Meiſſenheimer Gendarmerie in dem Hauſe des Johannes Leidecker zu Lauſchid, wo ich ſelbige eines Tages ließ, weggenommen worden. Ich bemerke, daß dieſer Tauſch ſich nicht in dem Hauſe ſelbſt der Gebrüder Fuchs, ſondern in dem Wald zum Tannengarten genannt, wo ich mich mit Georg Pik und Dalheimer befand, und in welchen beſagter Förſter und die Gebrüder Fuchs uns Lebensmittel brachte, ſich zugetragen hat.

197) Kennet ihr Johannes Klar, Gerber zu Oberſtein?

Antw. Ich kenne einen Namens Klar von Oberſtein, der zur Zeit als die Preuſſen Magazine in Oberſtein hatten, Wagenmeiſter beim Fuhrweſen war. Ich arbeitete damals in dieſen Magazinen als Taglöhner und Johann Klar machte den Aufſeher. Es fehlt viel dazu, daß er in Verbindniß mit mir ſeyn ſoll, indem er eher derjenige iſt, der ſich viele Mühe gab um mich anhalten zu machen.

198) Habt ihr nicht dem Georg Friedrich Schulz in dem Hauſe des Beckerhannes zu Habitsheim vorgeworfen, daß beſagter Schulz einem gewiſſen Hannsjakob von Münſter zwei Pferde geſtohlen habe?

Antw. Das Haus des beſagten Hannsjakob diente mir zum Zufluchtsort, ich war oft drei, vier Tage nacheinander da und in dem Hauſe ſeines Schwagers Wizel. Ich brachte vergangenen Winter fünf oder ſechs Wochen da zu. Während ich auf dem linken Rheinufer abweſend war, wurden beſagtem Hannsjakob zwei Pferde geſtohlen; ich wurde dieſes ſo wie vieler andern Diebſtähle, die ich nicht begangen hatte, beſchuldigt, wodurch ich mich mit beſagtem Hansjakob entzweite. Ich vermuthete gleich, daß Georg Friedrich Schulz den Diebſtahl begangen habe und daß er alſo davon wiſſen müſſe. Ich gieng mit meinen Kameraden Chriſtian Rheinhard, Johann Martin Rinkert, Johann Leidecker und Krugjoſeph nach Habitsheim. Wir ließen Georg Friedrich Schulz in des Bäckerhannes Haus kommen; wir warfen ihm dieſen Diebſtahl vor, er läugnete ihn begangen zu haben, erklärte uns aber, daß Johann Henrich (Georg) von Semm wiſſe, wem dieſe Pferde verkauft worden; wir begaben uns alſo mit geſagtem Schulz nach Semm, wo ich erfuhr, daß ein ſogenannter Schebhalſiger Hannes (der ſich auch Johann Hammer nannte, und unter welchem Namen ich ihn zu Semm kannte, ſeitdem zu Lindenfels verhaftet wurde, von da wieder entwiſchte, und ſich gegenwärtig in der Graffſchaft Solms aufhalten muß) die Pferde geſtohlen habe, und daß beſagter Johann Henrich von Semm mit einigen Bauern von Habitsheim ſie in dem Odenwald, in einem Ort, deſſen Namen ich vergeſſen habe, verkauft hätten. Ich gab Hannsjakob von Münſter von dieſen Auskünften Nachricht, der ſich ſeitdem mit den Käufern abgefunden.

199) Wißt ihr nicht, daß Georg Friedrich Schulz verfloſſenen Winter zu Langenbrombach, im Amt Breiberg, einen Kohlenbrenner vom linken Rheinufer verwundet hat und wer war dieſer Kohlenbrenner?

Antw. Ja, ich weiß es; dieſer Kohlenbrenner war Peter Petry, Schwarzpeter genannt, der eben wegen dieſem Streit arretirt bald aber wieder losgelaſſen wurde.

200) Bei dem Diebſtahl zu Staudernheim und während ihr in dem Hauſe waret, habt ihr nicht einen Schuß gehört?

Antw. Ich gieng mit Adam Lahr und Krugjoſeph in das Haus. In einer Stube im untern Stok fanden wir zwei Mann im Bette liegen. Ich foderte ſie auf, mir ihr Geld zu geben, auf

Ddd 2

ihr Angeben, daß sie keines hätten, öfnete ich einen kleinen Schrank, woraus ich eine silberne Uhr nahm, worauf ich aus dieser Stube heraus und allein in eine andere gieng, wo Weiber waren; während ich hier war, hörte ich auf der Gaß einige Schüsse, das mich bewog, das Haus zu verlassen. Im herausgehen sah ich Georg Friedrich Schulz schießen. Ich ließ in der ersten Stube worin ich war, eine Pistole, welche Georg Friedrich Schulz von dem Müller Rupp von Iben gelehnt hatte, und ich habe Ursach zu glauben, daß dieser Müller den Gebrauch wußte, den Schulz davon machen wollte. Nachdem wir das Ort verlaffen hatten, hörte ich noch einige Schüsse darin, allein es folgte uns niemand.

201) Ihr habt schon gesagt, daß Jakob Müller von Lettweiler euch zu mehrere Diebstählen den Plan gemacht habe, sagt mir nun, auf welche Art habt ihr seine Bekanntschaft gemacht, und in welcher Verbindung waret ihr mit ihm?

Antw. Es sind vier oder fünf Jahre, daß ich mit Jakob Fink von Weiler zu Hunchert bei Boppart eine Heerde von zwanzig bis dreißig Stük Schweine gestohlen hatte, wir führten sie nach Lettweiler. Fink, der ehedem mit Müllerhannes in Verbindung stand, kannte da die drei Brüder Müller und die zwei Weber. Wir verkauften einen Theil unserer Schweine zu Lettweiler, den Rest zu Hallgarten. Bei dieser Gelegenheit machte ich die Bekanntschaft mit Jakob Müller; seitdem sah ich ihn auf einem Markt zu Wallhausen oder Oberstreit. Vorigen Winter war ich zwei oder dreimal in seinem Hause zu Lettweiler; bei einem dieser Besuche fragte Johann Leideker bei ersagtem Müller nach den reichsten Einwohnern der Gegend, von denen man Geld erpressen könnte. Jakob Müller nannte uns mehrere, unter andern den Bürger Schweizer von Rehborn, sagte dabei, daß dieser immer ein Dußend Louisd'ors bereit habe, wenn wir zu ihm kämen sie zu nehmen, und wir könnten gewiß seyn, daß er uns auf unser erstes Begehren eine ansehnliche Summe geben würde. — Wir folgten seinem Rath, und Bürger Schweizer gab uns wirklich ohne die mindeste Beschwerniß zwölf Louisd'ors; denn nachdem wir an seinem Fenster geklopft, und ihm gesagt hatten, wer wir seien, und weswegen wir zu ihm kämen, versprach er sogleich, uns Geld auf die Brükke zu Rehborn zu bringen, welches er auch that. Zur nämlichen Zeit — ich weis nicht war es vor- oder nachher, sagte der nämliche Jakob Müller mir sowohl, als dem Christian Rheinhard und Johann Leideker zu Neudorf viel Geld habe — er habe Frucht und Rübsamen an einen Müller von Odernheim, und Brandwein an einen Spezereikrämer von Lautereken verkauft, auch habe er ein paar Ochsen verkauft, und daß er in einigen Tagen von einem Einwohner von Lettweiler Geld empfangen müsse; er munterte uns auf, diesen Diebstahl zu begehen — wir waren schon dazu entschlossen, allein er brachte uns aus dem Grund wieder davon ab, weil derselbe noch kein Geld von seinen Schuldnern zu Lettweiler empfangen habe; er schlug uns statt dieses Hofmanns von Neudorf den Bürger Valentin Bernhard von Waldgrehweiler vor; da habe er einmal viel Geld gesehen, er wohne am Ende des Orts — habe viel Feinde in der Gemeinde, daß dieser Diebstahl mit viel Leichtigkeit könnte begangen werden, und daß wir blos gegen den Knecht des besagten Bernhard auf der Hut sein müßten, der ein Mensch von ungewöhnlicher Stärke sei. Auf die Aussagen versuchten wir den Diebstahl; allein er mißlang uns, wie sie wissen. Ein oder zwei Tage vor dem Diebstahl von Waldgrehweiler hatte uns der nämliche Jakob Müller gesagt, daß der Hofmann von Neudorf sein Geld von jenem Einwohner von Lettweiler seinem Schuldner empfangen habe — er erzählte uns sogar einige Umstände von der Zahlung, die in Gold geschehen sei, das in Silber ausgewechselt worden. In der Rükkehr von Waldgrehweiler war ich mit Christian Rheinhard und Johann Leideker in das Haus des Jakob Müller gegangen, der eben abwesend war. Wir entschlossen uns also auf den Neudorfer Hof zu gehen, um den Hofmann zu bestehlen, welches wir auch thaten.

Nachdem man dem Angeklagten gegenwärtiges Verhör vorgelesen und auf deutsch ausgelegt hatte, erklärte er, daß solches getreu niedergeschriebene Wahrheit enthalte und hat mit uns oben benannten Richter und Kommis-Greffier unterschrieben.

Mainz den Tag Monat und Jahr wie oben, um halb neun Uhr des Abends.

Unterschrieben Johannes Bückler, Werner und Brellinger, mit Handzügen.

Fortsezzung

Fortsezzung, Mainz den 14ten Thermidor zehnten Jahrs, um halb acht Uhr des Abends.

202) Kennet ihr den Namens Peter Maurer, Jäger auf dem Schwarzhof bei Gommersheim?

Antw. Ich weiß, daß einige Jäger aus der Gegend von Nohfelden von der Birkenfelder Bande sind; aber ich kenne keinen.

203) Kennet ihr den Franz Ruppenthal von Nohe?

Antw. Nein.

204) Auch den Peter Seiz nicht, gebürtig von Seewald im Salzburgischen, zu Ruttweiler wohnhaft?

Antw. Nein.

205) Auch nicht Franz Rehlinger, Müller zu Dronecken?

Antw. Nein.

206) Auch nicht Nikolaus Glauber, Leiendekker von Malborn gebürtig.

Antw. Nein, aber ich kenne einen Namens Konrad, der einmal Peter Zuchetto verrathen hatte und der sich sonst auf der Röderbach aufhielt; ich kenne auch den Bruder des besagten Conrad, Namens Theis, der ein Falschmünzer oder Verbreiter dessen ist und mir selbst davon mehrmal angeboten hat.

Der Angeklagte hat seine Antwort berichtigt und gesagt: daß gedachter Conrad und Theis, nicht von Malborn, sondern von Dampflos seien.

207) Kennt ihr einen gewissen Hann-Adam Stoffel von Raunenbach?

Antw. Nein.

208) Auch nicht einen gewissen Mattheis Alles von Nonnweiler?

Antw. Nein.

Nachdem man dem Angeklagten gegenwärtiges Verhör auf deutsch vorgelesen hatte, erklärte er, daß solches Wahrheit enthalte und hat mit uns und dem Commis-Greffier unterzeichnet. Mainz am Tag Monat und Jahr wie oben, um drei Viertel auf acht Uhr des Abends.

Unterschrieben: Johannes Bückler, Wernher und Brellinger.

Fortsezzung, Mainz den sechszehnten Thermidor zehnten Jahrs.

209) Ihr habt in euerer Antwort auf die neunte Frage gesagt, Johannes Leyrith habe, nach dem Diebstahl von Laufersweiler, euch Speisen in die Bergwerke von Lemberg, wohin ihr euch versteckt hattet und eure Waaren auf das andere Rheinufer gebracht. Ihr habt diese Antwort berichtiget, und gesagt: daß es nicht nach dem Diebstahl zu Laufersweiler, sondern nach dem zu Merxheim begangenen, gewesen sei. Diese Berichtigung, ist sie blos auf die Verbringung der Waaren einzuschränken, oder versteht sie sich auch von den Lebensmitteln, die er euch an den Ort gebracht hat, wo ihr verborgen waret?

Antw. Nicht allein nach dem Diebstahl von Merxheim, sondern auch nach jenem von Laufersweiler brachte uns Leyrith Lebensmittel in die Bergwerke von Lemberg, wo wir verborgen waren, aber blos nach dem Diebstahl von Merxheim brachte er die Päffe auf das andere Rheinufer.

210) Ihr habt in euerer Antwort auf die zwölfte Frage gesagt, ihr hättet den Juden bestohlen, weil er dem Müllerhannes und Petronellemichel noch Geld für gestohlene Waaren schuldig gewesen, die diese leztere an ihn verkauft hätten. Ihr habt auch ausgesagt, daß euch der Jude mehrmal eingeladen habe, ihm gestohlene Waaren zu verkaufen; könnt ihr einige Proben über diese Sagen aufstellen?

E e e

Antw. Ich habe das erste von Müllerhannes selbsten, der mir es sagte und ich weiß daß er ihm Waaren die zu Süsbach gestohlen worden, in dem Hause eines Einwohners von Hundsbach, des sogenannten Pickers, der ein Bruder des Beständers vom Welcherterhof ist, verkauft hat. Was das zweite betrift, so war ich mehrmalen in seinem Haus; ich erinnere mich nicht mehr, welche meiner Kameraden mich dahin begleitet haben, glaube aber, daß Christian Rheinhard einmal mit mir in seinem Hause war; daß in Gegenwart meiner Kameraden und obgleich sonst jemand zugegen gewesen, er mich eingeladen hat, ihm Waaren zu bringen. Allein nebst den Ursachen, die ich in meiner Antwort auf die zwölfte Frage angezeigt, hatte ich noch andere Beweggründe, diesen Diebstahl zu begehen, es sind folgende: Ein gewisser Borbe's Friz, Musikant zu Merzheim wohnhaft, kannte mich von der Zeit, als ich noch zu Bärenbach war; ich habe ihn seitdem auf dem Markt zu Bell gesehen: Kurze Zeit vorher hatte ich mit Jakob Fink von Weiler zu Schmitthachenbach zwei Pferde gestohlen, die wir dem Müller von Karbach bei St. Goar verkauften; Borbe fragte mich ob ich nicht wüßte wo diese Pferde wären? Ich versprach ihm, mich darüber zu erkundigen. Bald darauf erfuhr ich, daß gedachter Müller von Karbach diese Pferde an einen Einwohner von Nastätten verkauft habe. Ich benachrichtigte Borbe davon und den Bauern, dem wir sie gestohlen hatten, in dem Hause des besagten Borbe. Eines Tags sagte er mir, daß der alte Rentmeister, der in einem, zu dem Schloß von Merzheim gehörigen Hause wohne, Lust habe, mich zu sehen, und ich möchte in der Eigenschaft als Weinhändler zu ihm gehen, damit die Familie des gedachten Rentmeister gar keinen Argwohn haben könne. Ich gieng wirklich dahin. Der Rentmeister gab mir wohl zu trinken und hezte mich auf, den Juden zu Merzheim, der die Bauern so plage, einmal zubestehlen. Dies Trink-Gelag, dem auch besagter Borbe beiwohnte, dauerte bis Mitternacht. Ich war so berauscht, daß ich nicht mehr stehen konnte. Ein Wiedertäufer, der dazu gekommen und selbst eine Bouteille Brandwein gebracht hatte, gab mir ein Pferd, sein Knecht und Borbe nahmen auch Pferde und begleiteten mich bis nach Eckweiler. Dies trug sich zu, einige Monate vor dem Diebstahl zu Merzheim; die Nacht vor dem Diebstahl befand ich mich mit meinen Kameraden auf der Mühle zwischen Merzheim und Kirschroth. Ich schifte Jemand in das Ort, um Borbe zu rufen. Bei seiner Ankunft sagte ich ihm, daß wir diese Nacht den Juden von Merzheim bestehlen würden und daß er zu dem alten Rentmeister gehen, ihn davon benachrichtigen und bitten solle, uns Wein zu schiffen. Er brachte uns wirklich einige Bouteillen und begleitete uns mit einem Mühlknecht bis in das Ort. Sie baten uns auch, einige Stükke Tuch, auf einen Plaz, den sie uns hinter einem Zaun zwischen Merzheim und Mettersheim bezeichneten, hinzulegen, das wir nach dem Diebstahl auch thaten; ich weiß aber nicht ob sie es bekommen haben.

In dem Ort begegneten wir der Nachtwache, die aus sechs Mann bestand. Sie fragte uns wer wir seyen, und wohin wir gehen wollten. Ich antwortete ihr frei, daß wir den Juden bestehlen giengen, worauf sie uns ohne die mindeste Hinderniß gehen ließ. Als wir an des Juden Haus ankamen, klopften wir an der Thür; da aber Niemand aufmachen wollte, brachen wir Laden und Fenster auf und ich stieg durch dasselbe mit Peter Henrichs-Hann-Adam hinein. Christian Rheinhard und Johann Martin Rinckert blieben als Wache vor dem Haus. Der Diebstahl geschah ohne Gewaltthätigkeit an einer Person und ich sah Niemand im Haus als des Juden Frau, ein Mädchen und ein kleines Kind. Wir haben darin vierzehn oder fünfzehn Louisd'or an Geld, vier Becher und zwei silberne Schnallen und verschiedene Waaren gestohlen. Die Becher und ein Paar silberne Schnallen fielen in der Theilung Rinkert und Rheinhard zu; ich hatte das andere Paar, welches ich zu Aschaffenburg verkaufte. Mit den Waaren trieben wir Handel auf dem rechten Rheinufer.

211) Wußte der Müller von Karbach, dem ihr die zwei Pferde verkauft habt, daß sie gestohlen waren?

Antw. Fink kannte ihn; er ließ ihn in das Haus eines gewissen Johann Christoph zu Lippshausen kommen, da verkauften wir ihm die Pferde; er wußte, daß sie gestohlen waren.

212) War der Müller von der Mühle zwischen Merzheim und Kirschroth zugegen, als ihr mit Borbe von dem Diebstahl gesprochen habt, den ihr zu Merzheim begehen wolltet?

Antw. Ja, wir waren in seiner Stube, er war gegenwärtig, und es war dies das erste und einzigemal daß ich auf dieser Mühle war, auch hatte der Müller sonst niemals eine Gemeinschaft mit uns.

213) Wer ist derjenige, den ihr, um den besagten Borbe zu euch auf die Mühle zu rufen, geschikt habt?

Antw. Es ist der Müller oder sein Knecht; er wußte aber nicht, aus welcher Ursach wir ihn rufen ließen.

214) Wer ist der Mühlknecht, der euch mit gesagtem Borbe bis nach Merxheim begleitete?

Antw. Ich kenne ihn nicht; er kam mit Borbe von Merxheim.

215) Ihr habt auf die zwei und zwanzigste Frage gesagt, daß die zwei Söhne des Juden Raphael zu Niederfaulheim auf dem rechten Rheinufer viele Diebstähle begangen hätten; welches sind dann die Diebstähle, die sie begangen haben sollen?

Antw. Ich weiß von einem gewissen Maus von Semm, daß sie den Pfarrer von Neun= kirchen bestohlen haben, und da zu selbiger Zeit auf dem rechten Rheinufer in der Gegend von Umbstatt mehrere Diebstähle geschahen, so habe ich Ursache zu glauben, daß sie die Urheber davon waren, um so mehr als keiner von meinen Kameraden sie begieng.

216) Ihr habt auf die sechs und zwanzigste Frage gesagt, daß ein alter Jude von Alten= Bamberg euch angelegen habe, ihm Silbergeschirr zu verkaufen; könnt ihr einige Proben von euerer Angabe aufstellen?

Antw. Ich hab diesen Juden oft, sowohl auf dem Bangarterhof, als in dem Wald gesehen. Bei diesem Zusammentreffen und in Beiseyn meiner Kameraden Peter Dalheimer, Christian Rhein= hard, Johann Leydecker und Georg Michel, verlangte er von mir, ihm Silbergeschirr zu verkau= fen; ich habe ihm aber niemals etwas verkauft, ausgenommen eine Uhr, wovon ich schon in mei= nem Verhör gesprochen habe?

217) Kannte er euch schon, als er die Uhr von euch kaufte?

Antw. Ja, er sah mich zuvor schon auf den Drei=Weyhern, auf dem Bangarterhof und zu Hallgarten.

218) Kennt ihr den Johannes Knipel von Braunshausen?

Antw. Nein.

219) Kennt ihr dann den Abraham Knapp von Herschweiler?

Antw. Nein.

220) Besteht ihr darauf, zu sagen, daß der Müller Becker auf der Falkensteinermühl, auf dem rechten Rheinufer, gar keinen Antheil an euerm Verbrechen genommen habe und daß es so= gar möglich seie, er habe euch nicht gekannt, als ihr auf seiner Mühle waret?

Antw. Ich kam einigemal dahin mit Peter Henrichs=Hann=Adam und Christoph Blum; wir sagten, wir seien Wildpretschützen, meine Kameraden nannten mich nur mit meinem Vorna= men Hannes; ich weis also nicht, ob er wußte, daß ich Schinderhannes sei.

221) Ihr habt in euern vorhergehenden Verhören schon gestanden, mit welchen Mitschuldi= gen ihr den Diebstahl von Waldgrehweiler begangen habt; sagt mir nun, wie ihr sie versammelt habt, und auf welche Art ihr den Diebstahl vollbracht habt?

Antw. Als Jakob Müller von Lettweiler mir sowohl, als dem Christian Rheinhard und Johann Leydecker den Vorschlag that, den Bürger Bernhard von Waldgrehweiler zu bestehlen, schifte ich einen gewissen Krämer Antons Joseph von Feil mit einem Brief an Peter Hassinger von Jben, um ihn einzuladen, zu mir nach Lettweiler zu kommen. Hassinger ließ mir sagen, er könne nicht kommen. Ich schikte aufs neue Philipp Weber von Lettweiler, mit dem mündlichen Auftrag, den Peter Hassinger mitzubringen und ließ diesem bekannt machen, ich habe seiner zu einem Diebstahl den ich begehen wolle, nöthig. Er kam wirklich mit gedachtem Weber, der schon wußte, daß ich den Bürger Bernhard bestehlen wollte. Hassinger weigerte sich mitzugehen, ich bat ihn daher, mir einen gewissen Weisheimer von Diefenthal und Lahr von Steinbockenheim zu schikken. Er kam bald hernach mit besagtem Weisheimer, einem andern Einwohner von Diefen= thal, Franz Mundo von Aspisheim, und einem Müller von Hochstätten wieder zurük. Ich schikte auch den Bruder von Weber, Namens Peter, nach Trombach, um den Korbmacher Johann Adam und Krämer Antons Joseph von Feil, zu rufen, welche ebenfalls kamen.

Also versammelt, giengen wir nach Waldgrehweiler; Philipp Weber diente uns als Bote, sein Bruder Peter, obschon von unserm Vorhaben unterrichtet, blieb zu Lettweiler. Wir waren alle mit Schießgewehr versehen, ausgenommen Philipp Weber und der sogenannte Hannes von

Diefenthal, von denen ich es nicht mit Gewißheit sagen kann. Peter Weber hatte sie zum Theil zu Lettweiler gelehnt, ohne daß ich sagen könnte, von wem.

Die Hausthüre ward mit einem Stamm eines Baumes eingestoßen, den wir auſſer dem Ort absägten. Wir bekamen nur fünfzehn Gulden, denn die Einwohner läuteten Sturm und es geschahen mehrere Flintenschüſſe, ohne daß ich weis von wem. Ich gieng hierauf mit Leydecker, Johann Adam von Trombach und Krämer Antons Joseph, die mit mir in das Haus gegangen waren, wieder heraus. Der Diebstahl geschah ohne Gewaltthätigkeit gegen Jemand, ausgenommen einer Ohrfeig, welche Leydecker dem Bürger Bernhard gab.

222) Ihr habt gesagt, daß ihr den Befehl gegeben, euch den Weisheimer von Diefenthal zu schiffen; es folgt daraus, daß ihr schon zuvor mit ihm in Verbindung gestanden seid; sagt mir die andere Vergehen, an welchen er Theil nahm?

Antw. Zur Zeit als ich noch mit Jakob Fink war, logirte ich oft bei besagtem Weisheimer; er wußte, daß wir Räuber seien, ich kannt ihn daraus als einen Mann auf den man sich vertrauen könne, aber er hatte keinen Diebstahl mit mir begangen. Peter Haſſinger kannte ihn vielleicht beſſer, und es wird auf seinen Vorschlag gewesen seyn, daß ich ihm sagte, mir ihn zu schiffen. Ich habe übrigens Ursache zu glauben, daß Franz Mundo mit diesen Leuten von Diefenthal in engerer Verbindung stehen muß.

Nachdem man dem Angeklagten gegenwärtiges Verhör vorgelesen und auf deutsch ausgelegt hatte, erklärte er, daß solches Wahrheit enthalte und hat mit uns obgenanntem Richter und Commis=Greffier unterzeichnet. Mainz den Tag, Monat und Jahr wie oben, um drei Viertel auf neun Uhr des Abends.

Unterschrieben: Johannes Bückler, Wernher und Brellinger.

Fortsezzung, Mainz den ein und zwanzigsten Thermidor zehnten Jahrs, um vier Uhr des Nachmittags.

223) Gebt uns die Beschreibung von dem Johannes Hammer, Schepphälſiger Hannes genannt?

Antw. Es ist ein junger Mensch von meiner Größe, der mir ziemlich ähnlich sieht, ausgenommen, daß er mehr platternarbigt ist, als ich.

224) Ist es dieser Johann Hammer allein, den ihr kennt?

Antw. Ich kenne noch einen Mann, der alte Hannes genannt, der zu Eckenroth wohnte; er hat zwei Söhne, wovon der eine, wenn ich mich nicht irre, Nikolaus und der andere Johann Georg heißt. Dies sind die nemliche die den Jäger des Fürsten von Naſſau=Uſingen bestohlen haben müſſen. Ich sah einmal den Nikolaus mit seinem Vater und Anton Heinz, auf der sogenannten Haßenmühl. Ich weiß auch von Nikolaus Hammer, daß er in Sachsen eine verheurathete Schwester hat. Der Vater und die zwei Söhne sind von der Niederländer Bande, aber ich habe nie ein Verbrechen mit ihnen begangen, kenne auch jene nicht, die sie können begangen haben.

Nachdem man dem Beklagten gegenwärtiges Verhör vorgelesen und auf deutsch ausgelegt hatte, erklärte er, daß solches Wahrheit enthalte und hat mit uns obgenanntem Richter und Commis=Greffier unterzeichnet. Mainz den Tag, Monat und Jahr wie oben, am fünf Uhr des Abends.

Unterschieben: Johannes Bückler, Wernher und Brellinger.

Fortsezzung, Mainz den ein und zwanzigsten Thermidor, zehnten Jahrs, um halb sechs Uhr des Abends.

225) Ihr habt mir schon eure Mitschuldigen an dem Diebstahl zu Laufersweiler erklärt; sagt mir gegenwärtig, ob ihr diesen Plan für euch selbst entworfen habt, oder ob euch Jemand anders zu diesem Diebstahl angereizt hat?

Antw.

Antw. Als ich mit meinen Kameraden in dem Wald zwischen Kempfeld und Wildenburg ankam, wußten wir noch nicht, wohin wir unsere Geschäften richten sollten. Ich schifte also den Müller Gerhard von Weyden nach Kempfeld zu einem gewissen Johann Georg Scherer, und ließ ihn bitten, mir eine Bouteille Brandwein in besagten Wald zu bringen. Gerhard kam wirklich mit einer Bouteille und Scherer folgte einige Stunde nachher; ich fragte ihn, ob er nicht einen Juden kenne, den wir bestehlen könnten; er nannte uns den von Laufersweiler, bei dem wir viel Geld finden würden. Dies Gespräch hatte in Gegenwart all meiner Kameraden, die dem Diebstahl von Laufersweiler beiwohnten, statt; ich weiß indeß nicht, ob sie es gehört haben, weil Scherer mit mir auf die Seite gieng; allein ich sagte es ihnen, nachdem uns Scherer verlassen hatte. Scherer war noch von seinem Bruder Philipp und seinem Schwager Rind begleitet; ich habe aber Ursach zu glauben, daß er ihnen den Inhalt des Gesprächs, welches er mit mir hatte, nicht erzählt hat. Ich kannte diesen Scherer seit langer Zeit, ich habe ihm mit Jakob Fink einige Pferde verkauft, ich weis aber nicht, ob er mich ehedem kannte, ich habe seine nähere Bekannt= schaft und er die Meinige, vor drei Jahren auf dem Markt zu Kempfeld gemacht. Ich habe ihn seitdem noch zwei oder dreimal in dem Hause der Brüder Fuchs, Wirth zu besagtem Kempfeld, wieder gesehen, wo ich, wie in allen Orten bekannt war.

226) Habt ihr nicht vor anderthalb Jahr ohngefähr mit Karl Benzel in der Winterhauch, dem Herz Gottschlick von Nohbollenbach eine silberne Uhr geraubt?

Antw. Ja, ich habe sie meinem Vater gegeben, habe ihm jedoch nicht gesagt, wo ich sie bekommen habe, es kann sogar seyn, daß ich ihm gesagt, ich hätte sie gekauft. Ich muß indeß überhaupt bemerken, daß mein Vater gar keinen Antheil an meinen Verbrechen genommen hat, daß er mich sogar ermahnt hat, davon abzustehen, und daß diese Uhr das einzige ist, was er von mir bekommen hat.

227) Habt ihr niemals gegen Juden von Hottenbach Drohungen ausgestoßen, und hat nicht euer Vater einen gewissen Isaac Wolf zu euch in den Wald von Wildenburg geführt?

Antw. Ich begegnete eines Tags meinem Vater, der seinen Akker zakkerte, bei dieser Ge= legenheit sagte er mir, daß ihm ein Jude von Hottenbach keine Ruhe ließe und wolle zu mir geführt werden, um mit mir zu sprechen. Ich sagte meinem Vater, er möchte ihn zu mir führen. Er that es auf der Stelle und kam mit dem Juden an; dieser bat mich, ihn und die Juden von Hottenbach frei gehen zu lassen. Ich antwortete ihm, daß ich ihnen noch nichts gethan habe; in= deß fuhr der Jude fort, sich zu empfehlen und endigte damit, daß er mir zwei grose Thaler gab. Ich habe Gründe zu glauben, daß mein Vater selbst die Ursache nicht wußte, warum mich der Jude sprechen wollte.

228) Ihr habt in euerer Antwort auf die hundert fünf und sechszigste Frage gesagt, daß ihr den Christoph Kaspar von Lippshausen nicht kennet: Wer ist der Mann, durch welchen ihr Nachts vier Pferde in dem Wald dem sogenannten Strut bei Lippshausen, weiden ließet?

Antw. Es war der Sohn von einem Namens Johann Christoph dem sogenannten alten Hann=Christophel, dessen Frau eine Schwester des Seiberts Mutter ist: Ich hatte diese Pferde zu Herrstein mit Philipp Mosenbach gestohlen, und Mosenbach hat selbige verkauft.

Nemlich: Zween dem Müller Stein bei Benzenroth; das Dritte dem alten Schultheiß von Lippshausen, und das Vierte dem Schwager des besagten Schultheißen. Dieser leztere wohnt zu Nils.

229) Habt ihr nicht auch einmal Schweine zu Wahlbach gestohlen?

Antw. Ja, Jakob Fink und ich, wir haben allda höchstens acht oder neun Schweine ge= stohlen. Paul Gilgert von Lautert hat zwei davon gekauft; die übrigen wurden in dem Haus des alten Schultheißen und des alten Hann=Christophel von Lippshausen gegessen.

230) Die Pursche welche ihr in euren Verhören unter dem Namen die Ungers=Buben be= zeichnet habt, heissen sie nicht Johann und Henrich Schneider?

Antw. Ich weiß daß einer davon Johann heißt; ich kenne auch einen Krug=Rickes von Seibersbach; der erste hat mit mir Schweine zu Altensimmern gestohlen und der andere mit Fink einen Diebstahl zu Wiesweiler begangen.

231) Kennet ihr nicht auch die Namens Peter und Valentin Weimar, Peter Wasem, Oswald Greber und die Gebrüder Gutmann von Seibersbach?

F f f

Antw. Ich weiß von meinen Kameraden, daß eine Bande von sieben oder acht zu Seibersbach ist, die das nemliche Handwerk treiben, welches ich getrieben habe. Ich weiß, daß die Söhne, des Valentin Weimar von der Zahl sind; Es ist noch ein anderer dabei der sich Johann nennt und unter den französischen Jägern gedient hat. Ich habe aber nichts mit ihnen gemacht, und ich kenne die anderen weder von Namen noch von Person.

232) Habt ihr Bekanntschaften in Oberwesel?

Antw. Ich kenne niemand allda, als einen Namens Lehr, welcher von Jakob Fink und mir auf dem Zweybornerhof zween Pferde gekauft hat, welche wir zu Kirchenbollenbach gestohlen hatten. Fink schikte ihm jemand, um ihn zu sich zu rufen: Er kaufte die Pferde des Nachts in einem Wald, und daher schließe ich, daß er wußte, daß die Pferde gestohlen waren. Dieses hat sich vor vier Jahren zugetragen.

233) Kennet ihr die Namens Rheinhard Zimmermann Schulmeister, Wilhelm Sondersheimer Pfeiffenhändler, Peter Reibeld Wirth, Konrad Schaaf und sein Schwiegersohn Rausch Scheerenschleifer, alle von Dahlberg?

Antw. Nein.

234) Gebt uns die Leibesbeschreibung von dem Namens Schnuckel, der den Diebstahl zu Würges begangen hat?

Antw. Es ist ein Mann von mittlerer Größe, vollleibig, eine Schmarre in dem Gesicht habend, ein braun ovales Gesicht, gewöhnliche Nase, braune runde Haare, röthlichten Bart, das Deutsche mit einem Ton sprechend der nicht der gewöhnliche der Juden ist, und er giebt sich sogar für einen Christen aus. Er ist ohngefähr dreißig Jahre alt.

Nachdem besagtem Angeklagten gegenwärtiges Verhör vorgelesen und auf Deutsch ausgelegt worden war, erklärte derselbe, daß solches treulich niedergeschrieben ist, Wahrheit enthält, und hat mit uns obengenanntem Richter und Commis-Greffier unterschrieben zu Mainz den Tag, Monat und Jahr, wie oben, des Abends um acht Uhr.

Unterschrieben: Wernher, Johannes Bückler und Brellinger mit Handzügen.

Fortsezzung zu Mainz den drei und zwanzigsten Thermidor zehnten Jahrs des Nachmittags um vier Uhr.

235) Der Namens Peter Allenbacher, von welchem ihr in eueren vorhergehenden Verhören gesprochen habt, ist es ein junger Mensch, oder ist er schon bejahrt?

Antw. Es ist ein Mann von vier bis fünf und zwanzig Jahren, welcher vor ein oder zwei Jahren ein Mädchen von Hachenbach geheurathet hat; auffer den Thaten, welche ich schon gegen diesen Allenbachers Peter ausgesagt habe, muß ich noch beifügen, daß besagter Allenbacher den Tag nach dem Diebstahl zu Obermoschel, den Johann Nikolaus Müller und mich noch nach Limbach führte, allwo wir zwei Pferde gestohlen haben. Er hat uns bis an den Stall geführt, und wir haben ihm zur Belohnung einen Abschnitt Wollenzeug gegeben, welchen wir zu Obermoschel gestohlen hatten. Diese sind die nemlichen Pferde, mit welchen ich mich bei Grote bei meinem Durchgehen durch Eckelsheim aufhielt, und welche ich auf der Mühle zu Semm auf dem rechten Rheinufer an einen Namens Heinrich Rapp von Habitsheim, für neun und eine halbe Louisd'or, und welcher wuste daß diese Pferde gestohlen waren, verkauft habe. Dieser nämliche Rapp hat auch jene zwei Pferde, welche ich mit Johann Nikolaus Müller auf der Hahnmühl bei Daunen gestohlen habe, gekauft.

Nachdem besagtem Angeklagten gegenwärtiges Verhör vorgelesen und auf deutsch ausgelegt worden war, erklärte derselbe, daß solches treulich niedergeschrieben ist, Wahrheit enthält, und hat mit uns dem Commis-Greffier unterschrieben. Mainz den Tag, Monat und Jahr, wie oben, des Nachmittags um halb fünf Uhr.

Unterschrieben: Wernher, Johannes Bückler und Brellinger mit Handzügen.

Fortsezzung zu Mainz, den drei und zwanzigsten Thermidor zehnten Jahrs, des Abends um sechs Uhr.

236) Ihr habt schon eingestanden, daß ihr den Pächter Zürcher vom Neudorf mit Christian Rheinhardt, Johannes Leydecker, Johann Adam Steininger von Trombach und Krämer-Antons-Joseph von Feil bestohlen habt: sagt mir izt auf welche Art dieser Raub begangen worden?

Antw. Nachdem Jakob Müller uns angezeigt hatte, daß der Pächter Zürcher vom Neudorfer-hof viel Geld in seinem Haus habe, begab ich mich mit den euch schon bekannten Kameraden an seinen Hof; nachdem wir an der Thüre geklopft hatten, wurde sie uns aufgemacht; wir giengen alle hinein mit Ausnahm des Krämer-Antons-Joseph, welcher draußen blieb. Bei unserm Eintritt in das Zimmer, begehrten wir zu essen und zu trinken, welches uns auch aufgetragen wurde. Ich begehrte dessen auch für meine vor dem Haus gebliebene Kameraden und man gab mir eine Bouteille Brandwein mit Käß und Brod; als ich in das Zimmer wieder zurük gegangen war, nahm ich zum Vorwand das Haus auszusuchen, daß Gendarmen in dem Hof verborgen seyn sollten; der Pächter läugnete es, ich nahm dann ein Licht, indem ich sagte, die Untersuchung selbst vornehmen zu wollen. Als ich in ein Nebenzimmer gekommen war, fand ich vier Gewehre, eine Pistole und einen Säbel darinn; ich bemächtigte mich deren, und sagte noch: »hier sind die Gendarmen.» Ich trug diese Waffen vor das Haus, allwo ich sie dem Krämer-Antons-Joseph übergab; nachdem wir unsere Verrichtung vollendet hatten, händigten wir selbige dem Pächter wieder ein, mit Ausnahm eines Gewehrs und des Säbels; als ich mich durch die Wegnehmung besagter Waffen versichert hatte, daß der Pächter uns keinen Widerstand mehr leisten könnte, foderte ich ihm sein Geld; der Pächter führte uns in ein Nebenzimmer, wo wir in einem Schrank zehen bis zwölf Gulden fanden. Mit dieser Summe nicht zufrieden, haben wir dem Pächter gedroht und ihm auch gesagt, daß wir zu gut unterrichtet seien, daß er mehr Geld haben müsse. Christian Rheinhard band dem Pächter die Hände. Als dieser durch die umständliche Erzählung sahe, daß wir zu gut wusten, wie viel Geld er haben könnte, indem wir ihm dasjenige was wir von Jakob Müller erfahren hatten wiederholten; nemlich daß er zu Lettweiler Geld bezogen habe; — daß er Ochsen verkauft habe; daß er ebenfalls Rübsaamen verkauft habe, ꝛc. ꝛc. — erklärte er, daß er uns alles was er habe geben wolle. Rheinhard band ihn alsobald uns und er führte uns auf seinen Speicher, wo er aus einem Fruchthaufen zwölf Louisd'or in Gold, und ohngefehr hundert Gulden in Silber herauszog. Als wir wieder herunter gegangen waren, drangen wir darauf uns noch mehr Geld zu geben. Es ist möglich, daß Christian Rheinhard mit den anderen ihn nochmals ge-bunden haben, ich erinnere mich aber dessen nicht mehr; der Pächter beharrte darauf keines mehr zu haben, und versprach uns in einer kurzen Zeitfrist zu bezahlen was er zusammen bringen könne. Wir waren dann endlich mit diesem Versprechen zufrieden, und nach einigen Unterredungen sezte ich die Summe auf drei hundert Gulden fest. Der Pächter unterzeichnete seinen Namen auf ein Papier, welches demjenigen, welcher auf diese Summe Anspruch machen würde, zur Rechtfer-tigung dienen sollte.

Nachdem dieses vorbei war, haben sich meine Cameraden noch etlicher Effekten bemächtigt, von welchen ich mich dennoch nur noch einer silbernen Uhr, einer Jagdtasche und eines paar Stiefels, welches Christian Rheinhard weggenommen hatte, erinnere. Johann Adam Steininger, hat noch etliche Hemdter und Fleisch genommen. Sieben oder acht Tage hernach überschifte ich des Heinrich Zürchers Zettel durch Leonhard Körper um das Geld zu holen, welcher mir auch, wie ich in meinen vorherigen Verhören schon gesagt habe, zehen Louisd'or zurük brachte.

237) Auf welche Art habt ihr die Bekanntschaft des Leonhard Becker gemacht, und in welchen Verhältnissen waret ihr mit ihm?

Antw. Ich habe ihn verflossenes Jahr auf der Ibener Kirchweihe für das erstemal gesehen und ich sprach alsdann sehr wenig mit ihm. Ich habe ihn für das zweitemal acht Tage nachher auf der Kirchweihe zu Zürfeld in dem Haus, wo Gustav Becker wirthschaftete, gesehen; es waren noch der Förster Schröder von Altenbamberg und mehrere andere Bürger da. Wir haben miteinander gegessen und getrunken; ich hatte Furcht vor den Gendarmen, aber Leonhard Becker sprach mir wieder Muth ein, indem er sagte: er wolle sich Wache stellen, und wirklich als ich einmal aus dem Haus gieng, sah ich ihn an der Thüre stehen, übrigens hat er kein Antheil an meinen Ver-brechen genommen, und ich habe ihn nur diese zweimal gesehen.

238) Hat euch Leonhard Becker nicht eingeladen auf die Fürfelder Kirchweihe zu kommen?

Antw. Ich erinnere mich deffen nicht.

239) Ift der Wächter von Fürfeld nicht auch Wacht für euch geftanden, als ihr auf der Kirchweihe diefes Dorfs waret?

Antw. Ja, er wufte fo gut als alle Einwohner von Fürfeld, daß ich Schinderhannes war. Ich weiß nicht, wer ihn Wacht geftellt hatte; den folgenden Tag ift er mit mir nach Jben gegangen, wo ich ihm ein Halstuch für eine Mühe gab; mit Ausnahme diefer Thatfachen habe ich keinen Verkehr mit ihm gehabt.

240) Bei welcher Gelegenheit habt ihr die Bekanntfchaft des Guftav Becker gemacht, und in welchem Verkehr feid ihr mit ihm geftanden?

Antw. Peter Haffinger fagte mir einmal auf dem Jbener Schloß, daß Guftav Becker Luft hätte meine Bekanntfchaft zu machen und daß er um feine Neugierde zu begnügen, willig etliche Flafchen Wein bezahlen wollte; ich gieng mit einem meiner Kameraden und wann ich mich nicht irre, mit Georg Schulz dahin. Ich habe ihn feitdem in feinem Haus, und auf den Kirchweihen von Jben, Fürfeld und Bellheim wieder gefehen. Ich habe ihm die Zeche nicht bezahlt und als ich ihm fagte, felbige nicht zahlen zu können, fo antwortete er: es eile ja nicht, und ich follte ihm einmal fchön Tuch für einen Mantel bringen; aber bis jezt hat er noch nichts bekommen. Ich habe ihm auch einmal einen Säbel gebracht, um felbigen zu fchleifen, indem ich ihm fagte, Holz im Wald hauen zu wollen. Als ich das erftemal bei ihm war, fagte er mir, daß ein Jud von Münfterappel ihn in einem Handelsgefchäfte betrogen habe und daß wir diefen Juden zu feiner Rache beftehlen follten, welches wir aber dennoch nicht thaten, indem Guftav Becker jedermann fchon gefagt hatte, daß er um diefen Juden zu beftehlen, mit dem Schinder= hannes gefprochen habe; dies machte uns fürchten, daß der Jude fchon Maaßregeln könnte genom= men haben.

Nachdem befagtem Angeklagten gegenwärtiges Verhör vorgelefen, und auf deutfch ausgelegt worden war, fagte er, daß folches treulich niedergefchrieben ift, Wahrheit enthalte und hat mit uns obenbenanntem Richter und Commis-Greffier unterfchrieben. Zu Mainz, den Tag, Monat und Jahr wie oben, des Abends um acht Uhr und drei Viertel.

Unterfchrieben Wernher, Johannnes Bückler und Brellinger mit Handzügen.

Fortfetzung in Mainz den fünf und zwanzigften Thermidor zehnten Jahrs des Abends um fünf Uhr.

241) Beharret ihr darauf, daß eurer bei dem Diebftahl zu Merxheim, nur vier an der Zahl gewefen feid?

Antw. Ja, und der Müller bei welchem wir vor dem Diebftahl waren, wird folches be= zeugen können.

242) Ihr habt in eueren Verhören gefagt, daß der Diebftahl zu Merxheim ohne Gewalt gegen Leute ausgeübt zu haben, begangen worden ift, und daß ihr nur die Frau, ein Kind und ein Mädchen gefehen habt: müßt ihr nicht zugeben, daß ihr dem Jud auf den Speicher nachgefolgt feid, allwo er fich hinbegeben hatte um Hülfe fchreien zu können und daß ihr ihn fo miß= handelt habt, daß er in Ohnmacht gefallen ift?

Antw. Als wir dem Juden begehrt hatten die Thüre zu öffnen und uns zu effen und zu trinken zu geben, hatte es diefer verweigert, unter dem Vorwand, daß feine Frau und Kinder krank feien. Peter=Henrichs=Hann=Adam fprengte dann den Laden auf. Wir giengen alle hinein, der Jud flüchtete fich auf den Speicher und rufte »Feuer«. Ich folgte ihm mit Peter=Henrichs= Hann=Adam. Ich foderte ihn zum Schweigen auf, und als er fein Gefchrei verdoppelte, gab ich ihm einen einzigen Schlag mit meiner Büchfe; worauf er fchwieg und fich auf dem Speicher verftekte. Nach diefem find wir wieder heruntergegangen, und haben die Thüre eines Zimmers im erften Stok aufgefprengt, wo wir die Frau des Juden, ein Kind und eine Magd angetroffen haben. In diefem Zimmer haben wir aus einem Schranke vier oder fünf filberne Becher, drei paar filberne Schnallen, zween goldene und zween filberne Ringe genommen. Von da find wir in den

Kram=

Kram-Laden gegangen, wo wir Waaren und beiläufig fünfzehen Louisd'ors an Geld entwendet haben.

243) Seid ihr nicht mit der Frau des Juden wieder auf den Speicher gegangen und habt ihr nicht da den Juden in Ohnmacht, in seinem Blut auf dem Angesicht liegend, angetroffen?

Antw. Als ich dem Juden den Schlag gab, fiel er nicht zu Boden; als wir aber mit seiner Frau wieder hinauf gegangen sind, lag er wirklich auf dem Boden; auch habe ich Blut gesehen; der Jud war aber so wenig in Ohnmacht, daß er mit uns sprechen konnte, daß er uns bat, seine Frau nicht zu mißhandlen und uns sogar einen Schlüßel, für einen Schrank aufzumachen gab.

244) Ausser den Sachen, welche ihr schon angezeigt, habt ihr nicht auch gestohlen:
   a) Einen sechsten Becher?

Antw. Nein.

   b) Einen silbernen Kredenz-Teller?

Antw. Nein.

   c) Drei andere goldene Ringe, wovon einer mit einem rothen Stein besetzt war?

Antw. Nein.

   d) Granaten?

Antw. Ja.

   e) Silberne mit Stein besezte Haften?

Antw. Nein.

   f) Eine silberne Hutfeder?

Antw. Nein.

   g) Zwei silberne Halsbänder mit goldenen Zierrathen?

Antw. Es waren dergleichen Sachen unter den Granaten.

   h) Silbernes Kinderspielwerk?

Antw. Nein.

   i) Dreißig Louisd'ors in Gold?

Antw. Nein.

   k) Drei taffente Schürze und fünf Halstücher?

Antw. Nein, mit Ausnahm eines Halstuchs.

245) Die Summe, welche ihr in dem Kram-Laden genommen habt, beläuft sie sich nicht auf drei hundert Gulden, statt fünfzehn Louisd'ors, welche ihr angegeben habt?

Antw. Nein.

246) Habt ihr nicht auch ein paar Ohrringe genommen?

Antw. Nein.

247) Welcher war dann der Werth der gestohlenen Sachen?

Antw. Er kann sich höchstens auf drei hundert fünfzig Gulden belaufen.

248) Würdet ihr noch die Briefe, welche ihr durch Leonhard Körper dem Heinrich Zürcher vom Neudorfer-Hof geschikt habt, erkennen können?

Antw. Ja.

Worauf wir dem Angeklagten die drei Briefe, welche dem Verbal-Prozeß des Friedens-richters des Cantons Obermoschel vom 8ten Germinal zehnten Jahrs No. 14 b. des Processes beigefügt sind, vorgewiesen *).

Der Angeklagte hat selbige erkannt und erklärt: daß diejenigen unter No. 1 und 3 durch Johannes Leydecker und dasjenige unter No. 2 durch ihn selbst geschrieben worden ist.

Worauf wir die drei besagten Briefe paraphirt und durch besagten Angeklagten ebenfalls paraphiren lassen.

249) Ihr habt schon eingestanden, daß ihr den Raub auf den Müller Adam Krazmann bei Merxheim bestohlen habt? sagt mir jezt, auf wessen Anstiftung, mit wem und auf welche Art habt ihr diesen Diebstahl begangen?

*) Sieh den zweiten Band, Seite

Antw. Ich befand mich zu dieser Zeit mit meinen Kameraden Schwarzpeter, Johannes Leydecker, Krug-Joseph, Johann Martin Rinkert und Johann Nikolaus Müller zu Lettweiler. Wir waren in den Häusern des Heinrich Schmitt, Philipp Weber und Jakob Müller zerstreuet. Ich befand mich mit Johannes Leydecker in dem leztern. Wir waren von Geld ganz entblößt, Johannes Leydecker sagte, daß wir deßen stehlen müßten, wenn wir wo zu finden wüßten.

Gustav Müller antwortete in Gegenwart seines Bruders Jakob Müller, und wenn ich mich nicht irre auch in derjenigen des Philipp Weber, daß er eines Tags bei Gelegenheit eines Spelz-handels, viel Geld bei dem Müller Krazmann zu Merxheim gesehen habe und daß, wann wir Geld benöthigt wären, nur solches bei besagtem Müller nehmen sollten. Auf diesen Bericht haben wir uns versammelt und haben Lettweiler bei anbrechender Nacht verlassen. Als wir an die Nahüberfahrt bei Monzingen kamen, haben wir uns entschlossen, die Verrichtung unsers An-schlags wegen dem Schnee, welcher gefallen war, zu verschieben, weilen selbiger unsere Nachstel-lungen hätte erleichtern können. Wir begaben uns dann auf die Nahmühl, welche derjenigen, welche wir bestehlen wollten, gegenüber liegt. Den folgenden Tag fiel annoch Schnee, darum wollte ich die Verrichtung abermal verzögern: Aber die Meinung der anderen, welche voll Brand-wein waren, überwog, und die folgende Nacht wurde der Diebstahl begangen.

Wir sind durch die Hausthüre eingegangen, welche uns durch den Müller oder seine Frau ist aufgeschlossen worden. Wir fiengen an Essen und Trinken zu begehren, und der Müller gab uns Kaffe ohne einige Schwierigkeit. Während dem wir solchen tranken, begehrte Leydecker ein Paar Strümpfe, welche man ihm abschlug. Auf dieses ergriffen besagter Leydecker und Schwarz-Peter den Müller und seine Schwiegermutter, warfen sie zu Boden, und banden ihnen die Hände. Ich und Johannes Leydecker nahmen die Frau des Müllers, um mit derselben das Haus zu durchsuchen um Geld zu finden. Sie gab uns alsobald aus einem Koffer, welcher sich in einem Zimmer gegen demjenigen über, wo der Müller war, befand, einen Louisd'or in Gold. Nach diesem führte sie uns in den Keller, wo sie uns einen erdenen Hafen, welcher leer war, zeigte, sagend: daß sie ihr Geld in diesem Hafen gehabt hätten, wüßte aber nicht mehr, was daraus geworden seie. — Wir drangen stark darauf, daß sie Geld in dem Haus haben sollten, und fuhren mit unseren Untersuchungen fort. Sie führte uns in ein Zimmer oben auf, wo wir in einer Kist oder in einem Schrank fünfzehn Louisd'or in Silber und etliche Kleidungsstüffe fanden.

Als wir in das Zimmer, wo ich den Müller und seine Schwiegermutter verlassen hatte, wieder herunter gekommen, fand ich sie noch gebunden, das Hemd der alten Frau brannte, ohne daß ich weiß, auf welche Art sich dieses zugetragen hat. Ich ergriff einen mit Wasser gefüllten Hafen, welchen ich auf sie ausschüttete, um das Feuer auszulöschen und schnitt die Bande des Müllers entzwei. Ich bemerke, daß Johann Martin Rinkert oder Schwarz-Peter noch fünfzehn Gulden von der alten Frau erhalten hatten, welche sie mir einhändigten, um die Austheilung des Ganzen zu machen. Ich bemerke endlich, daß Johann Nikolaus Müller nicht in das Haus gegangen ist, und daß wir alle dermaßen von Brandwein betrunken waren, daß es möglich ist, daß ich einige kleine Umstände vergessen haben kann.

250) Habt ihr das Dorf Lettweiler alle miteinander verlaßen?

Antw. Nein, Philipp Weber führte den Schwarz-Peter und Krug-Joseph zu uns an einen Hügel zwischen Lettweiler und Odernheim, welcher für den Sammelplaz bestimmt war. Johann Nikolaus Müller und Johann Martin Rinkert kamen auch dahin entweder mit Gustav Müller oder mit Heinrich Schmitt. Was mich und Leydecker anbetrift, so sind wir ganz allein dahin gegangen.

251) Ihr habt gesagt, daß der Müller oder seine Frau euch die Hausthür geöffnet hätten; müßt ihr nicht eher gestehen, daß einer von euch durch ein Fenster, an welchem er eine Scheibe eingestoßen, eingestiegen ist, und den andern sogleich die Thüre aufgemacht hat?

Antw. Nein, wir haben an dem Zimmerfenster geklopft, wo die Müllerinn geschlafen hatte; diese, nachdem sie uns geantwortet, benachrichtigte ihren Mann, welcher gekommen ist, uns die Thüre aufzumachen.

Nachdem besagtem Angeklagten gegenwärtiges Verhör vorgelesen und auf deutsch ausgelegt worden war, erklärte derselbe, daß solches wahrhaft niedergeschrieben ist, Wahrheit enthält und hat mit uns obgenanntem Richter und Commis-Greffier unterschrieben. Zu Mainz den Tag, Monat und Jahr wie oben, des Abends um acht Uhr.

Unterschrieben: Wernher, Johannes Bückler und Brellinger mit Handzügen.

Fortsezzung des Verhörs, zu Mainz den zweiten Fruktidor zehnten Jahrs.

252) Auf welche Art und bei welcher Gelegenheit habt ihr die Bekanntschaft des Franz Beyer, dem sogenannten Scheelen Franz gemacht?

Antw. Ich habe seine Bekanntschaft zu Haßloch auf der rechten Rheinseite wenige Zeit vor dem Diebstahl zu Würges gemacht. Christian Rheinhard und Peter-Henrichs-Hannadam waren bei uns; dieser leztere ist ein Gevatter zum Scheelen Franz.

Ein zweitesmal habe ich ihn gesehen und gefunden bei Wisloch mit Korb-Hannadam; Christoph Blum und Peter-Henrichs-Hannadam waren bei mir.

Wir giengen bei Gernsheim über den Rhein; von da begaben wir uns auf den Lerchenhof, wo wir den alten Müllerhannes und Lorenz-Peter antrafen, von da haben wir uns nach Jben begeben, wo wir uns aufgehalten haben. Peter Hassinger, welcher den Scheelen Franz schon lang kennt, hat ihn bei mir gesehen. Von Jben sind wir in den Wald beim Hühnerhof gegangen; Johannes Leydecker, sein Schwager Blattan und der Förster Brixius sind zu uns gekommen, damals machte der nemliche Brixius den Vorschlag, einen Juden zu Jllingen zu bestehlen. Der Sammelplaz wurde bei Wolfersweiler, wo Leydecker und Brixius zu uns kommen sollten, fest gesezt; Leydecker wurde den folgenden Tag arretirt und diese Verhaftung war die Ursache, daß er und Brixius nicht auf besagten Sammelplaz gekommen sind. Wir haben aber demohngeachtet unsern Weg bis nach Jllingen fortgesezt, und weil wir die Gegend nicht kannten, haben wir unserm Anschlag entsagt. In der Gegend von Jllingen verließ uns Müllerhannes. Ich bin mit den aadern auf den Breitzesterhof zurük gekehrt, wo wir Jakob Porn von Eissenbach antrafen, welcher mit uns nach Ulmet gegangen ist, wo wir einen Juden beraubt haben. Nach dem Raub haben wir uns bis auf die Treberhannes-Hütt begeben, wo wir getanzt, und die Namens Ludwig von Hahnenbach, Michel Quint von Sesbach und ein andrer, den ich nicht kenne, Musik gemacht haben.

Zu dieser Zeit hatten wir einen Vorfall mit einem Gendarmen, nach welcher That wir unsern Weg über Steichert, Jben, Lerchenhof, Hamm und auf die andre Rheinseite fortsezten, wo wir uns trennten, ohne ihn seither gesehen zu haben.

253) Als ihr nach dem Staudernheimer Diebstahl, in den Wald bei Jben gekommen seid, habt ihr gesehen, daß Georg Friederich Schulz dem Müller Rupp von Jben, einen Abschnitt Ziz als Geschenk gegeben hat?

Antw. Ja, es war ohngefähr eine Elle hiesiger Gegend.

254) Wisset ihr nichts von einem an einem Juden verübten Straßenraub, welcher von Peter Gillmann von Abtweiler und Philipp Schmitt von Jsibodenberg begangen worden seyn soll?

Antw. Ja, ich habe davon reden hören; ich weis auch daß diese zween Individuen zu Birkenfeld angehalten worden sind; ich kann aber keine umständliche Erzählung über diese Sache geben.

255) Wisset ihr nicht, ob Franz Brixius von besagtem Abtweiler Theil an diesem Diebstahl genommen hat?

Antw. Nein.

256) Wisset ihr nicht mehr, daß Johannes Leydecker von Laufchied einmal wegen gestohlenen seidenen Tüchern ist arretirt worden?

Antw. Ja, ich habe selbsten diese besagten Tücher mit Peter-Henrichs-Hannadam und Christoph Blum, einem Juden von Offenbach auf der Straße zwischen Odernheim und Boos gestohlen und habe selbige dem Johannes Leydecker in Kommission zum Verkauf gegeben.

257) Habt ihr diesen Auftrag dem Johannes Leydecker in Gegenwart des besagten Brixius und Baumann gegeben, und habt ihr nicht in Gegenwart dieser zwei Personen gesagt, daß ihr ein französischer Ausreisser seid?

Antw. Nein, ich weis nichts von diesem.

258) Hat euch Leydecker nicht erzählt, daß besagter Brixius und Baumann zu seinen Gunsten dies Zeugniß abgelegt haben?

Antw. Nein, die Geschichte der Tücher hat Anlaß zur Verhaftung des Leydeckers gegeben, welche bis zu seiner Flucht, so zu Koblenz erfolgte, gedauert hat.

259) Habt ihr keine Wissenschaft von etlichen Drohbriefen, welche an den Pfarrer Martini von Wersbach und an die Juden Daniel und Nathan Moschen geschrieben worden sind, und unterzeichnet waren, Hannes durch den Wald?

Antw. Nein, es wäre möglich, daß die zwei lezten Briefe von einem Namens Orth von Kallenfels herrühren.

260) Habt ihr einmal eine Jagdtasche bei dem Sattler Hofmann zu Meissenheim machen laffen, mit der Ueberschrift, Hannes durch den Wald?

Antw. Nein, Johannes Leydecker hat mir eine solche Jagdtasche verschaft, indem er mir sagte, daß er sie selbst gemacht habe.

261) Kennt ihr den Peter Distler von Hundsbach?

Antw. Ja, er ist gebürtig von Schmitthachenbach; er wohnt in Hundsbach neben dem Peter Grünewald, und ich weiß von dem lezteren, daß er einmal mit besagtem Distler, Peter Zuchetto von Urtzig und Johannes Seibert von Lippshausen nach Schmitthachenbach gegangen ist, in der Absicht, einen Bauern allda zu bestehlen. Daß sie schon an seiner Thüre geklopft hatten, indem sie um ein Nachtlager bei ihm anfuchten, und daß auf die Antwort des Bauern, daß er sie nicht beherbergen könne, weil er so viele Franzosen in seinem Haus habe, sie sich zurük gezogen haben.

Nachdem dem Johannes Bückler die Fragen und seine Antworten sind vorgelesen und auf deutsch ausgelegt worden, hat er erklärt, daß der Auffaz Wahrheit enthält und hat mit uns und dem Greffier, der gegenwärtigen Akt abgefaßt hat, unterschrieben.

Unterschrieben: Wernher, Johannes Bückler und Widenlöcher mit Handzügen.

Fortsezzung in Mainz den zweiten Fruktidor zehnten Jahrs, des Abends um halb sieben Uhr.

262) Kennet ihr eine Namens Elisabetha Büchsenschüz, gebürtig von Pirmasens, siebenzehn Jahre alt, ohne Stand, vier Schuh zehn Zoll hoch, blonde Haare und Augenbraunen, graue Augen, erhobene Nase, mittelmäsigen Mund, plattes Kinn, rundes und färbiges Gesicht?

Antw. Nein.

263) Der Namens Johann Adam, Sohn eines Hägereiter über dem Rhein; ist es nicht ein Mann von fünf Schuh sechs Zoll, magerer Gestalt, schwarzer Haaren, welcher einen Finger an der linken Hand verloren hat?

Antw. Diese Beschreibung stimmt mit demjenigen Johann Adam, von welchem ich in meinen vorhergehenden Verhören gesprochen habe, nicht überein. Dieser ist ein junger Mensch von zwanzig Jahren, kleiner Gestalt, aber stark, braune Haare und Augenbraunen, rundes und färbiges Gesicht. Es ist ein Landstreicher und ich vermuthe, daß er in Gesellschaft mit Schwarz-Peter ist, mit welchem er kurz vor meiner Verhaftnehmung, Semm verlassen hat.

264) Habt ihr nicht einem Namens Bückler von Rockenhausen ein Pferd verkauft, welches ihr zu Oberstein gestohlen habt?

Antw. Ja, es war vor meiner Gefangenschaft zu Simmern, ich habe es auf der Hezstermermühle bei Oberstein gestohlen: Dieser Bückler, welcher mein Geschwister-Kind ist, wußte, daß dieses Pferd gestohlen war, und vor dem Diebstahl hatte er mich eingeladen ihm ein Pferd zu bringen: Ich weiß den Preis nicht mehr, welchen er mir dafür zahlte: Niemand war zugegen, als er mich einlud ein Pferd zu stehlen und ihm solches zu bringen, noch als ich es ihm wirklich verkauft habe. Auffer dieser Geschichte hat besagter Bückler an keinem meiner Verbrechen Theil genommen.

265)

265) Ihr habt in euerm Verhör auf die hundert sechs und fünfzigste Frage gesagt, daß ihr das von dem Diebstahl zu Würges hergekommene Weißzeug einem Juden von Esch verkauft habt: sagt mir jezt, wer ist dieser Jud, und auf welche Art hat sich der Verkauf zugetragen?

A n t w. Nach vollbrachtem Diebstahl giengen wir bei Esch vorbei; einer unsrer Bande, welcher entweder Müller oder Pickard war, gieng in das Dorf Esch hinein, und rufte einen jungen Juden von achtzehn bis zwanzig Jahren. Dieser Jud begleitete uns bis auf die Hasenmühl; da und in Gegenwart des Müllers hatten die Niederländer ihm das Weißzeug und Kleidungsstükke, welche wir zu Würges gestohlen hatten, verkauft; Ich weis nicht, wie viel der Jud bezahlt hat, aber ich weis, daß die ihm verkaufte Effekten mit Mühe in einen grosen Sak giengen und daß der Jud ihn fast nicht tragen konnte.

Worauf wir dem Angeklagten das Verzeichniß der bei dem Jud Salomon Herz zu Esch gefundenen Effekten vorgelesen, und welche von der Frau Oberst zu Würges für die Gestohlnen anerkannt wurden.

Nachdem der Angeklagte aufgefordert wurde zu sagen, ob besagtes Verzeichniß alles dasjenige, was dem Juden auf der Hasenmühle verkauft wurde, enthält.

Antwortete er: daß es nicht der zwanzigste Theil seie, das ihm damals verkauft worden; daß er aber diese Gegenstände nicht genau angeben könnte.

Nachdem dem Angeklagten die Leibesbeschreibung des Juden Herz Salomon von Esch ebenfalls vorgelesen und er aufgefodert worden zu sagen: ob diese Beschreibung mit der Person des Juden, welchem die erwähnten Gegenstände verkauft worden sind, übereinstimmte?

Antwortete er: Nein, und daß der Käufer ein junger Mensch war.

266) Habt ihr diesem Juden nicht auch ein Paar, von Kugelreiter zu Regensburg verfertigte Pistolen verkauft?

A n t w. Nein, ich weiß gar nichts von diesen Pistolen.

267) Wisset ihr nichts von einem Diebstahl, der den ersten April lezthin zu Bockenheim begangen worden?

A n t w. Ich weiß nichts davon.

Nach, an den Beklagten geschehner Vorlesung durch Uebersezzung auf deutsch des gegenwärtigen Verhörs, hat derselbe erklärt, daß solches Wahrheit enthalte, und hat mit uns obgenanntem Richter und Commis-Greffier unterschrieben.

Mainz den Tag, Monat und Jahr wie oben, um acht Uhr des Abends.

Unterschrieben: Johannes Bückler, Wernher und Brellinger.

Fortsezzung, Mainz den sechsten Fruktidor zehnten Jahrs, um vier Uhr des Nachmittags.

268) In eurer Antwort auf die 252ste Frage des gegenwärtigen Verhörs sagtet ihr, ihr seiet nach dem Diebstahl von Ulmet auf die Treberhannes-Hütte gegangen, und habet auf dieser Hütte getanzt? Sagt mir nun: ob der Eigenthümer dieser Hütte zu Haus war, ob ihr zuvor in seinem Haus waret, und ob ihr ihn gekannt habt?

A n t w. Der sogenante Wald oder Treberhannes, dessen wahren Namen ich nicht weiß, war nicht zu Haus, wohl aber seine Frau, seine Tochter und sein Tochtermann; sie kennen mich seit langer Zeit, weil ich oft auf seiner Hütte war, ich kann nicht sagen, ob sie auch jene von meinen Kameraden kennen, die nach dem Diebstahl von Ulmet bei ihnen waren.

269) Habt ihr nicht Theil an dem Diebstahl genommen, der in der Nacht vom zwanzigsten auf den ein und zwanzigsten Nivos achten Jahrs, von fünfzehn mit Flinten bewaffneten Räubern, in dem Hause des Peter Riegel von Ozweiler, Kanton Grumbach begangen worden, welcher, als er sich retten wollte, durch einen Flintenschuß getödtet wurde?

A n t w. Ja, ich will ihnen alles gestehen, was ich hiebei zugetragen hat: Ich war oft auf dem sogenannten Welcherterhof. Eines Tages kam ich dahin mit Philipp Gilchert von Wiesweiler und Karl Engers von Sonnschied. Der Sohn des Hofmanns, Heinrich genannt, hatte Umgang mit der Tochter eines Namens Riegel von Ozweiler; allein erhielt abschlägliche Antwort, und die

H h h

Tochter heurathete einen jungen Menſchen von Limbach. Aufgebracht hierüber, munterte er uns auf, beſagten Riegel zu beſtehlen und ſagte: er habe neun hundert Gulden von der Gemeinde Krebsweiler empfangen, ſein Tochtermann habe fünf hundert Gulden beigebracht, und der alte Riegel müßte überdies auch noch viel Geld bei ſich haben. Auf unſere Antwort, daß wir nicht auf dem Plaz bekannt ſeyen, führte gedachter Heinrich mich ſowohl, als den Philipp Gilchert in das Ort und zeigte uns des Riegels Haus. In der Rükkehr begegneten wir einem andern Sohn des Hofmanns, Namens Hannes, der ſo eben von Kirnbacherbach kam, und einem Namens Peter Stibiz von Ozweiler, der, wenn ich nicht irre, von Sienhachenbach gebürtig iſt. Dieſer Mann erzählte uns, daß Juden von Mainz zu Becherbach angekommen ſeyen und bald wieder zurük nach Haus giengen. Hierauf giengen Engers, Gilchert, Stibiz und ich auf Krebsweiler zu. Die Juden kamen wirklich an, aber ſie waren von einer Menge bewaffneter Bauern begleitet; wir kamen ihnen alſo zuvor und begaben uns auf den Steinerterhof, in der Abſicht, ſie da zu erwarten. Auf dieſem Hof trafen wir Johannes Seibert von Lippshauſen mit Chriſtoph Blum von Lautert an. Dieſe vereinigten ſich mit uns, und wir beraubten wirklich die gedachten Juden auf dem Wege zwiſchen Monzingen und Böckelnheim, in der Gegend vom ſogenannten Domberg. Nach dieſem Raub giengen wir durch Schmidtburg nach Kirchen-Bollenbach. Ich fand da die Johann Nikolaus Gimbels Wittib, den Carl Benzel und den Feldſchüz von Dickesbach, genannt Huſaren-Philipp, welchen Namen er von ſeinem Vater, der ehemals Huſar geweſen, hat. Benzel beklagte ſich, daß er kein Geld habe, wir theilten ihm den Vorſchlag mit, welchen uns der ſogenannte Henrich, des Hofmanns von Welchert Sohn gemacht hatte. Benzel trat dieſem Vorhaben bei, und er brachte noch die Namens Jakob Benedum von Konckenlangenbach, Johannes Welſch von Heimbach, Adam N. Glaſer von Ruſchberg und einen Franzoſen, deſſen Namen ich nicht weiß, mit; Carl Engers holte noch den Peter Dahlheimer von Sonnſchied. Von Kirchenbollenbach, wo wir uns in dem Hauſe des Henrich Gimbel, genannt Harz-Henrich verſammelten, giengen wir nach der Schmitthachenbacher-Mühl. Ich war in der Küche bei der Müllerin, die beſchäftigt war, uns ein Eſſen zu machen, als ich einen Schuß hörte, welchen Johannes Welſch nach dem Glaſſer Adam that. Johann Seibert von Lippshauſen und ich ſtellten die Ordnung wieder her, indem wir dem beſagten Johann Welſch einige Hiebe gaben. Von dieſer Schmitthachenbachermühl begaben wir uns gradenwegs, und noch in der nämlichen Nacht nach Ozweiler. Ich klopfte an der Thüre an. Der Tochtermann des beſagten Riegels machte ſie auf, ich trat mit Carl Benzel und Carl Engers in das Haus; indem wir beſchäftigt waren ein Licht anzuzünden, hörte ich vor dem Haus einen Flintenſchuß, ich gieng ſogleich hinaus und fand einen Mann aus dem Hauſe, der von dieſem Schuß getödtet worden. Stibiz ſagte mir, daß er den Mann erſchoſſen habe, weil er ihn gekannt und mit Namen genannt hätte: da ich mit dergleichen Leuten nichts mehr wollte zu thun haben, zog ich mich gleich mit Benzel, Seibert, Blum, Gilchert und Stibiz zurük. Wir nahmen unſern Weg nach dem Soonwald, wo wir uns in einer Barak, Hannes-Hütt genannt, bei Schwarzerden aufhielten. Nachdem wir dieſe Barak verlaſſen hatten, beraubten wir noch auf dem Weg zwiſchen Hene und Schwarzerden, in der Gegend von der ſogenannten runden Buch, zwei Bauern von der Moſel um drei hundert Gulden. Wir theilten dieſe Beute auf dem Schloß Koppenſtein. Seibert und Blum verlieſen uns da. Benzel und Gilchert trennten ſich auch von mir, und es war in dieſer Zeit, wo ich mich mit Stibiz zum erſtenmal auf das rechte Rheinufer begab. Der Abdekker von Boundenbach diente uns als Bote bis nach Bingen. Ich verließ Stibiz in dem Rheingau, und habe ihn ſeitdem nicht mehr geſehen. Dieſer Stibiz iſt ein Zimmermann; ein Bauer aus der Gegend von Wieſſelbach, ſagte mir, er habe ihn auf dem Markt von Breungeborn geſehen, ich vermuthe daher, daß er ſich auf dem linken Rheinufer aufhält. Ich füge noch bei, daß ich einſtmal von Franz Rüb gehört habe, der genannte Henrich, Sohn des Hofmanns von Welchert, habe einmal zu Alben, bei Razweiler mit Carl Engers und dem Feldſchüz von Dikesbach, der Huſaren-Philipp genannt, einen Diebſtahl begangen.

270) Henrich Gimbel, Harz-Henrich genannt, bei dem ihr euch verſammelt habt, wußte er nichts von euerm Vorhaben, den Diebſtahl zu Ozweiler zu begehen?

Antw. Nein.

271) Habt ihr nicht in der Nacht vom drei und zwanzigſten auf den vier und zwanzigſten Nivos achten Jahrs, den Müller zu Schmitthachenbach gezwungen, euch zu eſſen zu geben und habt ihr ihm nicht bei der nemlichen Gelegenheit mehrere Sachen mitgenommen?

Antw. Dieß muß die nemliche That seyn, wovon in der vorhergehenden Antwort die Rede ist, allein ich weiß nicht, daß man Effekten mitgenommen hat.

Nachdem dem Beklagten gegenwärtiges Verhör vorgelesen und auf deutsch ausgelegt war, erklärte er, daß selbiges getreu niedergeschrieben, Wahrheit enthalte und hat mit uns obgenanntem Richter und Commis-Greffier unterschrieben.

Mainz den Tag, Monat und Jahr wie oben, um halb acht Uhr des Abends.

Unterschrieben: Johannes Bückler, Wernher und Brellinger.

Fortsezzung, Mainz den achten Fruktidor zehnten Jahrs, um vier Uhr des Nachmittags.

272) Habt ihr nicht den ein und zwanzigsten Ventos achten Jahrs um ein Uhr des Nachmittags auf dem Weg zwischen Bergen und Herrstein, die Juliana Schillermann, ihren Sohn George-Philipp und Maria Elisabetha Fritsch von Bruchweiler, um eine Doße von Schilkrot mit Beschläg von vergoldetem Silber, ein schwarz seidenes Halstuch und einige Gulden an Geld bestohlen?

Antw. Ja, ich habe diesen Diebstahl mit Karl Benzel begangen, allein wir haben das Geld nicht bekommen, wovon sie sagen.

273) Waret ihr nicht unter den Räubern, welche den acht und zwanzigsten Ventos Jahr acht, mehrere Individuen, die von dem Markt von Birckenfeld zurück kamen, bei Wolfersweiler, eine Stunde von gedachtem Birckenfeld, geplündert haben?

Antw. Nein.

274) Habt ihr nicht am nemlichen Abend verschiedene Individuen, bei dem Schloß Naumburg, Kantons Grumbach angegriffen, die sich dadurch retteten, daß sie schwimmend durch den Nohe-Fluß setzten?

Antw. Nein.

275) Wißt ihr nichts davon, daß am nemlichen Tag ein Bürger bei Weingerod, Kantons Rhaunen, von Stichen durchbohrt, sterbend auf dem Platz blieb?

Antw. Nein.

276) Habt ihr nicht mit einem eurer Kameraden den ersten Germinal Jahr acht des morgends gegen fünf Uhr den Versuch gemacht, auf dem Weg bei Wickenrod, dem Johann Nikolaus Röper und Wilhelm Rumpel Akkersmann von Sonnschied hundert eilf Gulden Steuer zu rauben, und habt ihr nicht diesen Röper mißhandelt, der sich indeß doch rettete, ohne das Geld, so er bei sich trug, zu verliehren?

Antw. Nein.

277) Habt ihr nicht in der Nacht vom eilften auf den zwölften Germinal Jahr acht mit mehreren eurer Kameraden einen Diebstahl von Wasch und andern Sachen begangen, und zwar mit Einbruch und Einsteigung in ein Zimmer unter der Scheuer des Bürger Bernhard Grumenauer, Hirten von Weiden?

Antw. Nein.

278) Wißt ihr nichts von dem Diebstahl, der mittelst falscher Schlüssel in dem Zimmer des Bürger Donnat, Einnehmers der Einregistrir-Gebühren zu Herrstein begangen worden; die gestohlne Sachen bestehen in ein hundert vier und zwanzig Louisd'or, wovon ein hundert eilf in Gold, verschiedene Wasch, Stempelpapier, goldene Uhr und andere Gegenstände waren?

Antw. Nein.

279) Waret ihr nicht, in Begleitung zweier andern, im Monat Prärial Jahr acht bei der Maria Elisabeth, Frau des Georg Leonard, Akkersmann von Ozweiler, und habt ihr nicht eine Flinte mit doppeltem Lauf gekauft? — welche Verbindungen hattet ihr mit dieser Frau? — wer waren die andern, die damals mit euch waren? — und woher wußtet ihr, daß ihr da eine Flinte kaufen konntet?

Antw. Ich war mit Pick und Philipp Arnold da, um einen Jagdhund zu kaufen. Ich habe keine Verbindung mit dieser Frau, und es ist Henrich von Welchenrod, der für Pick die Flinte um einen Louisd'or gekauft hat.

280) In der Nacht vom achtzehnten auf den neunzehnten Brümär Jahr neun wurden durch Erbrechung der Thüre der allein liegenden Gerberei des Leopold Schreiner von Bruchweiler, Kantons Herrstein, sechs Sohlhäute, sechs Louisd'or werth, gestohlen; was wisset ihr von dieser That?

Antw. Ich weiß gar nichts davon.

281) Seid ihr nicht mit drei andern, in der Nacht vom zwei und zwanzigsten Brümär Jahr neun bewaffnet vor das Fenster des Juden Löb zu Kirchenbollenbach gekommen, um in das Innere dieses Hauses zu dringen, habt ihr nicht dabei dem Juden gedroht, ihn umzubringen, wenn er die Thüre nicht aufmache, seid ihr nicht von den Einwohnern des Orts darüber verstört worden?

Antw. Ja, aber es war nur ich und Dahlheimer, und ich habe nicht gedroht, den Juden umzubringen.

281 ½) Habt ihr nicht den neunzehnten Thermidor Jahr neun, zu Bär Levy, Sohn von Levy, gesagt, Einwohner von Baumholder hätten euch eingeladen, die Juden bestehlen zu kommen; nennt mir diese Einwohner?

Antw. Diese Handlung ist nicht wahr.

282) In der Nacht vom zwanzigsten Frimär Jahr neun gegen eilf Uhr des Abends wurde ein Diebstahl mit Einbruch, offenbarer Gewalt und Gewaltthätigkeiten an Personen, bei dem Adam Friedrich, Müller zu Elzbach, durch drei Mann begangen, die vorgaben, daß sie zwanzig an der Zahl und von eurer Bande seien; sie haben achtzehn Franken und einige Effekten erpreßt, und die Müllerin und ihren Bruder mit einem Flintenschuß verwundet. Sagt mir, was wißt ihr von dieser That?

Antw. Ich weiß nichts davon.

283) Wißt ihr die Thäter nicht, die im Monat Nivos Jahr neun auf der Heerstraße bei Abtweiler dem Bürger Kipper von Kirschmoschel die Summe von ein und vierzig Gulden erpreßt haben?

Antw. Ich weiß es nicht.

284) Wißt ihr nichts von dem Leinwand-Diebstahl, der in der Nacht vom dreißigsten Prärial auf den ersten Messidor neunten Jahrs bei Adam Junck, Schullehrer zu Achtelsbach begangen worden?

Ich weiß nichts davon.

285) Den fünften Messidor Jahr neun nach dem Kempfelder Markt, waret ihr nicht mit achtzehn Mann zu Huttgeswasen, habt ihr nicht Posten ausgestellt, und zween Jägern, wovon der eine der junge Keßler war, anbefohlen, auf besagtem Ort zu bleiben und nicht aus dem Wirthshause zu gehen. Wer waren die andern siebenzehn Mann, und aus welcher Absicht habt ihr den Weg besezt?

Antw. Diese That ist mir ganz unbekannt.

286) Habt ihr nicht am nemlichen Tag den Juden Jakob Beer von Ulmet, der vom Soberheimer Markt kam, angehalten, und das Gewehr auf ihn angeschlagen, — und habt ihr nicht, indem ihr seine Börse begehrtet, zwei Gulden und ein Halstuch von ihm erpreßt?

Antw. Das ist nicht wahr.

287) Wißt ihr nicht, daß den siebenten Messidor Jahr neun, dem Michael Welcker, Schneider von Schmelz, auf dem Weg mit offenbarer Gewalt, sechs und zwanzig Franken genommen wurden?

Antw. Ich weiß nichts davon.

288) Welche Wissenschaft habt ihr von dem Diebstal eines sechs Livres Thalers und einiger Sechsbätzner, der zwischen neun und eilf Uhr des Morgens an Conrad Lauer Akkersmann zu Haag verübt worden.

Antw. Ich habe gar keine davon.

289)

289) Sagt mir, wer waren die Thäter des Diebstahls von Zinn, Fleisch und Leinwand, der mit Einbruch durch das Dach in die Behausung des Bürger Heinrich Schmitt, Müller zu Beckersmühl, Gemeinde Ruschberg, begangen worden?

Antw. Jakob Porn hat mir diesen Diebstahl erzählt, den er mit Glaßers-Adam verübt habe.

290) In der Nacht vom siebenzehnten auf den achtzehnten Thermidor neunten Jahrs, wurden siebenzig Pfund gesalzen Fleisch und andere Lebensmittel, dem Johannes Scherer von Weitersbach durch Wegnahme eines Gitters von einem Mann und einer Frau entwendet; kennt ihr diese Diebe nicht?

Antw. Ich habe gar keine Wissenschaft von dieser That.

291) Wisset ihr von dem Diebstahl von Wasch und anderem Geräth, der in der Nacht vom dreißigsten Thermidor auf den ersten Fruktidor neunten Jahrs, in dem Hause des Jakob Kirsch zu Ruschberg, durch eine an dem Dach seines Hauses geschehene Oeffnung, mit Einbruch geschehen ist?

Antw. Nein.

292) Wisset ihr nichts von dem Kleider- und Waschdiebstahl, welcher im Monat Fruktidor neunten Jahrs, in dem Hause des Nikolaus Hinckelmann Akkersmann von Liebsthal mit Einsteigen geschehen ist?

Antw. Nein.

293) Was wißt ihr von dem Diebstahl von zwölf Stükken Leinwand und von Kleidern, welcher den vierten Fruktidor neunten Jahrs bei dem Akkersmann Adam Kern begangen worden?

Antw. Ich weiß nichts davon.

294) Habt ihr nicht, von zwei eurer Kameraden begleitet, in dem Monat Fruktidor neunten Jahrs, den Juden Hirsch von Baumholder, der ehedem zu Kirchenbollenbach wohnte, angegriffen, als er vom Becherbacher Markt kam, und das bei Kirchenbollenbach gegen Abend, und wurdet ihr nicht durch die Ankunft von dem Knecht des Juden, und von Peter Rüb von Kirchenbollenbach, zerstreuet?

Antw. Ich bin gedachtem Juden mit Peter Henrichs Hann-Adam und Christoph Blum begegnet, allein wir hatten die Absicht nicht, ihn zu bestehlen.

295) Wisset ihr nichts von verschiedenen Schaafdiebstählen, die zu Eckersweiler in den Jahren acht und neun begangen worden?

Antw. Nein.

296) Auch nichts von einem Versuch eines Diebstahls, den man in dem Kaufladen von Friederich Weeber zu Altenglan, den drei und zwanzigsten Vendemiär lezthin, gemacht hat?

Antw. Nein.

297) Auch nichts von einem Diebstahl von Bienenkörben, der im Monat Vendemiär lezthin, dem Philipp Dörr von Breidenthal, in seinem an sein Haus stoßenden Garten geschahe?

Antw. Nein.

298) Habt ihr keine Kenntniß von einem anonymischen Brandbrief, der zu Raumbach gefunden worden, und worin dem Michael Maurer Feldschützen gedroht worden, daß man ihm sein Haus anzünden wolle?

Antw. Nein.

299) Kennt ihr nicht einen Namens Karl Michel von Hundsbach?

Antw. Ja, es ist der Sohn des Hofmanns vom Hühnerhof.

300) Habt ihr nicht einmal durch diesen Karl Michel den Juden von Hundsbach Geld abfodern lassen?

Antw. Ja, dieser Michel sagte mir, daß mir die Juden von Hundsbach wohl Geld geben würden, wenn ich ihnen foderte; ich antwortete: wenn es dem so wäre, so möge er nur Geld und Wein von ihnen begehren. Die Juden brachten mir wirklich vier oder sechs große Thaler und Wein in einen Wald bei Hundsbach, wo ich mit Peter Dahlheimer war. Es waren noch Scheer-

I i i

ſchleifer bei uns, die ſich bei Ankunft der Juden ins Gebüſch verbargen, die aber bald wieder, auf einen Pfiff von Peter Dahlheimer heraus kamen. Dieſe Scheerſchleifer haben keine Gemeinſchaft mit mir, ich weiß nur, daß einer von ihnen einen Sohn und drei Tochtermänner hat.

301) Dieſer Karl Michel hat er nicht auch an andern eurer Vergehen Theil genommen?

Antw. Ja, nach dem Diebſtahl, welchen ich zu Offenbach mit Gilchert, Zuchetto und Knapp begieng, brachte er die geſtohlene Waaren auf ſeinem Pferde von Hundsbach bis nach Schliffhes-mühl bei Mettersheim, wofür wir ihm etwas gaben, den Betrag aber weiß ich nicht.

302) Mit welchen Umſtänden geſchah denn dieſer Diebſtahl von Offenbach, wovon ihr ſchon ein allgemeines Geſtändniß in euerer Antwort auf die vier und dreißigſte Frage eures Verhörs vor dem Geſchwornen Direktor zu Mainz, gemacht gehabt?

Antw. Ich war mit Philipp Gilchert auf der Mühle zu Weyden, wo ich Peter Zuchetto, Johannes Knapp von Lipshauſen und den ſogenannten Bucher-Hannes antraf. Zuchetto ſchlecht gekleidet, zeigte Verlangen, einen Laden zu berauben. Gilchert ſagte, er wiſſe den Laden einer Wittwe zu Offenbach, der leicht zu berauben ſeie. Indem wir noch über dies Projekt berathſchlagten, ſagte uns Jakob Gerhard von Weyden, in einer Scheuer zu Weyden ſei ein Bettler, Namens Lippert-ges-Chriſtian, der viel Geld bei ſich habe. Wir wollten wirklich dieſen Diebſtahl begehen, da aber zu viel Leute um die Scheune waren, thaten wir auf dies Projekt Verzicht und nahmen unſern Weg durch Kirchenbollenbach, Röderhof und Langweiler gegen Offenbach. Auf dem Weg trennte ſich Bucher-Hannes von uns und gieng nach Weyden zurük. Zu Langweiler hielten wir uns in dem Hauſe des Peter Schneider auf, bei dem Gilchert ehedem als Knecht gedient hatte. Gilchert, der von Kirchenbollenbach vorans nach Offenbach gegangen war, um die Plätze zu unterſuchen, kam zu uns in das Haus des beſagten Schneider zurük. Dieſer Schneider wußte, daß wir den Diebſtahl begehen wollten, und wir kamen mit ihm überein, zu ihm zurük zu kommen, wenn der Diebſtahl begangen ſei. Der Raub gieng vor mit Ueberſteigung der Mauer des kleinen Hofs, der an das Haus ſtieß und durch Oeffnung des Riegels, womit die Thüre zugemacht war. Zuchetto gieng allein hinein, und warf die Waaren zum Fenſter heraus, von denen wir vier Säkke anfüll-ten. Wir trugen die Waaren in des Peter Schneiders Haus zu Langweiler. Als wir da im Theilen der Beute begriffen waren, kam einer Namens Fiſcher von Grumbach, Bruder der Wittib, die wir beſtohlen hatten, den beſagten Peter Schneider zu benachrichtigen, daß der Friedensrichter im Ort ſeie, um Haus ſuchung zu halten, daß er auch in ſein Haus komme, daß man aber bei einem ſo ehrbaren Mann wie er, nicht viel ſuchen werde, und daß er ſich durch dieſe Maasregel nicht ſolle für beleidigt halten. Wir waren mit unſerer Beute in einem Zimmer neben der Stube, in welcher dieſe Reden fielen, die wir alſo genau hörten. Wir hielten nicht für gut, die Ankunft des Friedensrichters abzuwarten, wir verbargen alſo die geſtohlnen Sachen in das Stroh des be-ſagten Schneiders, und zogen uns in den nah gelegenen Wald zurük.

Den Abend nach der Abreiſe des Friedensrichters kehrten wir in des Schneiders Haus zurük. Wir fanden da nur noch die Hälfte der Beute. Wahrſcheinlich wird ſich Schneider einen guten Theil davon zugeeignet haben. Von Langweiler giengen wir nach Hundsbach. Von da nahm der genannte Karl Michel von Hundsbach die Säkke auf ſein Pferd und brachte ſie auf die Schliffs-gesmühl bei Mettersheim. Hier trennten wir uns, nachdem Gilchert und ich unſere Waaren an Peter Zuchetto und Johann Knapp verkauft hatten, ausgenommen das nöthige Tuch, um uns zu kleiden. Ein Schneider von Lauſchied, deſſen Namen ich nicht weiß, machte uns dieſe Kleider. Ich fand nachher Peter Zuchetto und Johann Knapp auf der Röderbach wieder, und da ſagte mir letz-terer, er habe Lippertges-Chriſtian das Geld geſtohlen. Ich habe ſelbſt die Louisd'or geſehen, die er dem armen Mann genommen hatte.

303) Ihr habt ſchon eingeſtanden, daß ihr Theil an dem Raub genommen habt, der zu Baierthal bei Wisloch geſchah; wißt ihr keine nähere Auskünfte von euern Mitſchuldigen zu geben?

Antw. Ich war mit Chriſtoph Blum an einem Ort an der Landſtraße bei Sinzheim. Der ſogenannte Müller von der Niederländer Bande kam hier zu uns und ſagte uns: er wiſſe zu Wall-dorf einen ſehr reichen Mann, den er zu beſtehlen vorgenommen habe, und daß wir uns in ein, Heidelberg gegen über liegendes Wirthshaus, (wenn ich nicht irre) Sommerberg genannt, bege-ben müßten, wenn wir an dieſer Expedition Theil nehmen wollten.

Ich gieng wirklich mit Blum dahin, und fand da den gedachten Müller mit fünf andern, wovon ich keinen dem Namen nach kannte, als Anton Heinz. Unter den Kameraden Müllers, befand sich auch ein Jude, der ziemlich groß ist. Da wir weder Waffen noch Geld, um deren zu kaufen hatten, bat mich Müller, ihm den mit Steinen besetzten Ring, welchen ich dem Juden Herz von Ulmet gestohlen hatte, zu geben. Der Jude versetzte ihn zu Heidelberg bei einem Juvelen-Händler (der mit der niederländer Bande in enger Verbindung steht) für eine Louisd'or und kaufte mit diesem Geld zwei Pistolen. Von Heidelberg gingen wir gegen Walldorf, allein ein Trommel-schlag, den wir in der Nachbarschaft hörten, machte uns halt machen. Anton Heinz gieng auf Ent-deckung, und berichtete uns, daß Soldaten im Ort seyen. Wir gaben also dies Project auf, und zogen uns in einen Wald bei Wisloch zurück. Der Jude that hierauf den Vorschlag, einen Juden zu Bayerthal zu berauben. Das Projekt ward ausgeführt, mittelst Erbrechung einer mit einem Balken befestigten Thüre. Sie gingen alle in das Haus, ausgenommen Anton Heinz und ich. Der Raub war ziemlich beträchtlich an Waaren, und mein Büchsenranzen war voll mit Silbergeräth. Nach dem Diebstahl nahmen wir unsern Weg gegen Meßbach, als es anfieng Tag zu werden, theilten wir uns in zwei Partheien, Müller, Anton, der Jude und ein anderer Nie-derländer giengen voraus. Ich folgte ihnen mit Blum und zween andern Niederländern. Bei einem Ort, das gewöhnlich Staufen genennt wird, fand ich eine Menge bewafneter Bauern in Bewegung. Ich vermuthete sogleich, daß man schon auf unsrer Spur sey, und daß man schon nach unsern Kameraden war, die uns voraus gegangen waren. Wir nahmen die Flucht, wurden aber von allen Seiten verfolgt; wir warfen unsre Beute weg, und die zwei Niederländer, welche bei uns waren, verbargen sich ins Gras; allein das Feld war bald umgeben, und ich habe Ursache zu glauben, daß sie arretirt wurden. Endlich erreichte ich mit Blum ein Gehölz, wir wählten einen dicht belaubten Baum, auf dem wir uns verbargen. Sturmglofken ertönten von allen Seiten, und die Abtheilungen von Bauern durchliefen das Gehölz, wo wir verborgen waren, entdekten uns aber nicht. Den Abend begab ich mich nach Woogshausen, und fand da Müller, Heinze, meine Frau und die einiger andern. Wir waren auf dem Speicher eines Wirths Namens Fuchs. Hier sagte mir Müller, daß zwei seiner Kameraden arretirt worden. Kaum waren wir da, als pfälzische Jäger, und fränkische Jäger vom deutschen Orden das Dorf umgaben und den Speicher untersuchten, wo wir waren. Müller wurde verhaftet, ich verbarg mich ins Heu, wo man mich nicht wahrnahm. Müller wurde bald von dem Amtmann freigelassen; Blum, der sich unter die Oestreicher anwerben ließ, wurde an die Civilgewalten ausgeliefert. Was mich anbelangt, so gieng ich den Neckar wieder hinauf bis Heilbronn, wo ich Post nahm, und ruhig den Schwarzwald erreichte.

Nach einem kurzen Aufenthalt in dieser Gegend, kehrte ich ins Wirtembergische zurük in den Odenwald, wo ich bei Michelstadt meine Frau wieder antraf, die mir sagte, daß sie auch mit andern Weibern zu Wooghausen gefangen gewesen sei, daß man sie aber freigelassen habe auf ihre Aussage, daß sie keine Gemeinschaft mit den andern habe.

Nachdem man dem Angeklagten gegenwärtiges Verhör vorgelesen und auf Deutsch ausgelegt hatte, erklärte er, daß solches getreu niedergeschrieben sei und Wahrheit enthalte und hat mit uns obgenanntem Richter und Commis-Greffier unterschrieben.

Mainz den Tag, Monat und Jahr wie oben, um neun Uhr des Abends.

Unterschrieben, Johann Bückler, Wernher und Brellinger.

Fortsezzung Mainz den zehnten Fruktidor zehnten Jahrs um sieben Uhr des Abends.

---

304) Wisset ihr gar nichts von einem Diebstahl von fünf Pferden, der im Monat Septem-ber ein tausend acht hundert eins zu Dizebach, im Hessendarmstädtischen geschah?

Antw. Ja, der sogenannte Schwarze Friedrich und der sogenannte Hannes, ehemals kai-serlicher Fuhrwesensknecht haben diesen Diebstahl begangen. Sie sind in der Gegend von Okriftel über den Main gegangen und haben die Pferde in den Grafschaften Westerburg und Hohensolms verkauft. Ich habe diese That von besagtem Friedrich. Dieser war vor ebenerwähntem Diebstahl zu Braunfels verhaftet, und seitdem ließ er sich zu Limburg unter die Reichstruppen anwerben.

Der sogenannte Hannes ist auch unter dem Namen Stückknecht bekannt und hält sich gewöhnlich zu Dieffenbach in der Grafschaft Widde auf oder zu Runckel, oder im Westerburgischen.

Nachdem dem Angeklagten gegenwärtiges Verhör vorgelesen und auf Deutsch ausgelegt war, erklärte er, daß solches Wahrheit enthalte, und hat mit uns obgenanntem Richter und Commis- Greffier unterschrieben.

Mainz den Tag, Monat und Jahr wie oben, um ein Viertel auf acht Uhr.

Unterschrieben, Johannes Bückler, Wernher und Brellinger.

Fortsezzung vom dreizehnten Fruktidor zehnten Jahrs, um vier des Nachmittags.

305) Hat euch nicht vor zwei Jahren die Tochter des Ex-Agenten Platau von Lauschied, auf der sogenannten Hotermühl, Nachricht von der Ankunft der Gendarmen gegeben, und habt ihr nicht auf den Brigadier besagter Gendarmen geschossen?

Antw. Weder die Tochter von Platau, noch ihr Vater haben mir je eine solche Nachricht gegeben, und es ist falsch, daß wir auf gedachte Gendarmen geschossen haben; wir ließen unsre Flinten los, aber keineswegs auf die Gendarmen; als diese aber die Schüße hörten, verfolgten sie uns, und wir zogen uns auf kleine Hügel in dem Wald zurük, wo sie uns nicht fanden.

306) Hat euch der sogenannte Hünerhof nicht dazu gedient, euere gestohlne Sachen zu verbergen, und zwar in einem daselbst befindlichen unterirdischen Behälter?

Antw. Nein, ich hatte da niemals unsere Beute niedergelegt, wohl aber hatte ich in der Gegend benannten Orts und in dem nah gelegenen Wald, oft gestohlene Pferde.

307) Hat euch der Wirth Osseus zu Medersheim nicht in seinem Haus verborgen?

Antw. Nein, ich kenne ihn wohl seit der Zeit, als ich noch beim Abdekker zu Bärenbach in Diensten war; allein ich habe in der Folge sein Haus nicht mehr besucht, als um zu essen und zu trinken, und ich habe keine Gemeinschaft mit ihm.

308) Zu eurer Antwort auf die 57ste Frage, habt ihr erklärt, daß der sogenannte Maus zu Semd euch bekannt seie, daß er gestohlne Sachen gekauft habe, und besonders von Georg Friedrich Schulz: Könnt ihr davon Proben aufstellen?

Antw. Ich weiß es von Georg Friedrich Schulz selbsten, daß er mit besagtem Maus in Verbindung war, und daß dieser Maus, so wie ein gewisser Johann Henrich und der Müller Semd, Gildner genannt, verschiedene, durch gedachten Schulz gestohlne Sachen gekauft haben. Was mich betrifft, so habe ich den beiden Erstern nichts verkauft, wohl aber habe ich zu zweimalen auf der Mühle des Leztern, an einen gewissen Henrich Rapp von Habizheim Pferde verkauft, die ich zu Limbach und Hahnmühl, auf dem linken Rheinufer gestohlen hatte. Dieser Verkauf geschah vergangenen Winters, in Gegenwart des Müllers, der eben sowohl, als der gedachte Rapp wußte, daß die Pferde gestohlen seyen, und der Müller selbst ließ den Rapp rufen.

309) Hat euch besagter Maus nicht gesagt, woher er wisse, daß ein gewisser Feist und andere, die ihr in euerm obgemeldten Verhör angegeben habt, den Pfarrer von Neunkirchen bestohlen haben?

Antw. Nein.

310) Derjenige, welchen ihr in euerm gemeldtem Verhör unter dem Namen Fleischmann angegeben habt, nennt er sich nicht auch Steckenreuter?

Antw. Ich weiß es nicht.

311) Habt ihr keine Wissenschaft davon, ob das Pferd, welches besagter Maus von dem Förster Greser von Semd gekauft hat, gestohlen war?

Antw. Nein, ich weiß nichts davon; ich weiß blos, daß ihm einmal gestohlene Pferde wieder abgenommen worden, und ich muß noch hinzusezzen, daß er mir einmal angelegen, ihm ein gestohlnes Pferd zu bringen; da er es aber auf Kredit haben wollte, eilte ich nicht sehr ihm

Genüge

Genüge zu leisten. Es war vergangenes Frühjahr, wo ich mich acht oder vierzehn Täge auf besagter Mühle aufhielte.

312) Habt ihr nicht an einen gewissen Löb Schwab zu Darmstadt einen Brief geschrieben, oder schreiben laffen , worin man die Summe von sechs Louisd'or von ihm begehrte, und solche an den Wirth Schaffner zu Wolfskehl abzugeben?

Antw. Ich weiß gar nichts hiervon , und der Brief, den fie mir fo eben zeigten, ift wie fie felbft wiffen, nicht von meiner Hand geschrieben.

Nachdem man dem Beschuldigten gegenwärtiges Verhör vorgelesen und auf deutsch erklärt hatte , fagte er, daß folches getreu niedergeschrieben fei, Wahrheit enthalte und hat mit uns obgenanntem Richter und Commis-Greffier unterschrieben.

Mainz den Tag, Monat und Jahr, wie oben, am fieben Uhr des Abends.

Unterschrieben Johannes Bückler, Wernher und Brellinger.

Fortfezzung vom vierzehnten Fruktidor zehnten Jahrs, um drei Uhr des Nachmittags.

313) Wißt ihr nicht, warum der Sohn von Johannes Berg, durch die Brüder Zerfas von der Langenhek bei Vilmar umgebracht worden?

Antw. Es war in einem Wortftreit, worin Berg dem genannten Zerfas vorwarf, daß er ein Gewölb beftohlen habe, worin die Nonnen eines Klofters in felbiger Gegend ihre Koftbarkeiten verborgen gehabt.

314) Was war dann die Urfach, weswegen Johann Adam Berg der Vater , in Gefolg diefes Mords feines Sohns, in Verhaft genommen worden?

Antw. Ich weiß es nicht.

315) Wißt ihr nichts von dem Diebftahl, welchen befagter Berg zu Nonnhaufen bei Simmern begieng?

Antw. Nein.

316) Wie alt ift der Namens Johann Adam (Juber) Krämer und Mufikant von Hinzerod, von dem ihr in eurer Antwort auf die 191fte Frage gesprochen habt?

Antw. Es ift ein Mann von dreißig Jahr.

317) Wißt ihr nicht, ob befagter Adam Berg zu Kirchberg, wegen einer zu Laufersweiler begangenen Gelddiebftahl verhaftet war?

Antw. Nein.

318) Wann trat die Tochter des befagten Berg in eure Dienfte?

Antw. Auf Oftern ein taufend acht hundert eins. Sie verließ mich gegen Weyhnachten und kam vergangenes Frühjahr wieder zu mir; feit diefer Zeit verließ fie mich nicht mehr, bis zu meiner Verhaftung zu Limburg.

319) Habt ihr nicht einmal den Plan gemacht, mit befagtem Adam Berg zu Mettenheim einen Diebftahl zu begehen?

Antw. Nach dem Diebftahl von Erbesbüdesheim kam ich mit Johann Nikolaus Müller, Butla genannt, nach' Lerchenhof; ich fand da befagten Berg, der ein Allmofen von mir begehrte. Ich gab ihm einen weißen Rok, dem ich dem Juden zu Erbesbüdesheim geftohlen hatte. Bei diefer Gelegenheit fagte mir Berg, er wiffe zu Mettenheim einen Juden der viel Geld habe , er wolle die Plözze ausfpähen, damit wir ihn bei meiner Zurükkunft über den Rhein, wohin ich hierauf gieng, beftehlen könnten. Da ich aber Berg auf dem linken Rheinufer nicht mehr fahe, fo wurde diefes Vorhaben nicht ausgeführt.

320) Ihr habt in eurem vorhergehenden Verhör gefagt, daß diefer Berg fich befonders darauf verlegt habe, auf Märkten Diebftähle zu begehen: Könnt ihr keine genauere Auskunft deßfalls geben?

K k k

Antw. Ich weiß dies nicht allein von gesagtem Berg, sondern auch von seiner Tochter. Ich weiß, daß er auf dem Benßheimer Markt, wo er sich gegen Pfingsten ein tausend acht hundert eins aufhielt, Schuhe gestohlen hat, und ich habe ihm selbst ein Paar von diesen Schuhen abgekauft und mit dreizehn Bazzen bezahlt.

321) Bei wem habt ihr zu Kleinrohrheim gewohnt, als die Tochter des Berg in eure Diensten trat?

Antw. Bei einem gewissen Altdorfer, der nicht wußte, daß ich Schinderhannes sei, sondern würklich glaubte, daß ich ein Kaufmann wäre und Jakob Ofenloch heiße.

322) Hattet ihr nicht ehemals den Namen Daniel?

Antw. Nein ich habe niemals diesen Namen gehabt.

323) Habt ihr nicht einmal Wortwechsel gehabt mit denen Krügkrämern, Namens Grünewald?

Antw. Wilhelm Rheinhard fieng mit dem besagten Grünewald, in einem Garten ausser dem Ort, einen Wortwechsel an, ich kam dazu mit Christian Rheinhard; unsre Gegner waren die Brüder Stephan, Ludwig und Johann Adam Grünewald, ihre Schwäger Peter Weingärtner, genannt Lange Peter, und Peter, N. genannt Herzog, auch rauhe Peter; endlich nahmen Martin Delis, genannt Zahnfranzen Martin, und dessen Bruder Henrich Delis, der durch Lorenze Peter, bei Darmstadt umgebracht worden, die Flucht. Auf meiner Seite waren noch nebst den Brüdern Rheinhard, Johann Adam Hofmann, genannt Peter Henrichs Hanns-Adam. Was diese Grünewald und ihre Schwäger angeht, so weiß ich nichts, das sie verdächtig machen könnte, ausgenommen, daß sie auch Landstreifer und Kameraden von Zahnfranzen Martin sind, welcher, wie sie wissen, mehrere Diebstähle begangen hat.

324) Habt ihr nicht im Monat November, ein tausend acht hundert auf dem Reichenbacher Hof, einem gewissen Johann Peter May, von Spaabrücken einen Brief gegeben, um ihn dem Verwalter des Eisenwerks zu Grevenbach zu geben, und worin ihr von gedachtem Verwalter zwanzig Louisd'or als ein Darleihen begehrt habt?

Antw. Nein.

325) Hat euch nicht besagter Verwalter durch einen gewissen Matheus Haupt den andern Tag sagen lassen, daß er euch gar kein Geld zu geben habe, und habt ihr nicht gedachtem Haupt geantwortet, ihr würdet nun zum erstenmal Christen angreifen?

Antw. Nein.

326) Seid ihr nicht den zweiten Tag darauf an gedachter Eisenhütte vorbeigegangen und habt ihr nicht noch am nemlichen Tag, auf der Landstraße bei Eckweiler die Bürger Karl Anspach und Jakob Hanzmann von Monzingen beraubt?

Antw. Nein.

327) Habt ihr dann niemals dem Verwalter von Grevenbach einen Brief geschrieben oder von euern Kammeraden schreiben lassen, worin ihr Geld von ihm gefodert habt?

Antw. Nein.

Worauf wir dem Beschuldigten die zwei, No. 305 der Procedur-Akten beiliegende Briefe *) vorgezeigt und ihn aufgefodert haben, zu sagen: ob er uns nicht den Verfasser dieses Briefs anzeigen könne?

Er antwortete, er kenne die Schrift nicht.

328) Wißt ihr nichts von einer Schlägerei, die zu Lindenschied, im Monat September ein tausend sieben hundert fünf und neunzig vorgefallen, und wobei ein Mann umkam, und zween andere gefährlich verwundet worden?

Antw. Ich weiß von Johannes Leydecker von Lauschied, der bei dem Streit zugegen war, welcher zwischen einem gewissen kleinen Schnallepitchen, Jakob Krämer von Lippshausen, Blackenklos und Georg Reidenbach von Lauschied vorgefallen war. Bastian blieb todt auf dem Plaz: Schnallepitchen starb einige Tage drauf an seinen Wunden. Jacob Kremer, auch der Buchbinder oder Ildes-Jocob genannt, wurde zu Koblenz guillotinirt; Blackenklos wurde zu Baldenau von Johann Seibert in meiner Gegenwart umgebracht und Georg Reidenbach Lauschieder Hanjörg genannt, wurde zur Galeere verurtheilt.

*) Sieh den zweiten Band, Seite

Nachdem dem Angeklagten gegenwärtiges Verhör vorgelesen und auf Deutsch ausgelegt war, erklärte er, daß solches Wahrheit enthalte und hat mit uns obbesagtem Richter und Commis-Greffier unterschrieben.

Unterschrieben: Johannes Bückler, Wernher und Brellinger.

Fortsezzung vom fünfzehnten Fruktidor zehnten Jahrs.

329) In eurer Antwort auf die 191ste Frage habt ihr schon von dem Meuchelmord des genannten Blackenklos gesprochen, und in jener auf die vorhergehende Frage habt ihr angegeben, daß diese That in eurer Gegenwart geschehen sei; sagt mir nun, warum und auf welche Art wurde dieser Mord vollbracht?

Antw. Blackenklos hatte zu Schnappenbach bei Kirn, einer gewissen Botsliß oder Grosliß alle ihre Effekten geraubt. Ich kam den andern Tag gegen Abend mit Jakob Fink von Weiler und Johann Seibert von Lippshausen nach gedachtem Schnappenbach. — Diese Frau beklagte sich bei uns über die üble Behandlung die sie von ersagtem Blackenklos erlitten habe, bat uns zugleich, genanntem Klos wieder abzunehmen, was er ihr eben gestohlen habe. In Begleitung dieser Frau verfolgten wir ihn von Ort zu Ort und erreichten ihn endlich auf dem Schloß von Baldenau, wo er mit der Tochter eines gewissen Zunder Paul war, der ein auf dem Hundsrück herumziehender Landstreicher ist. Wir stellten ihn zu Rede, warum er die genannte Liß bestohlen habe; ohne hinreichende Antwort zu geben, wollte er in sein Zimmer fliehen, wahrscheinlich in der Absicht sich seiner Pistolen zu bemächtigen. Ich hielt ihn zurük und er zog ein Messer aus dem Sack. Ich hielt ihm den Arm fest, und hinderte ihn mich zu erstechen. Seibert, den ich zu Hilfe rief, nahm einen dicken Stock und gab besagtem Blackenklos einige Schläge auf den Kopf, daß er zu Boden fiel. Seibert, der wegen dem Vorfall bei Lindenschied, wo sein Kammerad Bastian umkam, noch einen Groll auf Blackenklos hatte, nahm das Messer, das Blackenklos gezogen hatte, und stieß es ihm wiederholtermalen in die Brust

Hierauf nahm die Grosliß die Effekten, die ihr Blackenklos entwendet hatte, und wir giengen davon, ohne etwas von den Sachen die Blackenklos gehörten, anzurühren, ein Messer und eine Dose ausgenommen, die sich Seibert zueignete. Ich nahm seine Hosen und Jacob Fink seine Stiefel. Ich füge noch hinzu, daß sich zwischen Schnappenbach und Baldenau noch Klers-Philipp zu uns gesellte und daß er gar keinen Antheil weder an dem Diebstahl des besagten Blackenklos noch an seinem Mord nahm.

330) Hattet ihr bei dem auf der Mühle des Bürger Krazmann bei Merrheim begangenen Diebstahl auch Schießgewehr bei euch?

Antw. Ja, wir waren alle mit Waffen versehen.

331) Bei dem Diebstahl zu Neudorf waret ihr auch bewaffnet?

Antw. Ich, Christian Rheinhard, Johann Adam Steininger und Johann Leydecker trugen Schießgewehr, ich weiß aber nicht, ob Kremer Antons Joseph auch bewafnet war.

332) Seid ihr nicht einige Zeit nach dem Diebstahl von Neudorf des Nachts an diesem Hof vorbeigegangen, und habt an der Thüre des Hofmanns geklopft?

Ant. Nein.

333) Wißt ihr dann nicht, daß Carl Stieh von Feil versucht hat, auf gesagtem Hof zu stehlen?

Antw. Nein.

334) In welchem Verhältniß waret ihr mit Carl Stieh?

Antw. Ich habe ihn zweimal in seines Vaters Haus gesehen, der ein Wirth ist, und einigemal auf der Jagd; allein er hat an gar keinem meiner Verbrechen Theil genommen.

335) Kennt ihr nicht einen Namens Peter Yong, Hussar beim vierten Hussarenregiment?

Antw. Nein.

336) In eurer Antwort auf die 210te Frage habt ihr gesagt, daß ihr zu Merrheim zwei silberne Schnallen gestohlen habet, und in jener auf die 242ste sprecht ihr von drei silbernen Schnallen: Welche von diesen Antworten ist nun der Wahrheit gemäß?

Antw. Wir haben zwei Paar silberne Manns- und ein Paar Weibsschnallen gestohlen, und auf diese Art muß dieser scheinbare Widerspruch gehoben werden.

Nachdem dem Beschuldigten gegenwärtiges Verhör vorgelesen und auf deutsch ausgelegt war, hat er erklärt, daß solches getreu niedergeschrieben seie, Wahrheit enthalte, und hat mit uns Richter und Commis-Greffier unterschrieben.

Unterschrieben: Johannes Bückler, Wernher und Brellinger.

Fortsezzung vom ein und zwanzigsten Fruktidor zehnten Jahrs, um drei Uhr des Nachmitags.

337) Wer ist dann der Juden-Peter, mit dem ihr auf dem Breitwieser-Hof bei Umbstatt waret, als ihr die Bekanntschaft mit Christian Rheinhard gemacht habt?

Antw. Es ist Peter Stibiz, der dem Vorgang bei Ozweiler beigewohnt hat; er hat den Namen Juden-Peter, weil er ein Judenmädchen von Seibersbach bei sich hat.

338) Wo seyd ihr von diesem Breitwieserhof mit Christian Rheinhard und andern Kameraden hingegangen?

Antw. Wir giengen bis nach Asler bei Wezlar, ohne was zu unternehmen. Hier war es, wo ich mit Christian Rheinhard und den andern Wortwechsel hatte, und wo sie mir den Arm brachen.

339) Ehe ihr mit euern Kameraden auf die Mühle zu Merzheim gienget, um da den Diebstahl zu begehen, waret ihr nicht in dem Ort?

Antw. Ich hatte wohl besagte Mühle verlassen, um Vorbes-Friz zu erwarten; allein ich kam nicht ins Ort.

340) Bestehet ihr darauf, daß ihr das Tuch, so Vorbes-Friz und sein Kamerad von euch verlangt haben, an den euch von ihnen angezeigten Ort hingelegt habt?

Antw. Ja, Peter Henrichs Hann-Adam legte ein Stük Bibre dahin.

341) Hat der Jude von Merzheim, als ihr zu ihm auf den Speicher gekommen seid, nicht ein Messer gezogen, um sich zu vertheidigen?

Antw. Ich könnte nicht sagen, daß gedachter Jud ein Messer gegen mich gezogen hätte; wahr ist es aber, daß ich ihm ein Messer nahm, so er in der Hand hatte.

342) Wo wurden die Speißen, die euch der Schullehrer von Oberhausen, nach den Diebstählen von Merzheim und Laufersweiler, in die Bergwerke von Lemberg brachte, zubereitet?

Antw. Bei einem Namens Wilhelm Bollenbach, Oehlmüller von Oberhausen, und wir haben sie ihm bezahlt.

343) Habt ihr nie Tuch in die Scheuer des Bürger Keßlers zu Gribelschied gelegt?
Antw. Nein.

344) Wurde euch dieses Tuch nicht von eueren Kameraden gestohlen?
Antw. Nein.

345) Als ihr in dem Hause des besagten Keßlers getanzt habt, stelltet ihr nicht eine Wache vors Haus?

Antw. Ja, gesagter Keßler stellte einige Wachen aus; ich habe sie bezahlt, aber ich weiß ihre Namen nicht; übrigens nahm besagter Keßler keinen Antheil an irgend einem meiner Vergehen, und da er Wirth ist, konnte er sich nicht wohl davon frei machen, mich in sein Haus aufzunehmen.

346) Wo habt ihr die zu Bayerthal gemachte Beute getheilt?
Ant. In einem Wald bei Wimmerbach.

347) Habt ihr in eurer Antwort auf die zwei hundert neun und sechszigste Frage all jene genannt, die dem Vorgang von Ozweiler beigewohnt haben?

Antw.

122

Antw. Es war weiter niemand dabei als ich, Philipp Gilchert, Carl Engers, Peter Stibiz, Carl Benzel, Husaren-Philipp, Jakob Benedum, Johann Welsch, der Glaßer Adam von Ruschberg und ein Franzos, so wie auch Peter Dalheimer, Johann Seibert von Lipshaußen und Christoph Blum von Lautert.

348) War Henrich Gimbel von Kirchenbollenbach nicht mit euch auf der Mühle von Schmitthachenbach, wo ihr euch aufgehalten habt bevor ihr nach Ozweiler gegangen seid?

Antw. Nein.

349) Hat nicht der nemliche Gimbel Droh-Briefe überbracht und, von euch gestohlene Pferde, verkauft?

Antw. Nein.

350) Ihr sagtet in eurer Antwort auf die 271ste Frage, ihr wißet nicht, daß auf der Mühle zu Schmitthachenbach gestohlen worden: Müßt ihr nicht gestehen, daß Gilchert auf besagter Mühle dem Peter Bart, Tochtermann des Michel Horbach Müller allda, sechs Bazen gestohlen hat und die andere, Kleider, Strümpf und Schuhe? Daß sie gesagtem Horbach die Pistole auf die Brust sezten, um Geld von ihm durch Drohungen zu erpressen, und daß sie im Fortgehen die Fenster zerbrachen?

Antw. Ich weiß nichts von einem Diebstahl, ich erinnere mich aber, daß Christoph Blum die Fenster zerbrochen hat.

351) Habt ihr niemals etwas mit einem Namens Adam Weichel, Maurer zu Ozweiler, zu thun gehabt?

Antw. Ehe wir auf dem Domberg die Mainzer Juden bestohlen haben, kam ein gewisser Weichel von Ozweiler zu uns auf die Mühle des Bürger Willmann bei Schmitthachenbach, wo wir uns aufhielten; von da schikte ihn Stibiz nach Becherbach um sich zu erkundigen, ob die Juden noch da wären; er kam mit der Nachricht zurük, daß sie noch da seien.

352) Kennet ihr die Wittwen von Johann Nikolaus Gimbel und von Henrich Drechsler von Kirchenbollenbach?

Ant. Ja, mein Vater hatte ehemals da, und zwar bei der Wittib Gimbel gewohnt; des Drechslers Haus war ein Wirthshaus; ich besuchte sie daher einigemal, wenn ich diese Oerter durchging, sie haben aber an keinem meiner Vergehen Theil genommen.

353) Als ihr auf dem Wikkenhof getanzt und da eine Uhr verloren habt, stelltet ihr nicht einen als Wache aus, und wer war dieser?

Antw. Es ist wahr, daß ich mit meiner Frau einmal da getanzt habe, selbst ehe ich sie mit mir nahm; ich habe auch in diesem Haus eine Uhr verloren, aber es war niemand Wache für mich gestanden.

354) In welcher Verbindung waret ihr mit David Willmann, Müller auf der Rothmühl bei Fischbach?

Antw. Ich war zwei oder dreimahl auf gesagter Mühle, aber ich hatte keine Gemeinschaft mit ihm.

355) In welchem Verhältniß stehet ihr mit Johann Nikolaus, ehemaligem Beständer vom Wikkenhof, nun zu Hobstätten wohnhaft?

Antw. Ich kenne ihn seitdem mein Vater in besagtem Hobstätten gewohnt hat, er hat gar keine Gemeinschaft mit mir.

356) Kennt ihr einen Namens Adam Dries, Korbmacher und Krämer zu Sien, der sonst zu Becherbach wohnhaft?

Antw. Ich kenne ihn nicht.

357) Kennt ihr einen Juden von Becherbach, Namens Joseph Deutsch?

Antw. Ja, ich trank einmal mit Peter Dalheimer den Caffee bei ihm: er zahlte mir eine Louisd'or daß ich ihm für einen andern Juden von Becherbach einen Paß verschaffen mögte. Henrich Gimbel von Kirchenbollenbach war dabei.

L l l

358) Kennt ihr einen Namens Peter Schneider von Aulenbach?

Antw. Ich kenne einen Einwohner von Aulenbach, der der Sohn von einem Namens Johann Jakob Wirth zu Frohnhausen ist. Ich brachte einmal mit Müllerhannes, Georg Friedrich Schulz, dem Glaserhannes von Ruschberg, vier und zwanzig Stunde in seinem Hause zu, er gab uns zu essen und zu trinken, er hat aber an keinem meiner Verbrechen Theil genommen.

Nachdem man besagtem Beklagten gegenwärtiges Verhör vorgelesen und auf deutsch ausgelegt hatte, erklärte er, daß solches wahrhaft niedergeschrieben sei und Wahrheit enthalte und hat mit uns und dem Commis-Greffier unterschrieben; Mainz den Tag, Monat und Jahr wie oben um drei viertel auf sieben Uhr des Abends.

Unterschrieben Johannes Bückler, Wernher und Brellinger.

Fortsezzung, Mainz den 29sten Fruktidor zehnten Jahrs.

359) Ihr habt in eurer Antwort auf die 25ste Frage gesagt, daß der Oehl-Müller Vollenbach zu Oberhausen für euch zu Kreuznach Schießpulver gekauft habe; zu welcher Zeit geschah dies, von wem waret ihr damals begleitet, und welchen Gebrauch wolltet ihr von dem Schießpulver machen?

Antw. Ich erinnere mich weder der Zeit noch meiner Kameraden mehr, dann ich war so oft auf dieser Mühl, daß es mir unmöglich ist, wann diese Sache geschah, genau anzuzeigen; ich glaube jedoch daß es vergangnen Winter war, als ich mit Christian Rheinhard, Johann Martin Rinkert, Krug Joseph und andern in dieser Gegend war. Ich gebrauchte das Pulver bei keinem Diebstahl. Ich kann sogar nicht sagen, daß mir Vollenbach Kuglen gegossen habe, ich kann vielmehr glauben, daß er mir blos Jagdblei zu Kreuznach gekauft hat. Vollenbach konnte auch glauben, daß ich mich dessen zur Jagd bedienen wolle.

360) In eurer Antwort auf die 58ste Frage sagtet ihr, daß das Pferd, welches ihr zu Hundsbach mit Allenbachers Peter gestohlen habt, durch Grote von Ekkelsheim auf das rechte Rhein-Ufer geführt worden, und in der Antwort auf die 235ste Frage sagtet ihr, ihr hättet euch bei Grote mit den zu Limbach gestohlnen Pferden aufgehalten. Habt ihr nicht diese beide Handlungen miteinander vermischt, und auf welche Art sind diese verschiedne Sagen zu vereinigen?

Antw. Grote führte mir nur das zu Hundsbach gestohlne Pferd auf das andre Rhein-Ufer, ich habe mich aber auch in seinem Haus aufgehalten mit den zwei zu Limbach gestohlenen Pferden.

361) Auf welche Art habt ihr dann das Pferd zu Hundsbach gestohlen?

Antw. Allenbachers Peter führte mich bis zum Stall, er gab mir auch eine Pflugs-Schaar um die Thüre zu sprengen; aber ich hatte nicht nöthig mich derselben zu bedienen, dann ich gieng in die Scheuer durch ein in der Wand befindliches Loch. Von da stieg ich in den Stall hinunter, wo ich das Pferd nahm und durch die Thüre wieder aus dem Stall ging, die ich inwendig, indem ich den Riegel wegschob, öffnen konnte.

362) Ihr habt in eurer Antwort auf die 141ste Frage gesagt: Allenbachers Peter habe einmal von dem Müller auf der Alten-Hekker-Mühl Geld erpreßt; könnet ihr über diese That Proben aufstellen und uns sagen, wo diese Mühle liegt?

Antw. Diese Mühle liegt bei Lelbach, Departements der Saar. Allenbachers Peter hat mir selbst erzählt, daß er, Johann Seibert und Peter Zuchetto, meinen Namen mißbraucht und dem Müller von Althek eine ziemlich starke Summe auferlegt haben, wenn ich nicht irre, von zwei hundert Gulden, die er ihnen auf die Hotten-Mühl bringen sollte, welche Aufforderung auch der Müller befolgt habe. Der Müller von der Hotten-Mühl, den ich befragte, ob diese That wahr sei, bestättigte sie mir. Es ist der alte Müller von der Hotten-Mühl, von dem ich spreche, dessen Namen ich aber nicht weiß.

363) In eurer Antwort auf die 151ste Frage habt ihr gesagt, daß die Frau von Edinger für euch zu Baumholder Wachs gekauft, und daß sie den Gebrauch gewußt, den ihr davon machen wolltet; kennt ihr euch der Umständen erinnern, wodurch der Beweis gemacht werden kann, daß die Frau Edinger diesen Gebrauch gewußt hat?

Antw. Es war das erstemal, daß ich auf den Breitzesterhof gekommen war, ich wußte aber zuvor schon aus der Erzählung von Benzel, daß dieser Hof eine Räuber-Höhle sei. Wir sagten zur Frau des Edinger, wer wir wären; sie wußte also, daß sie mit Dieben zu thun habe, auch sagte ich ihr, daß sie zum Sohn des Juden Löb zu Baumholder gehen solle, um da Schieß-Pulver, Fleisch und Wachs, alles auf meinen Namen, zu holen; sie brachte würklich Fleisch und Wachs, aber kein Pulver, weil zu Baumholder keines war. Wir machten auch Kerzen von diesem Wachs, in der Küche und in Gegenwart der Frau des Edinger, sie konnte also wohl wissen welchen Ge= brauch wir davon machen wollten; da sie aber nicht wußte, daß wir gesonnen seien, zu Ulmet einen Diebstahl zu begehen, so wußte sie folglich auch den besondern und bestimmten Ge= brauch nicht, den wir von dem Wachs machten.

364) Ihr habt in eurer Antwort auf die 191ste Frage gesagt, daß Schwarz-Peter dem Mord von Blaffenklos zu Baldenau beigewohnt habe, und in eurer Antwort auf die 328ste Frage er= wähnt ihr nur von Johann Seibert, Klärs-Philipp, Jakob Fink, und von der Bootslise: Besteht ihr darauf, daß Schwarz-Peter bei besagtem Mord zugegen war?

Antw. Es ist ein Irrthum in meiner Antwort auf die 191ste Frage, Schwarz-Peter war damals nicht zugegen.

365) Wo habt ihr Leyendecker die Halstücher übergeben, wovon ihr in eurer Antwort auf die 256ste Frage gesprochen habt?

Antw. In dem Hause des Johann Leydecker zu Lauschied, und in Gegenwart von Chri= stoph Blum und Peter-Henrichs-Hannadam. Der Angeklagte berichtigt seine gegenwärtige Ant= wort, daß er diese Halstücher Leydecker nicht in seinem Haus, wohl aber in einem Garten neben dem Ort übergeben habe.

366) Sind die Namens Brixius von Abtweiler und Baumann von Staudernheim nicht zugegen gewesen, als ihr die Halstücher besagtem Leydecker übergeben habt?

Antw. Nein.

367) Kannten euch besagte Baumann und Brixius zuvor schon?

Antw. Baumann sah mich zuvor schon, und den Tag darauf, als ich Leydecker die Hals= tücher gab, machte ich die Bekanntschaft von Brixius. Ich machte jedem dieser beiden ein Geschenk von einem Halstuch und dem Brixius nebst dem noch von einer Meerschaumnen Pfeife.

368) Wißt ihr den Namen des Juden nicht, dem ihr die Halstücher gestohlen habt?

Antw. Nein.

369) War der Jude, dem ihr die Halstücher gestohlen habt, allein, oder war er noch von andern begleitet?

Antw. Es waren noch zwei Juden bei ihm, wovon der eine zu Schweinsschied wohnte.

370) Worin bestand der Diebstahl den ihr an diesem Juden begangen habt?

Antw. Es waren einige Halstücher, höchstens achtzehn bis vier und zwanzig, Zeug für Weiberschürze und Spiegel; wir zerbrachen die Spiegel und Leydecker bekam die Halstücher mit dem Zeug.

371) Habt ihr nicht auch besagtem Juden drei Gulden genommen?

Antw. Nein.

372) Habt ihr keine Gewaltthätigkeiten an gedachtem Juden ausgeübt?

Antw. Der Jude wollte sich widersezzen, er gab mir selbst einen Streich, worauf ich ihn mit meiner Flinte schlug.

373) Waren eure Kameraden auch bewaffnet?

Antw. Ja, sie hatten auch Flinten bei sich.

Nachdem man dem besagten Angeklagten gegenwärtiges Verhör vorgelesen und auf deutsch ausgelegt hatte, erklärte er, daß solches getreu niedergeschrieben, Wahrheit enthalte und hat mit uns obgenanntem Richter und Commis-Greffier unterschrieben. Mainz den Tag, Monat und Jahr wie oben, um sieben Uhr des Abends.

Unterschrieben: Johannes Bückler , Wernher und Brellinger.

Fortſezzung, Mainz den vierten Ergänzungstag zehnten Jahrs.

374) Die Namens Anna Maria Schäfer von Wallbrück, von welcher ihr in eurer Antwort auf die acht und ſiebenzigſte Frage geſprochen, hat ſie niemals als Frau mit euch gelebt?

Antw. Nein.

375) Geſchah es vermöge Auftrags von euch, oder mit eurer Einwilligung, daß ſie von den Juden von Thalfang Geld begehrte?

Antw. Nein.

Nachdem dem Angeklagten gegenwärtiges Verhör vorgeleſen und auf deutſch ausgelegt war, erklärte er, daß ſolches Wahrheit enthalte und hat mit uns obgenanntem Richter und Commiß-Greffier unterſchrieben. Mainz den Tag, Monat und Jahr wie oben.

Unterſchrieben: Johannes Bückler, Wernher und Brellinger.

Fortſezzung, Mainz den zwölften Vendemiär eilften Jahrs.

376) Waret ihr nicht im Monat Februar ein tauſend ſieben hundert acht und neunzig in der Gegend von Nürnberg in Franken?

Antw. Nein, zu dieſer Zeit hatte ich das linke Rheinufer noch nicht verlaſſen.

377) Wißt ihr nichts von einem beträchtlichen Gelddiebſtahl, der zu dieſer Zeit auf dem Verſazamt zu Nürnberg begangen worden?

Antw. Nein, es wäre jedoch möglich, daß ein gewiſſer Pickard, einer der Anführer der niederländiſchen Räuberbande dieſen Diebſtahl begangen hat, dann er hat nach einem beträchtlichen Gelddiebſtahl, eine Summe von fünf hundert Louisd'or zu Frankfurt am Main, im Spiel verloren. Pickard ſagte mir wohl, daß dieſes Geld von einem, in einem offentlichen Haus begangenen Diebſtahl herkomme; ich weiß aber weder den Ort noch die Zeit, wo und wann dieſer Diebſtahl begangen worden.

378) Wißt ihr nichts von dem, an einem Juden von Frankfurt, vor zehn Monaten, auf der Landſtraſſe zwiſchen Sehsbach und Weitersborn begangenen Diebſtahl?

Antw. Nein, ich habe nie von dieſer That ſprechen hören.

379) Wißt ihr nicht, wer in der Nacht vom drei und zwanzigſten Brumär lezthin das Tuch vor dem Hauſe des Bürger Heinrich Storck zu Kirn geſtohlen hat?

Antw. Nein.

380) Kennt ihr die Räuber, die vor zwei Jahren den Juden Samuel zu Sesbach Kantons Kirn, zur Nachtszeit, im Hauſe angegriffen haben?

Antw. Nein.

381) Ihr habt jedoch in euren vorhergehenden Verhören eingeſtanden, daß Müllerhannes dem Juden Jakob Bär von Merxheim, von einem zu Sesbach begangenen Diebſtahl herrührende Sachen verkauft habe, iſt es alſo nicht Müllerhannes der beſagten Juden Samuel angegriffen hat?

Antw. Ich weis anderſt nichts von dem durch Müllerhannes zu Sesbach begangenen Diebſtahl, als was er mir ſelbſt ſagte; als die Einwohner von Merxheim ein Zeugniß von mir begehrten, daß Jakob Bär von Merxheim geſtohlene Sachen gekauft habe, bei welcher Gelegenheit mit Müllerhannes ſagte: er könne dieſer Gemeinde Auskünfte geben, weil der Jud Jakob Bär vom Sehsbacher Diebſtahl hergekommene Sachen von ihm gekauft habe; allein dieſe That geſchah vor der befraglichen, weil der Verkauf geſchah, als beſagter Jakob Bär noch zu Hundsbach wohnte.

382) Habt ihr nie dem Bürger Karl Schenck zu Hundsbach ein Pferd geſtohlen?

Antw. Ich habe nie ein anderes Pferd zu Hundsbach geſtohlen, als jenes, ſo mir von Allebachers-Peter von beſagtem Ort angezeigt war. Ich weiß den Namen des Eigenthümers nicht, und habe es dem Juden Jekuf von Diburg verkauft.

383)

383) Wo habt ihr die Beute getheilt, die ihr durch den, an dem Mainzer Juden in der Gegend von Dornberg begangnen Diebstahl, gemacht habt?

Antw. In dem Hause des Theodor Müller zu Rehbach bei Winterburg, wo gesagter Müller Schweinhirt ist. Er hat gar keinen Antheil an diesem Diebstahl genommen und ich zweifle sogar, ob er zu Haus war.

384) Wer ist der Müller, der mit euch in diesem Haus war?

Antw. Es waren nur bei mir: Johann Seibert, Christoph Blum, Peter Stibiz, Karl Engers und Philipp Gilcher, und ich weiß nichts von einem Müller, der dabei war.

385) Kennt ihr den Namens Pfeiffer=Wilhelm von Dalberg.

Antw. Nein.

386) Kennt ihr einen Johann Pfälzer von Münchwald, im Spaler Ban?

Antw. Nein.

387) Habt ihr dann niemals einen Diebstahl mit einem Einwohner von Münchweiler begangen?

Antw. Nein, ausgenommen Johann Georg Reitenbach von Laufschied, den man auch Georg von Münchwald nannte, weil seine Frau von diesem Ort gebürtig war.

388) Habt ihr niemals einem Namens Jakob Winter, Schäfer zu Rülhofen bei Merzweiler Schaafe gestohlen?

Antw. Ja, es war mein erster Diebstahl.

389) Wer hat euch bei diesem Diebstahl beigestanden?

Antw. Johann Nikolaus Nagel von Weyden.

390) Haben die Namens Friedrich und Heinrich Bückler von Merzweiler nicht auch diesem Diebstahl beigestanden?

Antw. Nein.

391) Wem gehörte dann die Pfeiffe, die ihr auf dem Plaz gelassen, wo ihr den Diebstahl begangen habt?

Antw. Sie gehörte mir, ich hatte sie auf dem Markt von Unkirch bei Simmern gekauft.

392) Habt ihr gesagte Pfeiffe nicht in dem Hause des Schäfers Winter wieder genommen?

Antw. Ja, der Schäfer hatte aus Furcht vor den Franzosen seine Wohnung zu Rülhofen verlassen und war nach Merzweiler gezogen; hier, in dem Hause von Friedrich Bückler meines Vetters erzählte er in meiner Gegenwart, daß der Räuber seiner Schaafe, eine Pfeiffe verlohren, die er wieder gefunden und unter seinem Ofen zu Rülhofen versteckt habe. Auf diese Sagen begab ich mich nach Rülhofen und fand da meine Pfeiffe.

393) Habt ihr nie dem Pfarrer von Kappelen bei Grünbach Bienen gestohlen?

Antw. Ja, und Johann Nikolaus Nagel von Weiden hat mit mir diesen Diebstahl begangen.

394) Hat nicht Henrich Bückler von Merzweiler auch Antheil an diesem Diebstahl genommen?

Antw. Ja, wir waren ausgegangen um Kirschen zu stehlen, stahlen aber Bienen; da aber der Korb keinen Honig hatte, so zogen wir gar keinen Vortheil von diesem Diebstahl.

395) Wie könnt ihr läugnen, daß Henrich Bückler von Merzweiler bei dem Diebstahl der Schaafe zu Rülhof war, da es Johann Nikolaus Nagel nicht allein eingestanden hat, sondern da man auch in dem Hause besagten Bücklers die Pfeiffe fand, die ihr zu Rülhofen wiedergenommen habt?

Antw. Ich bestehe darauf, daß er gar keinen Antheil an diesem Diebstahl nahm; in Ansehung der Pfeiffe bemerke ich, daß Johann Nikolaus Nagel, eine, der meinen ähnliche, dem Friederich Bückler, Bruder des besagten Henrich verkauft hatte: Uebrigens waren wir bei diesem Bienen=Diebstahl, der vor fünf Jahren geschah, ohne Unterschied junge Leute.

M m m

396) Hat besagter Henrich Bückler in der Folge nicht andere Diebstähle mit euch begangen?

Antw. Nein, ausgenommen daß er seitdem er zu Rockenhausen wohnt, ein Pferd von mir gekauft hat, das ich bei Hettstein gestohlen hatte, und wovon ich in meinen vorhergehenden Verhören gesprochen habe.

397) Waret ihr nicht vor zwei Jahren mit Franz Rüb und Peter Dalheimer in dem Hause des Sender Isaac, damals zu Weierbach wohnhaft, und habt ihr nicht von besagtem Sender Speißen, eine Louisd'or an Geld, ein Pfund Kaffe, Zuker und Tabak erpreßt?

Antw. Ja, ich war in seinem Haus, wir haben bemeldte Sachen bekommen, haben aber keine Gewalt gegen den Juden gebraucht; denn seine eigene Mutter hatte mich eingeladen zu ihrem Sohn zu kommen, der uns freiwillig die befragliche Sachen gab.

398) Wisset ihr nicht, wer der Unbekannte war, der einige Zeit nachher mit Georg Pick in dem Haus des bemeldten Juden war?

Antw. Es war Philipp Arnold von Argenthal, ich weiß dieses von ihm selbsten.

399) Habt ihr nicht vor zwei Jahren durch Philipp Fritsch, Sohn von Jakob Fritsch, Wirth zu Weierbach gedachten Juden Sender Jaak in die Scheuer des besagten Fritsch rufen lassen, wo ihr mit Juliane Blasius im Heu verborgen waret; habt ihr nicht Nachrichten wegen den Kaufleuten begehrt, welche die Märkte besuchen, und habt ihr auf euer Begehren nicht Bänder und Floretseide bekommen?

Antw. Ja, er hat mir nebst diesen Gegenständen Geld und Tabak gegeben.

400) In welchen Verhältnissen waret ihr mit besagten Fritsch, Vater und Sohn?

Antw Es ist ein Wirth, er kannte mich wohl als Schinderhannes; er hat aber gar keinen Antheil an meinen Verbrechen genommen.

401) Habt ihr nicht an Johann Wilhelm Schneider von Niederreitenbach einen Brief geschrieben, worin ihr begehrt, daß euch der Jude Sender Isaac zwei Louisd'or auf den Hof Ayen bringe?

Antw. Nein, der Hofmann von Niederreitenbach ist der Mann nicht, dem man solchen Auftrag geben kann, und ich hatte keinen Geschäftsträger nöthig, um Geld vom Juden Sender zu erhaschen.

402) Waret ihr nicht einige Zeit nachher (den zwei und zwanzigsten Brümär) in dem Hause des besagten Juden mit Juliana Blasius, als Mann verkleidet?

Antw. Ich war einmal mit Juliana Blasius im Haus des gedachten Juden, es war aber im Anfang meiner Bekanntschaft mit demselben; er bewirthete uns mit Kaffee, und es geschah sonst nichts; falsch ist es, daß gedachte Blasius je als Mann verkleidet war.

403) Habt ihr nicht damals dem Juden Vorwürfe gemacht, warum er euch die zwei Louisd'or nicht auf den Eyener Hof geschikt, und warum er euch habe wollen durch Johannes Klar von Oberstein arretiren lassen — und habt ihr nicht damit geschlossen, ihm Geld abzufodern? — Seid ihr nicht, auf das Anerbieten des Juden, euch zwei Louisd'or zu zahlen, auf einer stärkern Summe bestanden — und habt ihr nicht, während die Frau des Juden Geld zu holen gieng, mit besagter Blasius eure Pistolen gegen ihn gerichtet, und dabei ihn umzubringen gedroht, wenn seine Frau den mindesten Lärm mache? — Habt ihr nicht mittelst dieser Drohungen von gedachtem Juden eine Summe von vier bis fünf und zwanzig Louisd'or empfangen?

Antw. Es war nicht meine Frau, sondern Peter Dahlheimer von Sousschied, mit dem ich an einem Sonntag Abend an des Juden Haus kam. Seine Frau öffnete uns die Thür, ich begehrte sogleich Kaffe, den uns auch die Frau des Juden machte. Da ich mit dem Juden selbst sprechen wollte, der obenauf sich zurück gezogen hatte, so bestand ich bei der Frau darauf, daß sie ihn kommen lasse; endlich rief ihn seine Frau. Ich machte ihm Vorwürfe, warum er mich habe wollen arretiren lassen durch Johann Klar von Oberstein, und deutete ihm an, mir drei Louid'or zu zahlen, statt den achtzehn Gulden, die er besagtem Klar gegeben habe, um mich arretiren zu lassen. Der Jude schikte sich ohne Beschwerniß mir diese Summe zu zahlen. Seine Frau gieng in eine Stube obenauf, von wo sie mit einem kleinen Sack zurük kam, sie legte drei Louisd'or in Silber und eine in Gold auf den Tisch, und sagte: das Gesez verbiete ihr, am Sabbat Geld anzurühren. Dahlheimer, da er merkte, daß noch Geld im nemlichen Sak seie, den die Frau des Juden in der Hand hielt, welches von dem andern, das sie auf den Tisch ausgeleert hatte, durch ein Band getrennt war, bemächtigte sich dessen auch und sagte: dieses könnte uns auch dienen; worauf wir den Juden verliesen, der sich noch in meine Freundschaft empfahl; ich sagte ihm, daß so lang er dem besagten Klar Geld zahlte, um mich festzusezzen, würde er mir ebenfalls zahlen. Nebst den vier Louisd'ors welche die Frau auf den Tisch ausgelegt hatte, bekamen wir also noch ohngefähr vier und zwanzig Dukaten und einen Maxd'or.

Ich bin sogar im Stand darzuthun, daß meine Frau diese Nacht nicht bei mir war; denn in der nemlichen Nacht war ich mit gesagtem Dahlheimer zu Mittelbollenbach bei einem gewissen Eckar, Goldschmitt und meine Frau waren bei einem Jaspishändler zu Vollmersbach, dessen Namen ich nicht weiß.

Nachdem besagtem Angeklagten gegenwärtiges Verhör vorgelesen und auf deutsch ausgelegt worden war, erklärte derselbe, daß solches treulich niedergeschrieben ist, Wahrheit enthält, und hat mit uns obengenanntem Richter und Commis = Greffier unterschrieben zu Mainz den Tag, Monat und Jahr, wie oben, des Abends um halb acht Uhr.

Unterschrieben: Johannes Bückler, Wernher und Brellinger mit Handzügen.

Fortsezzung vom dreizehnten Vendemiár eilften Jahrs.

404) Ihr habt in euer Antwort auf die zwei hundert neun und sechszigste Frage gesagt, daß Jakob Benedum von Konkenlangenbach Antheil an dem Diebstahl zu Ozweiler genommen hat, und in dem Confrontations = Verbal = Prozeß vom heutigen dato zwischen euch und Johann Welsch von Heimbach, thut ihr keine Meldung vom besagten Benedum: Wie muß dieser Widerspruch ausgeglichen werden?

Antw. Ich habe mich dessen besser erinnert: Jakob Benedum war nicht mit mir zu Ozweiler, aber ich weiß eine andere Thatsache zu Lasten des Benedum.

Im Frühling vom achten Jahr, ein tausend acht hundert fand ich mich mit Karl Benzel zu Eckertsweiler in einem Wirthshause, dies war zur Zeit des Birckenfelder Markts. Wir nahmen uns vor, alle Kaufleute, die von diesem Markte zurük kämen, zu berauben; Karl Benzel schikte einen Erpressen an Jakob Benedum von Kokenlangenbach und ladete selbigen ein, sich zu uns in den Bezirk bei der Neubrük zwischen Birckenfeld und Wolfersweiler zu verfügen. Benedum kam wirklich mit zween andern: sie waren mit Schiesgewehr bewaffnet. Wir griffen wirklich eine Gesellschaft von Juden und Mezger an; einige dieser Juden, welche zu Pferd waren, und unter welchen sich der Bürger Löb von Bliesbrücken, unter dem Namen Scheele = Löb bekannt, befand, entkamen durch die Flucht. Karl Benzel that noch einen Pistolenschuß nach ihnen, ohne sie jedoch zu treffen. Wir durchsuchten die Juden, welche zu Fuß waren, fanden aber nichts bei ihnen; einer der Mezger gab freiwillig eine Louisd'or. Ich bemerke, daß einer der Kameraden, welche mit Benedum kamen, von Reichweiler ist, dessen Bruder guillotinirt worden, wenn ich mich nicht irre, wegen dem an dem Einnehmer von Kuffel begangenen Raub; den andern betreffend, so kenne ich selbigen weder von Namen, noch von seinem Wohnort.

Ich habe noch weiters von Glasers = Adam gehört, daß besagter Benedum einer derjenigen war, welche den Einnehmer von Cuffel bestohlen haben, und daß er mit dem Namens Gilchert, einen Walker bei Kuffel bestohlen hat.

405) War Jakob Benedum nicht einer derjenigen, welche ihr auf dem Breitzesterhof gesehen habt, und welche euch vorgeschlagen haben, mit ihnen den Müller auf der Streitmühl bei Kuffel zu bestehlen?

Antw. Nein.

406) Würdet ihr denjenigen erkennen, welchen ihr als jenen beschrieben habt, der kurz zuvor aus dem Gefängniß zu Trier gekommen sey?

Antw. Es ist ein kleiner schwarzer Mann, runden Angesichts und grosen Augen; wann ich ihn sähe, würde ich ihn erkennen, seine Aussprache gleicht derjenigen eines Menschen, welcher eine gewisse Erziehung bekommen hat.

Nach geschehener Vorlesung und auf deutsch gegebener Auslegung von gegenwärtigem Verhör, erklärte der Angeklagte, daß selbiges treulich niedergeschrieben ist und hat mit uns obbesagtem Richter und Commis-Greffier unterschrieben. Zu Mainz den Tag, Monat und Jahr wie oben, um die Mittagsstunde.

Unterschrieben: Wernher, Johannes Bückler und Brellinger mit Handzügen.

Fortsezzung vom dreizehnten Vendemiär eilften Jahrs, des Nachmittags um drei Uhr.

---

407) Welche sind die Verbrechen, welche ihr mit Peter Petri Sohn begangen habt?

Antw. Erstens: Ich habe mit ihm zwei Pferde in Niederwirtsbach, Kanton Herrstein dem Bürger Köhler zugehörig gestohlen: dieser Diebstahl ist im Sommer des ein tausend sieben hundert sieben und neunzigsten Jahrs nächtlicherweile, aus dem Stalle des Bürger Köhlers des Eigenthümers, in welchen ich durch einen an dessen Seite gelegenen Schopf eingedrungen bin, begangen worden: die Thüren waren offen; die Pferde haben wir nach Lippshausen geführet, allwo wir sie zum Theil an Andres Lüttger aus besagtem Ort und an den Sohn des Juden Dreidel Moses von Rheinbellen für zehen und eine halbe Louisd'ors verkauft haben; übrigens beziehe ich mich auf mein vor dem Direktor der Geschwornen zu Simmern ausgehaltenes Verhör, weilen ich mich aller der Umstände, welche diese That begleitet haben, nicht mehr erinnern kann.

Zweitens: Habe ich mit besagtem Peter Petry Sohn, auf dem Hinterbergerhof bei Staudernheim zween Hämmel gestohlen; dieser Diebstahl ist vor meiner Verhaftnehmung zu Simmern, nächtlicherweile, und aus dem Pferch worinnen sich die Hämmel befanden, geschehen. Wir haben diese Hämmel auf den Steinerterhof geführt, allwo selbige mit der Familie des Schwarz-Peters verzehrt wurden.

Drittens: Habe ich im Jahr ein tausend sieben hundert sieben und neunzig, nächtlicherweile, in einem bewohnten Hause zu Bärenbach, mittelst Einsteigen durch einen offenen Laden in das Haus, etliche gefüllte Säk Woll, und etliche Leintücher gestohlen; ausser gedachtem Petry Sohn waren auch noch sein Vater, Jakob Finck von Weiler und Johann Georg Reitenbach von Lauschied mit mir: aber keiner von uns war bewaffnet.

Viertens: Habe ich mit dem nemlichen Petry Sohn, dem Namens Schmitts-Hannes zu Hobstätten ein Pferd gestohlen; dieser Diebstahl ist nächtlicherweile aus dem Stalle des Eigenthümers, in welchen besagter Petry durch ein daselbst sich befundenes Loch gekrochen, verübt worden. Das Pferd wurde dem Eigenthümer, gegen Zahlung von eilf grosen Thaler auf dem sogenannten Hühnerhof zurük gegeben.

Fünftens: Habe ich mit besagtem Petry und Johannes Müller Sohn zu Boos und zu Weitersborn Bienenkörbe und auf dem Hühnerhof Hämmel gestohlen; da es aber schon sehr lange ist, daß dieses alles sich zugetragen hat, so beziehe ich mich auf das mir durch den Direktor der Geschwornen zu Simmern gemachte Verhör, allwo ich die Wahrheit gesagt habe.

Sechstens: Ein Jahr oder achtzehn Monat vor meiner Einkerkerung zu Simmern, verübte ich in Begleitung des besagten Peter Petry Sohn, seines Vaters dem sogenannten Schwarz-Peter, Jakob Finck von Weiler, Johann Georg Reitenbach von Lauschied, und eines Namens Schuck, welcher ehemals mehrere Jahre in Meisenheim verhaftet gewesen, einen Diebstahl von Weißzeug, Kleider, Fleisch und Geld auf der Ziegelhütte in der Gemarkung Spal. Der Diebstahl hat sich folgendermassen zugetragen, nemlich: Johann Georg von Lauschied welcher in dieser Behausung bekannt war, klopfte an der Thüre und fragte um ein Nachtlager an, unter dem Vorwand, daß er von Kreuznach komme und die Nacht und die Kälte, welche damals war, ihm nicht erlaubten weiter zu gehen. Die Thüre wurde geöffnet und wir giengen hinein, mit Ausnahm des Petry Sohn, und des alten Schuck, welche vor der Thür blieben; nachdem wir zu essen und zu trinken begehrt hatten, welches uns abgeschlagen wurde, machten wir Haussuchung und nahmen obengemeldte Artikel. Etliche von uns waren mit Schießgewehr bewaffnet; wir haben keine Gewalt gegen niemand ausgeübt, ausser daß Schwarz-Peter dem Ziegler und seiner Frau etliche Ohrfeigen gegeben hat. Wir haben die Schränke, aus welchen wir die gestohlene Sachen entwendet hat det nicht aufgebrochen, denn die in die Enge getriebenen Einwohner des Hauses haben sie selbsten geöffnet.

Nachdem besagtem Angeklagten gegenwärtiges Verhör vorgelesen und auf deutsch ausgelegt worden war, erklärte derselbe, daß solches treulich niedergeschrieben ist, Wahrheit enthält und hat mit uns und dem Commis-Greffier unterschrieben. Mainz den Tag, Monat und Jahr, wie oben, um halb acht Uhr des Abends.

Unterschrieben: Wernher, Johannes Bückler und Brellinger mit Handzügen.

Fortsezzung vom fünfzehnten Vendemiär eilften Jahrs.

408) Ihr habt in dem Verbal-Prozeß der Confrontation, welche den zweiten dieses zwischen euch und dem Nikolaus Wagner von Sonschied geschehen ist, schon eingestanden, daß ihr auf offener Straße bei Naumburg zwei Personen, wovon die eine ein Christ und der andere ein Jude war, beraubt hat: Wißt ihr die Namen dieser zwei Personen nicht?

Antw. Ja, der Christ war der Bürger Mattheus Mezger, in Sobernheim wohnhaft, und der Jud ist aus dem nemlichen Ort; ich kenne aber seinen Namen nicht.

409) Zu welcher Zeit und auf welche Art ist dieser Diebstahl begangen worden?

Antw. Es ist ohngefähr zwei Jahre, daß ich zu Sonschied war; es war damals Markt zu Birckenfeld, ich verabredete mich mit Karl Engers und Peter Dahlheimer von Sonschied bei Hagenfels, zwischen Nauenburg und Weyerbach zu mir zu stoßen. Sie kamen wirklich dahin und brachten den Namens Nikolaus Wagner von Sonschied mit. Die erste Person, welche wir antrafen, war ein Namens Dreher-Jakob von Weiherbach; da wir wußten, daß diesem Manne nichts zu nehmen, weilen er uns als ein armer Teufel bekannt war, so haben wir ihm nichts gethan; wir hörten dennoch von selbigem, daß auf dem Weg gegen Oberstein zwei Männer wären, welche aus Furcht der Diebe, welche sich in diesem Wald vorfinden könnten, nicht dadurch gehen wollten; wir sagten ihm auf der Stelle zurük zu gehen, und jene Reisenden glauben zu machen, daß er niemand in diesem Walde angetroffen habe und daß sie in völliger Sicherheit durchreisen könnten.

Eine kurze Zeit hernach kamen auch wirklich diese zween Männer, wovon ich in meiner Antwort auf die vorhergehende Frage gesprochen habe; als wir hinter dem Felsen, wo wir uns im Hinterhalt gestellt hatten, hervor kamen, wurden wir von einem Hunde angefallen, welchen Karl Engers aber sogleich durch einen Flintenschuß zusammen schoß, jedoch ohne ihn zu tödten, und welchen ich dann durch einen zweiten Schuß vollends tödtete.

Nachdem wir den zween Reisenden ihr Geld abgefordert hatten, so gab mir der Mezger Mathias eine Blase, in welcher vier oder fünf Gulden waren, und obschon ich beobachtet hatte, daß Mathias noch einen angefüllten Geldgürtel bei sich hatte, so wollte ich mich dennoch mit der Summe, welche er mir gegeben, begnügen: allein Karl Engers, welcher ebenfalls diesen Gürtel erblickt hatte, foderte selbigen dem Mathias, welcher ihn, ohne daß irgend eine Gewaltthätigkeit gegen seine Person verübt worden, hergab. Bei dem Juden haben wir nicht mehr als einen fünf Livres Thaler und etliche Kreuzer gefunden. Wir waren alle mit Flinten bewaffnet, aber haben keinen Gebrauch davon gemacht oder sonsten Gewalt gegen jemand ausgeübt.

410) Habt ihr diesen Wagner vormals gekannt?

Antw. Nein, und seit der Zeit habe ich ihn nicht mehr gesehen.

411) Wißt ihr nicht warum Nikolaus Wagner sich auf die rechte Rheinseite begeben, und was er darauf gemacht hat?

Antw. Ich vermuthe, daß er die linke Rheinseite aus Furcht verlassen hat, weilen man den Karl Engers und den Vater des obengenannten Dahlheimer schon eingezogen hatte; was er aber auf der rechten Seite getrieben haben mag, weiß ich nicht.

412) Ihr habt vor dem Friedensrichter des Kanton Simmern schon eingestanden, daß ihr bei dem Raub und Mord, welche den sieben und zwanzigsten Thermidor sechsten Jahres auf dem Weg zwischen Dörrenbach und Argenthal an dem Bürger Simon Seligmann von

N n n

von Seibertsbach sind verübt worden, gegenwärtig waret; sagt uns jezo die Umstände dieser That und welchen Antheil ihr daran genommen habt?

Antw. Ich war mit Peter Petry dem sogenannten Schwarz-Peter und dem alten Dessoye welcher auf der Glas-Hütte im Sonwald wohnt, in dem Haus zum Thiergarten im sogenannten Sonwald; unsere Absicht war, mit dem Bürger Klump von Elleren eine Uebereinkunft zu treffen, um selbigem seine Pferde, welche wir ihm vorher gestohlen hatten, wiederum zu verschaffen. In Erwartung der Ankunft des gedachten Bürger Klump, trank Schwarz-Peter eine solche Menge Brandwein, daß er fast gänzlich seiner Sinne beraubt war: er machte tausend Ausschweifungen und erlaubte sich die grösten Exzessen gegen alle Leute des Hauses. Er zwang etliche Juden Musikanten in das Haus zu kommen und ihm Musik zu machen, und wann ihm selbige mißfiel, so zog er sein Messer gegen diese Juden; ich hielt ihn ab, so viel von mir abhieng, ein grösseres Unglük zu machen; In einem dieser Auftritte verwundete sich Schwarz-Peter selbsten an der Hand: Endlich kam ein Jud von Seibersbach, welcher sich einen Augenblik vor dem Hause aufhielt um trinken zu begehren, Schwarz-Peter erblikte ihn nicht sobald, daß er ganz rasend geworden, sagend: daß er sich an diesem Juden rächen würde, weilen derselbe schuld war an den Mißhandlungen, welche an seiner Gevatterin durch ihren Mann sind verübt worden, und an deren Folgen sie gestorben ist. Er folgte sogleich diesem Juden, und sagte mir die Musikanten zu bewachen, damit sie nicht durchgiengen; Schwarz-Peter war aber kaum eine kleine Strekke vom Hause, so ließ ich die Juden durch den entgegengesezten Weg fortschleichen, und folgte dem Schwarz-Peter.

Nachdem ich in den Bezirk zum sogenannten Heidenteil kam, sahe ich, daß Schwarz-Peter diesen Juden zu Boden hatte und selbigem sein Messer mehreremale in die Brust stieß. Ich schrie sogleich: Potz Sternsackerment was machst du da! Allein Peter ohne mir zu antworten sah mich an und drehte sich mit einer rasenden Miene mit seinem Messer gegen mich, indem er mir sogleich sagte: Wie, du bist ein Cochemer und willst mit einem verfluchten Juden Mitleiden tragen? um mich dann selbsten gegen die Ausschweifungen, zu welchen ihn seine Raserei gegen mich verleiten konnte, sicher zu stellen, wendete ich um und gieng in den Thiergarten zurük, allwo ich dem Bewohner des Hauses, was sich zwischen dem Schwarz-Peter und dem Juden zugetragen hat, erzählte. Diese baten mich zu verhindern, daß Schwarz-Peter wieder in ihr Haus zurük käme. Allein er kam demohngeachtet wieder und machte noch tausend Exzessen, indem er alles, was unter seine Hände fiel, zerschluge und zerschmetterte. Ich verließ ihn und begab mich in das Gesträuch. Peter, nachdem er aus diesem Hause gegangen war, verfolgte noch einen Bauern und wiedersezte sich etlichen Männern zu Pferd, welche vor dem Thiergarten vorbei geritten waren: Endlich kam er mit dem, dem Juden abgenommenen Päckchen zu mir, von da wir uns in die Gegend des Bangarterhofs verfügten und durch die Tochter des Schwarz-Peter den Juden Leiser von Altenbamberg zu uns rufen ließen. Wir verkauften ihm diese Waaren, und für mein Antheil gab mir der Jude Tuch für ein Rok, Baumwollenzeug für West und Hosen und noch sechs Franken Geld; der Verkauf dieser gestohlnen Waaren hat sich in dem Wald nahe am Bangarterhof zugetragen, ich nahm mein Tuch, und Baumwollenzeug in dem Haus des Juden zu Altenbamberg. Der Jud wußte wohl, daß diese Sachen von einem Diebstahl herkamen, denn obschon wir ihm selbiges nicht sagten, so waren der Ort, wo der Verkauf geschehen, und der niedere Preiß, für welchen er uns die Waaren abkaufte, hinlänglich, dem Juden den Ursprung dieser Waaren zu erkennen zu geben.

413) Welches ist dann die Geschichte warum Schwarz-Peter einen Haß gegen den Juden Simon Seligmann trug?

Antw. Ich habe von Schwarz-Peter gehört, daß bei der Taufe einer seiner Kinder der sogenannte Ildes-Jakob (Jakob Kremer oder Buchbinder) von Lippshausen der Pathe war; daß sie miteinander vom Sonwald, wo Schwarz-Peter damals wohnte, nach Lippshausen gegangen seien um die Taufe zu feiern; daß nachdem sie zurük gegangen waren, Schwarz-Peter mit der Frau des Ildes-Jakob voraus gegangen seien, und diesen Juden angetroffen hätten; daß dieser leztere dem Ildes-Jakob, welcher den andern folgte, beibrachte als hätte er den Schwarz-Peter und des Ildes-Jakobs Frau, in einer Lage, welche nothwendigerweiße die Eifersucht ihres Mannes rege machen mußte, angetroffen; daß Ildes-Jakob, durch diese Erzählung verleitet, seiner Frau einen solchen schreklichen Schlag gab, daß sie auf der Stelle den Geist aufgab, und daß dieses alles auf dem nemlichen Platz geschehen, wo Schwarz-Peter seitdem den Juden ermordet hat.

414) Wann eure Aussage wahr ist, daß ihr kein Antheil an der Ermordung des besagten Juden genommen habt; wie kommt es dann, daß Schwarz-Peter mit euch die gestohlnen Waaren getheilt habe?

Antw. Es ist bei den Leuten unsers Schlags ein angenommener Gebrauch, daß, nachdem man Kamerad und in Gesellschaft miteinander ist, getheilt werden muß, was man stehlen mag, auch wenn der andere nicht dazu beigetragen hat.

415) Ihr saget, das Haus, Thiergarten genannt, nach dem Schwarz-Peter verlassen zu haben, ich bemerke euch, daß untadelhafte Zeugen da sind, welche aussagen, daß ihr dieses Haus miteinander verlassen habet; ihr saget weiters, keinen Antheil an den Gewaltthätigkeiten, welche an dem Juden ausgeübt worden sind, genommen zu haben, da es doch durch die Prozedur gewiß ist, daß man zween Stökke auf dem Platz, wo der Jud ermordet worden, gefunden hat. Ich ermahne euch die Wahrheit zu sagen, und den Antheil, welchen ihr an diesem Mord genommen habet, einzugestehen?

Antw. Ich weiß nicht mehr, ob wir das Haus miteinander verlassen haben oder nicht; aber so viel ist gewiß, daß Schwarz-Peter voraus gegangen ist, und er allein diese Mordthat begangen hat.

Was die Stökke anbetrifft, so bemerke ich, daß ich den nemlichen Stok, welchen ich damals hatte, noch lange hernach gehabt habe, und daß ich ihn sogar noch bei meiner Arrestation in Weyden trug. Er blieb damals zu Oberstein. Der Friedensrichter gab ihn einem Namens Kuhn, Metzger zu Oberstein: Nach meiner Entwischung zu Simmern, gab mir dieser Metzger selbigen wieder, und ich habe ihn hernach zu Breunigeborn verkauft.

Verbessert der Angeklagte seine Aussage, daß Kuhn ihm diesen Stok vor seiner Arrestation zu Schneppenbach zurük gegeben hat, und daß der nemliche Stok, welcher mit Leder besetzt ist, sich gegenwärtig zu Simmern befinden soll.

Nachdem dem Angeklagten gegenwärtiges Verhör vorgelesen und auf deutsch ausgelegt worden war, so erklärte derselbe, daß solches treulich niedergeschrieben ist, Wahrheit enthält, und hat mit uns obbenanntem Richter und Commis-Greffier unterschrieben. Zu Mainz den Tag, Monat und Jahr wie oben, um sieben Uhr Abends.

Unterschrieben: Wernher, Johannes Bückler und Brellinger mit Handzügen.

Fortsezzung vom neunzehnten Vendemiár eilften Jahrs.

416) Habt ihr nicht mitgeholfen an dem Diebstahl, welcher den sieben und zwanzigsten Frimár achten Jahrs auf offenem Weg in dem Wald bei Wickenhof begangen worden ist?

Antw. Ja, es war ich, Philipp Gilchert von Wiesweiler und Karl Engers von Sonschied.

417) Kennet ihr die Leute nicht, welche ihr bestohlen habet?

Antw. Ja, es waren etliche Juden von Hundsbach und Schweinschied, welche ich nicht mit Namen kenne; es war auch noch der Bürger Peter Maurer von Kirnbecherbach bei ihnen, welchem wir aber nichts genommen haben.

418) In was bestunden die gestohlnen Sachen?

Antw. Wir haben nichts als Geld genommen, welches sich auf hundert Gulden belaufen kann.

419) Waret ihr mit Mordgewehren bewaffnet?

Antw. Ja, jeder von uns hatte eine Pistole.

420) Habt ihr keine Gewaltthätigkeiten gegen Personen ausgeübt?

Antw. Ich habe einem Juden einige Ohrfeigen gegeben, welcher, wenn ich mich nicht irre, davon laufen wollte.

421) Habet ihr nicht den nemlichen Tag und in dem nemlichen Wald bei Birckenhof, den Bürger Schanck, Metzger zu Meisenheim beraubt?

Antw. Ja, ich war von obenbenanntem Gilchert und Engers begleitet; wir haben hundert und sieben und achtzig Gulden in Silber und eine Dukat in Gold bekommen; wir waren auch mit Schiesgewehr bewaffnet; aber wir haben keine Gewalt gegen die verletzte Person ausgeübt.

422) Kennet ihr diejenigen nicht, welche in der Nacht vom dreizehnten Pluvios achten Jahrs, einen Diebstahl mit Einbruch in der Behausung des Bürger Vitsch Walker bei Cussel begangen haben?

Antw. Ich weiß von Carl Benzel und Philipp Gilchert, daß diese beede Antheil an dem Diebstahl genommen haben: Sie erzählten mir auch daß Jakob Benedum von Konkenlangenbach einer dieser Diebe gewesen seie.

423) Habt ihr nicht selbsten Antheil an besagtem Diebstahl genommen?

Antw. Nein, und ich war dazumalen auf der rechten Rheinseite, wo ich mich nach der Geschichte von Otzweiler zum erstenmal hinbegeben habe, in Begleitung des Peter Stibiz dem sogenannten Juden-Peter.

424) Kennet ihr die anderen Mitschuldigen dieses Verbrechens nicht?

Antw. Nein.

425) Beharret ihr auf der Aussage, daß ihr keinen Antheil an dem Raub und Mord, welche an dem Bürger Mendel Löb von Sondern verübt worden, genommen habt?

Antw. Wenn ich euch bis auf diesen Augenblik die Wahrheit noch nicht gesagt habe, so kömmt es daher, weilen mich meine Kameraden zu inständig gebeten haben, diese That zu verheimlichen. Ich bitte euch um Verzeihung; daß ich so lange ihrem Ansuchen nachgegeben und das Gericht belogen habe; aber ich will diesen Fehler verbessern und die That gestehen, wie sie sich zugetragen hat.

Ich war im Herbst im Jahr achtzehn hundert eins mit Müllerhannes und Georg Friedrich Schulz auf den Breitzesterhof gekommen. Ich fand allda Friedrich Schmitt, der Sax genannt, mit welchem ich lezthin confrontirt wurde, Jakob Porn von Eisenbach der sogenannte Müller-Jacob und seinen Sohn, dessen Namen ich nicht kenne. Wir fragten diese drei Individuen, ob sie keinen reichen Juden in dieser Nachbarschaft wüßten, welchen wir bestehlen könnten: diese, welche schon lange den Anschlag gefaßt hatten, einen Juden zu Södern zu bestehlen, schlugen uns vor dieses Verbrechen mit ihnen zu begehen. Glasers-Adam von Ruschberg, welchen ich schon zuvor zu Aulenbach, wo wir die Nacht in der Scheuer eines Mannes, welcher der Sohn des Wirths Hannes-Jakob von Fronhausen ist, zugebracht hatten, ist alsobald mit uns auf den Breitzester-Hof gegangen: unsere erste Absicht war, einen Mann von Berschweiler, welcher einen Behälter unter dem Bakofen haben sollte, und welcher Behälter dem Glasers-Adam, durch den Maurer, welcher selbigen verfertigte, verrathen worden, zu bestehlen: dieser, nemlich Glasers-Adam, gieng nach Berschweiler um die Lage auszuspähen; aber er kam bald wieder zurük mit der Nachricht daß Franzosen im Dorfe wären, und daß das Haus des Mannes, welchen wir bestehlen wollten, ganz voll läge. Wir entsagten dann unserm Vorhaben, und erst nach diesem wurde der Diebstahl von Södern, mit den zween Porn und dem Saxen verabredet, nachdem der erste Anschlag, einen Müller bei Kussel zu bestehlen, verworfen worden. Dieser Müller ist der nämliche, welcher einige Zeit hernach, wahrscheinlich durch Jakob Porn, den Saxen, Glasers-Adam und Jakob Benedum bestohlen ist worden. Ich sage wahrscheinlich, weilen diese jenen Anschlag gemacht hatten; sie erzählten mir auch, daß Jakob Benedum ihnen versprochen hatte mit zu halten, allein ich kann nichts gewisses darüber sagen, weil ich nicht bei diesem Diebstahl war, und diejenigen, welche ich als Thäter argwohne, nicht mehr gesehen habe.

Ich fahre fort, was den Diebstahl von Södern betrifft.

Um uns zu dieser Verrichtung vorzubereiten, gieng die Frau des Bürger Edinger, Pächter des Breitzesterhofs nach Baumholder um Wachs zu holen. Ihr Mann wußte den Gebrauch, welchen wir davon machen wollten. Er wollte so gar mit uns gehen, dennoch aber änderte er sein Vorhaben. Ich weiß nicht ob die Frau Edinger nicht ebenfalls von der Bestimmung des Wachses unterrichtet war. Sie holte dieses Wachs bei den Juden von Baumholder, bekannt

unter

unter dem Nahmen Löbsbuben, welche wir den nemlichen Tag auf dem Hofe gesehen haben, und welche mir sagten, zu Ihnen zu schiffen, im Fall ich etwas benöthigt wäre. Von diesem Wachs wurden Lichter verfertigt. Nachdem wir einen Tag und eine Nacht auf dem Breitzester-Hof zugebracht hatten, so verließen wir ihn zwischen fünf und sechs Uhr des Abends. Wir hielten an, in einem Dorfe drei viertel Stunde von der sogenannten Neubrükker Mühl gelegen, giengen allda in ein Wirthshaus, wo fast die ganze Gemeinde versammelt war; ich bemerke, daß wir nicht alle in besagtes Wirthshaus giengen, sondern nur ich, Müllerhannes, Schulz und noch einer; die andern blieben vor der Hausthür stehen, allwo wir ihnen zu trinken brachten. Nachdem wir um eilf Uhr des Nachts in Södern angekommen waren, gieng ich und der Sachse ins Dorf; wir klopften alsobald an der Hausthüre des Peter Korb, welchen der Sachse anwerben wollte mitzugehen; aber wir fanden ihn nicht zu Hause. Von da verfügten wir uns zu dem Hause des Juden, um die Zugänge zu besichtigen, und dann an die Kirche, allwo wir das Schlüsselloch mit Stückchen Steinen zustopften. Als nun der Diebstahl, welchen wir begehen wollten, dergestalten vorbereitet war, giengen wir zum Dorf hinaus, wo wir unsere Kameraden wieder fanden; wir nahmen einen Balken in der Mühle, welche ausserhalb dem Dorfe liegt, und als wir an das Haus des Juden kamen, versuchten wir die Thüre einzustoßen, allein sie ware so gut versperrt, daß unsere Anstrengungen vergebens waren. Wir versuchten dann die Läden einzustoßen; als uns dieses gelungen war, stund der Jud mit einer Art in der Hand hinter demselben, er führte damit einen fürchterlichen Hieb, welcher den Georg Friedrich Schulz als den ersten beinahe getroffen hatte. Dieser erbittet über diesen unvermeinten Angriff, that einen Pistolenschuß auf den Juden, daß er auf der Stelle todt zu Boden fiel. Ich gieng hernach mit Müllerhannes und Georg Friedrich Schulz in das Haus, wo wir etliche Kleidungsstükke und etliche Abschnitte Waaren fanden. Der Sachse machte den Vorschlag, ein gegenüber gelegenes Haus ebenfalls anzugreifen, indem er muthmaßte, daß der Jud sein Geld und die besten Effekten hinein geflüchtet habe. Weilen aber schon zu viel Lärm in dem Dorfe war, so wollte ich nichts davon wissen.

Nachdem alles vorbei war, so giengen wir in der nemlichen Nacht bis gegen Birkenfeld, allwo der Sohn des Jakob Porn uns verließ, um seine Mutter, welche dazumal in Birkenfeld gefangen saß, zu besuchen. Von da setzten wir unsern Weg weiter bis nach Hüttcheswasen in dem Hohwald fort, wo wir gegen die Morgen-Dämmerung ankamen. Von Hüttcheswasen begaben wir uns bis an den Bezirk, genannt das graue Kreuz, zwischen Wersweiler und Bischtron, wo wir halt machten. Der Sachse, welcher sich alsobald ein Kleid des Juden zugeeignet hatte, machte sich los und verließ uns, ohne sogar Antheil an der Beute zu nehmen. Ich vertheilte es mit den andern und erkaufte das Antheil des Glasers-Adam für eine Louisd'or, mit Ausnahm jedoch einiger Schnupftücher, welche er für sich behielt; der Müller Jakob bekam zwei Theile, nemlich einen für ihn, und den andern für seinen Sohn.

Nachdem die Beute getheilt war, verließ uns Glasers-Adam auch und kehrte nach Hause zurük. Gegen Abend gieng ich mit den übrigen in die sogenannte Scheuer-Mühl bei Bruchweiler; der Knecht des Müllers brachte uns Lebensmittel in den benachbarten Wald. Von da begaben wir uns in den Wald bei dem Ayener-Hof, Müllerhannes gieng in den Hof um Lebensmittel zu holen. Wir brachten da den Tag zu und begaben uns die folgende Nacht nach Lettweiler, wo wir gerade zu rechter Zeit ankamen, um der Hochzeit des Sohns des alten Schmitt beiwohnen zu können. Ich gerieth da in Streit mit meinen drei andern Kammeraden, welche mir vorwarfen auf die Hochzeit gegangen zu seyn, und mich zu öffentlich gezeigt zu haben, so daß es zu Thätigkeiten kam, und mich alle verließen. Ich fand jedoch den nämlichen Tag Georg Friedrich Schulz, auf den Drey-Weyher wieder, mit welchem ich nach Jben gieng und der Kirchweih, so wie jener zu Fürfeld und zu Eckelsheim beiwohnte. Ich bemerke, daß bei den Söderer Diebstahl wir alle mit Mordgewehren bewaffnet waren, mit Ausnahm des Friedrich Schmitt und des Sohns des Müller Jakob, und daß das Kleid, welches Müllerhannes trägt, noch von dem Diebstahl zu Södern herrührt.

426) Habt ihr besagten Sachsen vor dem Diebstahl zu Södern nicht gekannt?

Antw. Nein.

427) Habt ihr seither keine andere Verbrechen begangen?

Antw. Nein.

O o o

Nachdem dem Beklagten gegenwärtiges Verhör vorgelesen und auf deutsch ausgelegt worden, erklärte derselbe, daß solches treulich niedergeschrieben ist, Wahrheit enthält und hat mit uns obbenanntem Richter und Commis-Greffier unterschrieben zu Mainz den Tag, Monat und Jahr wie oben am sieben Uhr des Abends.

Unterschrieben Wernher, Johannes Bückler und Brellinger mit Handzug.

Fortsezzung vom zwanzigsten Vendemiár eilften Jahrs.

428) Ihr habt in eurer Antwort auf die hundert ein und fünfzigste Frage gesagt, daß zur Zeit des Diebstahls zu Ulmet, ihr auf dem Breitzester-Hof aus dem Wachs, welches die Frau Edinger zu Baumholder geholt hatte, Lichter gemacht hättet, und in eurem gestrigen Verhör sagtet ihr, daß ihr zu dem Söderer Diebstahl Wachs zu Baumholder habet holen lassen; habt ihr dann zweimal Wachs von Baumholder bringen lassen, oder wie soll man diese verschiedenen Antworten vereinigen?

Antw. Ich habe nur einmal Wachs von Baumholder kommen lassen, welches die Frau Edinger bei den Söhnen des Juden Löb zu Baumholder geholt hat, und dies war zum Diebstahl zu Södern. Es ist dennoch wahr, daß damals bei dem Diebstahl zu Ulmet wir auch Wachslichter auf dem Breitzester-Hof zubereitet hatten, aber von dem Wachs welches wir mitbrachten; übrigens wenn ich auf die hundert ein und fünfzigste Frage die Wahrheit nicht gesagt habe, so wollte ich damals den Antheil, welchen ich am Diebstahl zu Södern genommen, läugnen, und hatte folglich eine hinlängliche Ursache, auf den Diebstahl zu Ulmet anzuwenden, welchen ich schon eingestanden hatte, was wir mit dem Wachs, welches die Frau Edinger zu Baumholder geholt hatte, gemacht hatten, um so viel mehr, da ihr mir durch eure Frage zu verstehen gegeben, daß dieser Umstand euch bekannt seie.

429) Habt ihr gar keine Kenntniß von dem Leinwand-Diebstahl, welcher den neunzehnten Germinal des achten Jahrs in dem Haus des Bürger Faust, Pfarrer zu Hottenbach ist verübt worden?

Antw. Nein; und ich habe sogar nicht einmal davon sprechen hören.

430) Waret ihr nicht in dem Wald bei dem Ayener-Hof, im Canton Kirn, als Franz Rüb, im Monat Frimaire des neunten Jahrs, darin angehalten wurde?

Antw. Ja, ich war in diesem Wald mit Peter Dalheimer und Jakob Gerhard von Weyden; wir erlustigten uns, auf die Eichhörnlein zu schießen und Zunder zu suchen.

431) Habt ihr euch den Gendarmen nicht widersezzet und auf sie geschossen?

Antw. Ganz und gar nicht; wir sind davon gelaufen, sobald wir sie erblikt hatten, und haben uns in den Sonwald zurük gezogen.

432) Habt ihr nicht einen Brief an den Juden Lazar von Hottenbach mit der Unterschrift Hannes durch den Wald geschrieben, in welchem man ihme zwei Louis'dor begehrt?

Antw. Nein.

433) Habt ihr keine Kenntniß von dem Urheber dieses Briefs, welcher sich bei Peter Dalheimer bei seiner Arrestation vorgefunden hat, und welchen wir euch im Original vorgezeigt haben?

Antw. Nein, Peter Dalheimer ist dessen Urheber nicht, indem er nicht schreiben konnte.

434) Bei dem Hottenbacher Diebstahl, seid ihr nicht alsobald vier an der Zahl in das Haus des Juden eingedrungen, und habt ihr nicht ihn, seine Frau und sein Kind verwundet?

Antw. Ich bin mit Peter Dalheimer, Jakob Gerhard von Weiden und Johannes Leydecker in das Haus gegangen; dieser leztere hat sich des Juden bemächtigt und hat selbigen in sein Zimmer gezogen. Ich gieng mit Peter Dalheimer in das Gewölb, um die Waaren aufzupakken. Als wir auf das Geschrei des Juden und seiner Frau hinaus giengen, fanden wir Johannes Leydecker und Jakob Gerhard den Juden auf dem Boden haltend; ich rettete ihn aus ihren Händen, wornach der Jud selbsten mich in seinen Laden führte. Ich sahe damals die Frau des Juden mit ihrem Kind auf dem Bette sizzen, nahm aber keine Gewaltthätigkeit an ihr gewahr.

Während dem ich mit dem Juden in dem Laden war, hörte ich ein neues Geschrei in der Küche; beim Hinausgehen, sahe ich Johannes Leydecker, welcher dem Schwiegervater des Wolf Wiener die Pistole auf die Brust hielt; ich wendete den ihm gedroheten Schuß ab, welcher ohne meine schleunige Hilfe noch ein größeres Unglück würde verursacht haben. Nachdem wir den Laden, welcher sich auf gleicher Erd befand, ausgeleert hatten, sind wir auf den Speicher gegangen, allwo wir noch verschiedene Waaren gefunden haben. Der alte Jude führte mich noch in sein Zimmer, wo er mir noch vier oder fünf Louisd'or gab, ohne daß ich die geringste Gewalt gegen ihn gebraucht hatte.

435) Wißt ihr nicht, wer besagten Wolf Wiener mit einem Messer an der Hand verwundet hat?

A n t w. Nein.

436) Welche waren dann die drei, welche sich in das Zimmer des Schwiegervaters des Wolf Wiener eingeschlichen haben, selbigen und seine Frau mißhandelt, den Koffer aufgebrochen und eine ansehnliche Summe Geldes entwendet haben?

A n t w. Dieses muß sich zugetragen haben, als ich mit dem jungen Juden im Laden war, und ich kann folglich nichts darauf sagen.

437) Habt ihr dann nicht beobachtet, daß die alte Frau an dem Kopf verwundet war?

A n t w. Nein.

438) Wisset ihr nicht, daß Peter Arnold dem Juden, welcher in der Nachbarschaft des Wolf Wiener wohnt; außer der Uhr, von welcher ihr in euren vorherigen Verhören sprachet, noch eine beträchtliche Summe Geld genommen hat?

A n t w. Ich weis nichts vom Geld.

439) Habt ihr keine Wissenschaft von dem Diebstahl, welcher im Monat Prairial des achten Jahrs auf offener Straße bei Wiesweiler an drei Bürger, welche von Meisenheim kamen, verübt worden?

A n t w. Ja, dieser Diebstahl ist durch mich und Georg Pick von Mittelbollenbach verübt worden, wir waren mit Schießgewehren bewaffnet, und hatten etliche Pfund Zucker und Caffee, Baumwollen-Zeug, und einen blauen Rok, in welchem wir sieben oder acht Louisd'or fanden, entwendet. Die Namen der Leute, welche wir bestohlen hatten, sind mir unbewußt; man hat mir aber gesagt, daß es Offenbacher Juden waren. Uebrigens haben wir keine Gewaltthätigkeit gegen jemand ausgeübt.

440) Habt ihr keinen Antheil genommen an dem Diebstahl, welcher in dem Laufe des Monats Messidor des achten Jahres, auf offener Landstraße bei Schloß-Böckelheim, auf etliche Bürger, welche von dem Kreuznacher Markt kamen, ist begangen worden?

A n t w. Ja, dieser Diebstahl ist durch mich, Georg Otto Pick und Peter Dalheimer begangen worden. Ich war mit diesen zween auf einem Felsen bei Schloß-Böckelheim, wo wir die von dem Kreuznacher Markte kommenden Juden erwarteten; endlich kamen fünf und vierzig Juden und fünf Bauern: Der Plaz, welchen wir zur Begehung dieses Diebstahls gewählt hatten, war ein Holzweg; ich war hinter dem Felsen versteckt, und Pik und Dalheimer erwarteten sie beim Ausgang des Wegs. Nachdem sie bei mir vorbei gezogen waren, gieng ich hinter meinem Hinterhalt vor und Georg Pick und Dalheimer stellten sich vor sie, so daß wir sie zwischen uns hielten und sie nicht mehr weichen konnten.

Nachdem wir ihnen Geld gefodert hatten und sie keines zu haben geantwortet, so durchsuchten wir sie, fanden aber würklich kein Geld bei den Juden, ausgenommen etliche Kreuzer, welche die armen Juden durch ihren Mackler-Lohn auf dem Markt verdient hatten, und welche wir ihnen gelassen haben. Ein Jud von Staudernheim hatte ein Päkchen Waare, welches ich ihme alsobald genommen, aber auf seine Vorstellung, daß er ein armer Teufel sei, und nur diese Waaren habe, um sein Brod verdienen zu können, so nahm ich nur zwei Päkchen Tabak und eine Pfeife daraus und gab ihm das übrige zurück. Was die Christen anbetrift, so haben wir selbige nicht berührt.

Nach geschehener Durchsuchung der Juden, sagte ich ihnen ihre Schuhe auszuziehen: welches sie auch thaten; wir warfen die Schuhe untereinander auf einen Haufen, und überließen einem jeden, die seinigen zu suchen; während dem die Juden sich wegen ihren Schuhen herum schlugen, gab ich meine Flinte einem von ihnen und stieg hinter den Felsen, um meine Uhren zu holen, welche ich allda habe liegen lassen; in dieser Zwischenzeit wollten einer oder zween Juden sich flüchten: Pick schoß aber auf sie und führte sie im nemlichen Augenblik als ich vom Felsen herunter stieg, wieder zurük; weiß aber nicht ob er selbige durch seinen Schuß erreicht hat. Von dieser Geschichte, welche mehr komisch als ernsthaft war, haben wir nichts als den Tabak und die Pfeiffe, wovon ich schon geredet, ein seidenes Tuch und eine lederne Gurte bekommen; ich bemerke endlich daß wir alle mit Schießgewehr bewaffnet waren.

441) Habt ihr keine Wissenschaft von dem Diebstahl, welcher im Monat Messidor des achten Jahrs auf der Landstrasse bei Hennweiler begangen worden ist?

Antw. Ja, er ist durch Pick, Dahlheimer und Philipp Arnold begangen worden; ich habe aber keinen Antheil daran genommen.

Nachdem dem Angeklagten gegenwärtiges Verhör vorgelesen und auf deutsch ausgelegt war, erklärte er, daß solches Wahrheit enthalte und hat mit uns obgenanntem Richter und Commis-Greffier unterschrieben.

Mainz den Tag, Monat und Jahr wie oben, des Abends um acht Uhr.

Unterschrieben, Wernher, Johannes Bückler und Brellinger mit Handzügen.

Fortsezzung vom zwei und zwanzigsten Vendemiär eilften Jahrs.

442) Ihr habt in eurer Antwort auf die vier hundert fünf und zwanzigste Frage gesagt, daß ihr vorkdem Diebstahl zu Södern, mit dem alten Müller-Hannes und Georg Friedrich Schulz auf den Breitzesterhof gekommen seid; an welchem Orte habt ihr dann diese zwei Individuen angetroffen?

Antw. Ich war mit besagtem Schulz von der rechten Seite des Rheins, welchen wir zu Hamm passirt waren, gekommen; unterwegs haben wir zwischen Armsheim und Bibelheim den Müller-Hannes angetroffen; von da sind wir, indem wir die Nächte in den Wäldern zubrachten, über Eckelsheim, wo wir bei dem Wirth Keim gegessen und getrunken haben, über den Hühnerhof, Kirchenbollenbach, wo wir bei der Wittib Drechsler, welche eine Wirthin ist, Brandwein getrunken haben, bis nach Aulenbach gegangen, allwo uns Glasers-Adam von Ruschberg begegnete, welcher mit uns auf den Breitzesterhof sich begeben.

443) Ihr habt auf die nemliche Frage gesagt, daß es euch nicht gelungen ist, die Hausthüre einzustossen, dennoch ist es in den Akten bewiesen, daß der obere Theil besagter Thür eingestossen worden ist, und daß eine der Füllungen herunter geworfen worden, woraus erhellet, daß euer Eingeständniß nicht richtig ist: Was habt ihr darüber zu sagen?

Antw. Es ist wahr, daß eines der Füllungen herunter geworfen worden, aber der Jud hatte diese Thüre dermassen gebunden und versperrt, daß wir sie nicht aufbrechen und durch selbige eingehen konnten.

444) Habt ihr nicht bei dieser Gelegenheit in dem Keller des Juden einen Winkel aufgemacht und aus demselben eine beträchtliche Summe Geld entwendet?

Antw. Der Sachse sagte uns, daß der Jud sein Geld in der Badwanne, welche sich im Keller befindet, verborgen hätte. Wir waren dann in dem Keller um diese Badwanne zu suchen, haben aber nichts gefunden, und keine Winkel in der Mauer aufgemacht.

445) Beharret ihr darauf alle diejenige, welche bei dem Raub und Mord des besagten Juden zu Södern mitgeholfen, angezeigt zu haben?

Antw. Ich beharre darauf.

446) Müßt ihr nicht eingestehen, daß die Gebrüder Mathias und Nikolaus Korb, so wie auch Peter Korb von Södern an diesem Diebstahl geholfen haben?

Antw. Diese Individuen haben keinen Antheil an diesem Verbrechen genommen.

448)

447) Wie könnt ihr läugnen, daß diese Individuen Antheil an diesem Verbrechen genommen haben, da sie sich nicht nur durch ihre Flucht, welche sie mittelbar nach dem Diebstahl ergriffen, sehr verdächtig gemacht haben, und daß auch Peter Korb von Moyses Löb und Gertrud Löb erkannt worden ist?

Antw. Die Beweggründe, warum diese Individuen durch die Flucht sich retteten, ist mir unbewußt; aber es ist unmöglich, daß Peter Korb erkannt werden konnte, indem weder er noch einer der andern an diesem Verbrechen Antheil genommen haben.

448) Wer ist denn derjenige unter euch, welcher damals beim Diebstahl ein fleischfärbiges Camisol, eine rothe Weste, und ein schwarzes Halstuch getragen hat?

Antw. Dies war der Sachse, aber das Camisol war eher braunlich.

449) Seid ihr nicht den Tag nach dem Diebstahl bei dem Dorf Eisen vorbei gegangen?

Antw. Ich kenne kein Dorf dieses Namens.

450) Wer ist dann derjenige von euch, welcher einen Tragkorb trug und den andern auf eine gewisse Strecke folgte?

Antw. Keiner unter uns hat einen Tragkob getragen.

451) Ihr habt in eurer Antwort auf die vier hundert fünf und zwanzigste Frage gesagt, daß Georg Fridrich Schulz allein auf den Juden geschossen habe; man hat doch eine Kugel in seinem Körper und eine andere in seinem Zimmer gefunden, woraus folgt, daß man zween Schüsse gethan hat; was habt ihr hierauf zu antworten?

Antw. Vor dem Eingehen ins Haus, hat Georg Friedrich Schulz allein geschossen; aber beim Herausgehen, und nachdem alles vollendet war, haben wir noch etliche Schüsse in die Luft gethan, um die Bauern zu beängstigen. Es ist also möglich daß einer dieser Schüsse seine Richtung gegen das Zimmer des Juden genommen hat.

452) Es ist bewiesen in den Aktenstükken, daß ihr im Jahr neun auf den Kirchweihen von Jben, Jürfeld, Eckelsheim (oder Bellheim) gewesen seid, welche auf die nemliche Epoche fallen als die Diebstähle, welche ihr zu Södern, und wenig Zeit hernach zu Staudernheim begangen habt. Es erfolgt aus der Zusammenbringung dieser Zeitpunkten, so wie auch aus dem Umstand, daß ihr mit Müller=Hannes und Schulz auf der Kirchweihe zu Jben gewesen seid, daß ihr nicht gerade nach Södern gegangen seid, und daß dieser Diebstahl nach der Kirchweihe zu Jben begangen wurde.

Ich mache euch diese Bemerkungen, damit bei beßrem Entsinnen ihr diese Widersprüche verbessern könnt?

Antw. Eure Bemerkung ist richtig; die Vielfältigkeit der Thaten und der Verfluß der Zeit wo sich dieses alles zugetragen hat, haben diesen Irthum veranlaßt. Die Wahrheit ist: daß nachdem ich und Schulz den Müller=Hannes bei Armsheim angetroffen hatten, sind wir miteinander auf die Kirchweihe nach Jben gegangen, welche wir den Sonn= und Montag feierten. Wir sind Montag Abends von da nach Södern gegangen, von wo wir den folgenden Montag wieder nach Jben zurük gekommen sind. Den nemlichen Tag Abends sind wir nach Jürfeld gegangen, und den folgenden Tag auf die Eckelsheimer Kirchweihe, wo wir den Dienstag und Mittwoch zugebracht haben. Von da sind wir nach Jben zurükgekehrt, von wo wir nach einem vier und zwanzigstündigen Aufenthalt mit Krug=Joseph und Johann Adam Lahr nach Staudernheim gegangen sind.

Nachdem man dem Angeklagten gegenwärtiges Verhör vorgelesen und auf deutsch ausgelegt hatte, erklärte er, daß solches getreu niedergeschrieben sei und Wahrheit enthalte und hat mit uns obgenanntem Richter und Commis=Greffier unterschrieben.

Mainz den Tag, Monat und Jahr wie oben, um sieben Uhr des Abends.

Unterschrieben: Wernher, Johann Bückler und Brellinger.

P p p

Fortsezzung vom sieben und zwanzigsten Vendemiár eilften Jahrs.

453) Habt ihr nicht auf dem Rükweg von Södern, den angeklagten Joseph Klein von Feil angetroffen, und wo habt ihr ihn gefunden?

Antw. Ja, ich habe ihn auf den Dreiweihern gefunden, wo ich mit Georg Friedrich Schulz war.

454) Habet ihr ihm nicht einen Sak eingehändigt, welcher die zu Södern gestohlne Sachen enthielt, um selbige bei Peter Haffinger zu Iben niederzulegen?

Antw. Ja.

455) Das Antheil des Georg Friedrich Schulz, war es nicht auch im nemlichen Sak, und hat Schulz nicht mit euch zu gleicher Zeit gedachtem Klein den Auftrag gegeben, selbiges nach Iben zu tragen?

Antw. Ja.

456) Ist gedachter Schulz nicht mit euch zurük auf den Ibenerhof gegangen, bevor ihr auf die Kirchweihe gegangen seid?

Antw. Ja.

457) Habt ihr nicht damals mit Peter Haffinger gesprochen, und war Schulz gegenwärtig?

Antw. Ja, ob aber Haffinger gedachten Schulz gesehen hat, ist mir unbewußt; ich habe auch noch den Krug-Joseph allda angetroffen, welcher mit uns auf die Kirchweihe nach Fürfeld gegangen ist.

458) Habt ihr dem Peter Haffinger nicht gesagt, daß die in gedachtem Sak enthaltene Effekten vom erwähnten Diebstahl herrührten?

Antw. Ich erinnere mich dessen nicht mehr.

Nachdem dem Angeklagten gegenwärtiges Verhör vorgelesen und auf deutsch ausgelegt war, erklärte er, daß solches Wahrheit enthalte und hat mit uns obbesagtem Richter und Commis-Greffier unterschrieben. Zu Mainz den Tag, Monat und Jahr wie oben, des Abends um halb acht Uhr.

Unterschrieben: Wernher, Johannes Bückler und Brellinger mit Handzügen.

Fortsezzung vom dritten Brümár eilften Jahrs.

459) Ihr habt in euren vorherigen Verhören schon eingestanden, Wissenschaft von der im Sommer des Jahrs achtzehn hundert eins bei Darmstadt auf der rechten Rheinseite auf die Person des Henrich Delis, sogenannten Zahn-Franzen-Martin, begangenen Mordthat zu haben: von wem habt ihr diese That erfahren, und welches sind die Umstände die solche begleitet haben?

Antw. Ich weiß von Lorenze-Peter, welcher diese Mordthat begangen hat selbsten, daß er sich auf den in der Frage erwähnten Zeitpunkt in einem etliche Stunden von Darmstadt gelegenen Haus, welches man das Linzen-Häuschen zu nennen pflegt, befand, in Gesellschaft von Zahn-Franzen-Henrich, Zahn-Franzen-Martin, Christian Rheinhard und einem anderen, den er mir unter dem Namen Höltzemann bezeichnet (weil er mit hölzernen Waaren handelt) daß er mit den zween ersteren Streit bekam, und diese ihn anfänglich sehr mißhandelten: daß er den folgenden Tag aber sich Genugthuung nahm, da er dem Henrich Delis einen Stokstreich versetzte, welcher ihn zu Boden warf, und von dessen Folgen besagter Delis gestorben seyn soll. Daß nach diesem Streit Lorenze-Peter die Flucht ergriffen, und bei Stockstatt sich eines Nachens bemächtigt hätte, mit welchem er über den Rhein fahren wollte: daß nachdem er auf einer Insel landete und selbige für das feste Land nahm, er seinen Nachen treiben lies, und, um auf das linke Rheinufer zu kommen, sich entschließen mußte, den Rhein hinüber zu schwimmen; daß zu diesem Ende selbiger ein Päkchen von seinen Kleidern machte und solches an seinen Hals band, weilen er aber mit dieser Last dem Strom nicht widerstehen konnte, so machte er sich von seinen Kleidern los: Daß er ganz nakkend auf dem sogenannten Lerchenhof ankam, allwo er Deponent sich damals befand; daß der Pächter dem Lorenze-Peter ein Hemd, Hoßen, einen Hut gegeben, und sie eine kurze Zeit hernach miteinander den Juden Herz von Ulmet bestohlen hätten.

460) Habt ihr gar keine Wissenschaft von dem Mord welcher im Monat May des Jahrs achtzehn hundert eins zu Rohrheim auf die Person eines Mainzer Caporals ist begangen worden?

Antw. Ich war damals zu Poststatt; es war Kirchweihe zu Kleinrohrheim; ich gieng mit Johann Adam-Hofmann, sogenanntem Peter-Henrichs-Hann-Adam, Christoph Blum von Lautert, Schmulbalzer und Schweizer-Philipp dahin. Als wir ankamen, fragten wir den Wirth Mauß, ob wir uns bei ihm ohne beunruhigt zu werden lustig machen könnten; auf seine bejahende Antwort giengen wir hinen: Nachdem wir etliche Bouteillen Wein getrunken hatten, tanzte ich mit einer Namens Margareth, Dienstmagd bei Johann Altdörfer zu Kleinrohrheim, welche ich kannte, weilen ich mich etliche Wochen in dem Hause ihres Meisters aufgehalten habe. Indem ich mit diesem Mädchen tanzte, sagt Johann Adam Hofmann zum Schweizer Philipp, daß er ihm eine Bouteille Wein bezahlen wollte, wenn er sich unterstünde die Pistole, welche er in seinem Sak trug, auf den Tisch zu legen. Ein Mainzer Soldat, welcher dieses gewahr nahm, ergriff selbige sogleich; wir foderten sie ihm ziemlich höflich wieder; er wollte sie uns wieder geben, wenn wir ihm eine Bouteille Wein zahlten. Als wir dadurch sahen daß dieser Soldat uns prellen wollte, nahm ich sie ihm sogleich mit Gewalt und warf besagten Soldaten zu Boden. Dieser verließ das Zimmer auf ebener Erde, wo dieses sich zugetragen hatte, um Hilfe von seinen Kameraden, welche sich im ersten Stok befanden, zu holen. Sie kamen auch wirklich herunter, wir trieben aber den ersten Angriff ab. Endlich gelang es den Soldaten, welche neun oder zehn an der Zahl mit Säbel, und einer auch mit seiner Flinte bewaffnet waren, uns aus dem Hause zu jagen; ich gieng mit besagtem Hofmann hinten, und die drei andern vornen hinaus; die Soldaten verfolgten uns; Ich schlug mich mit Hofmann gegen etliche, welche mit in das Haus zurük drangen, und bei dieser Gelegenheit gab ich dem Sohn des besagten Wirth Mauß einen Stoßstreich, welcher ihn zu Boden warf. Indem dieses sich an der Hinterthür zugetragen hatte, schlugen sich die übrigen Kameraden an dem andern Ausgang des Hauses, und dem Schweizer-Philipp wurde der Hirnschedel gespalten: ich kam diesen zu Hilfe. Peter-Henrichs Hann-Adam, welcher an der andern Thür blieb, wurde aufs neue durch zween Soldaten angegriffen; dieser rief mich zu Hilfe und ich sprang zu ihm. Nachdem wir diese zween Soldaten in die Flucht geschlagen hatten, wollten wir an unsere übrige Kameraden anstoßen, und da, indem ich um das Ek des Hauses herumgehen wollte, sahe ich Schmulbalzer, welcher einen Mainzer Soldaten zu Boden geworfen hielt, und ihm etliche Streiche gab, an deren Folgen er wahrscheinlich gestorben ist; der Soldat hatte eine Flinte, deren sich mich bemächtigte und welche ich an einem gegen dem Haus des besagten Mauß überstehenden Bakofen zerschlug. Die Soldaten waren damals alle zerstreuet, und wir dachten auch auf unsern Rükzug, nachdem der Sohn des Wirths Mauß und mehrere andere Einwohner mit Flinten bewaffnet aus den Häusern kamen. Sie schossen nach uns ohne jedoch uns zu treffen.

Es erfolgt aus dieser That, daß die Mainzer Soldaten die Angreifer waren und wir uns in rechtmäßiger Vertheidigung befanden; wir waren alle schwer verwundet mit Ausnahm des gedachten Schmulbalzer und Christoph Blum. Ich selbsten habe einen Säbelhieb an der rechten Hand bekommen, welcher mir den Finger fast abgehauen hat.

461) Ihr habt auf die vorhergehende Frage gesagt, daß ihr mehreremal in Rohrheim euch aufgehalten habt und daß ihr in diesem Dorfe bekannt seid. Kannte euch der Wirth Mauß auch, und unter welchem Namen waret ihr ihm bekannt?

Antw. Der Wirth Mauß kannte mich auch, weilen ich oft in seinem Haus war, jedoch unter keinem andern Namen als Krämer-Jakob, welchen ich gemeiniglich auf dem rechten Rheinufer führte.

462) Wer sind dann der Schmulbalzer und Schweizer-Philipp von welchen ihr in eurer Antwort auf die vier hundert sechzigste Frage gesprochen habt?

Antw. Schmulbalzer war voriges Jahr zu Aschaffenburg im Arrest; er ist der Bruder von dem sogenannten Schockler, welcher vor eilf oder zwölf Jahren in Zweibrücken gehenkt worden ist.

Schweizer-Philipp, Sohn des sogenannten Schweizer-Hannes, welcher vor zwanzig Jahr in Zweybrücken gehenkt worden ist, man nennt ihn auch den Scheelen-Philipp, weil er scheel ist.

463) Habt ihr keine andere Verbrechen mit besagten zween Individuen begangen?

Antw. Nein, ich habe sie bei dieser Gelegenheit zum erstenmal, und seither nicht mehr gesehen.

Nachdem man besagtem Beklagten gegenwärtiges Verhör vorgelesen und auf deutsch ausgelegt hatte, erklärte er, daß solches wahrhaft niedergeschrieben sei und Wahrheit enthalte und hat mit uns und dem Commis-Greffier unterschrieben; Mainz den Tag, Monat und Jahr wie oben um sieben Uhr des Abends.

Unterschrieben: Johannes Bückler, Wernher und Brellinger mit Handzügen.

Fortsezzung vom sechsten Brúmár eilften Jahrs

464) Kennt ihr den Namens Anton Andres von Sarmersheim, Arrondissement Barr, in Niederrheinischen Departement gebürtig und Maurer seiner Profession, nicht?

Antw. Nein.

465) Kennt ihr den Namens Antoni Breßler, Glaser der Gemeinde Branderhof, Arrondissement von Sarreburg, im Meurthe-Departement?

Antw. Nein.

Nachdem dem Angeklagten gegenwärtiges Verhör vorgelesen und auf deutsch ausgelegt war, erklärte er, daß solches Wahrheit enthalte und hat mit uns obgenanntem Richter und Commis-Greffier unterschrieben. Mainz den Tag, Monat und Jahr wie oben.

Unterschrieben: Johannes Bückler, Wernher und Brellinger mit Handzügen.

Fortsezzung vom siebenten Brúmár eilften Jahrs.

466) Habt ihr keinen Antheil an dem, den sechsten Germinal achten Jahrs auf die Person des Bürger Samuel Elie von Sobernheim auf dem Weg zwischen Waldbeckelheim und dem Steinerterhof bei dem sogenannten Kiswald begangenen Diebstahl, genommen?

Antw. Ich war damals mit dem Carl Benzel dem sogenannten Scheelen-Karl in besagtem Bezirk; wir erwarteten die Handelsleute welche von dem Kreuznacher Markt zurük kommen sollten. Der Jud Schmul (Samuel) von Sobernheim kam diesen Weg. Wir foderten ihm sein Geld ab. Er gab uns aus gutem Willen eine Summe von beiläufig eilf Gulden. Ich bemerkte, daß er noch mehr Geld in seinen Hosen hatte; ich ließ ihn von seinem Pferde absteigen; der Jud widersezte sich aber der Durchsuchung, die ich an seiner Person vornehmen wollte; ich brauchte dann Gewalt gegen ihn und zog aus seinen Hosen eine Summe von zwölf bis dreizehn Louisd'or; ich bemächtigte mich auch des Pferds des Juden, und gewann damit die Anhöhe. Benzel folgte mir zu Fuß nach; der Jud schrie wie ein Rasender und Benzel legte ihm Stillschweigen auf; weilen er aber immer um Hilfe schrie, so schoß Benzel mit seiner Flinte nach ihm; demohngeachtet unterließ der Jud sein Geschrei nicht, und lief mir nach; Benzel schoß noch einmal nach ihm. Ich habe nicht gesehen, daß einer dieser Schüsse den Juden getroffen habe, wenigstens ist er nicht zu Boden gefallen.

Der Jud verfolgte mich immer und weilen Leute auf dem an den Wald gränzenden Felde waren, so verließ ich das Pferd, welches der Jud gleich ergriff, und begab mich mit Benzel in den Sobernheimer Wald, wo wir das Geld theilten: Von da sind wir nach Lauschied gegangen allwo wir bei Johannes Leydecker übernachteten.

467) Wer sind die Weiber welche bei euch und Carl Benzel waren, als der Lezte auf dem Eichenerhof arretirt wurde?

Antw. Es waren Anna Maria Schäfer von Waldbrük damals Beischläferin von Carl Benzel, und eine Namens Catherine, Tochter des alten Schuhmacher, welche damals mit mir lebte und jezo dem Krug-Joseph nach zieht.

468) Wo hattet ihr die doppelte Flinte herbekommen, welche die Gendarmen bei der Arretation des Carl Benzel in der Scheuer auf dem Eichenerhof fanden?

Antw. Ich habe sie in der Hütte eines Holzhauers Namens Johann Schaus, welcher in dem Sonwald wohnt, gestohlen. In dem Augenblik als ich sie nahm war niemand zu Haus.

469)

469) Wißt ihr nichts von den Verbindnissen, in welchem Carl Benzel mit Michel Ritz, Pächter vom Frohnbacherhof, im Kanton Cussel, Sarre-Departements, Abraham Benedum auf dem Meyweilerhof, Kanton Cussel und Christian Scheithauer auf der Mühl zu Rhaunen nemlichen Kantons, Saar-Departements gewesen ist?

Antw. Nein.

470) Es scheint doch, daß Carl Benzel innigst verbunden mit diesen Individuen war, indem er ihnen aus seinem Gefängniß zu Coblenz geschrieben, und gedroht hat sie zu verrathen, wenn sie ihm nicht zu Hilfe kämen. Diese Verbindnisse können euch nicht unbewußt seyn, da euer Kamerad Benzel es euch doch ohne Zweifel wird anvertraut haben?

Antw. Es ist möglich, daß Carl Benzel ihnen gestohlene Pferde verkauft habe, aber ich weiß nichts davon, und weil ich nur sechs Wochen mit besagtem Benzel war, so hat er mir auch nichts davon gesagt.

471) In was bestunden die Lebensmittel welche euch Müller-Hannes von dem Eichenerhof verschafte, als ihr mit besagtem Müller-Hannes, Georg Friederich Schulz und Jakob Porn in einem benachbarten Wald waret?

Antw. In Brod und Milch.

472) Hat einer von euch den Hafen wieder auf den Hof zurük getragen, oder hat jemand vom Hof selbigen geholt?

Antw. Der alte Pächter ist zu uns gekommen, um den Hafen abzuholen.

Nachdem man dem besagten Angeklagten gegenwärtiges Verhör vorgelesen und auf deutsch ausgelegt hatte, erklärte er, daß solches getreu niedergeschrieben, Wahrheit enthalte und hat mit uns obgenanntem Richter und Commis-Greffier unterschrieben. Mainz den Tag, Monat und Jahr wie oben, um sieben Uhr des Abends.

Unterschrieben: Johannes Bückler, Wernher und Brellinger mit Handzügen.

Fortsezzung vom sechszehnten Brümär eilften Jahrs.

473) In eurer Antwort auf die vier hundert siebente Frage habt ihr die Verbrechen, welche ihr mit Peter Petry Sohn begangen habt, erklärt; habt ihr nicht in eurer Antwort den Schwein-Diebstahl zu Heinzenberg, an welchem besagter Petry beschuldigt ist, Antheil genommen zu haben, ausgelassen?

Antw. Ja, ich habe diese That vergessen; besagter Petry hat an diesem Diebstahl mitgeholfen und durch ihn und seine Familie ist das Fleisch auf dem Steinerterhof verzehrt worden; ich erinnere mich nicht mehr, ob auch einen Theil des Geldes, welches aus dem Verkauf etlicher dieser Schweine ist erlöst worden, bekommen hat.

Nach geschehener Vorlesung und auf deutsch gegebener Auslegung von gegenwärtigem Verhör, erklärte der Angeklagte, daß selbiges treulich niedergeschrieben ist und hat mit uns obbesagtem Richter und Commis-Greffier unterschrieben. Zu Mainz den Tag, Monat und Jahr wie oben, um die Mittagsstunde.

Unterschrieben: Wernher, Johannes Bückler und Brellinger mit Handzügen.

Fortsezzung vom zwei und zwanzigsten Brümär eilften Jahrs.

474) In eurer Antwort auf die zwei hundert neun und sechszigste Frage habt ihr den Mitschuldigen des Meuchelmords des Bürger Riegel zu Ozweiler genennt; hat Jakob Stein von Weyden nicht auch Antheil an diesem Verbrechen genommen?

Antw. Nein.

Q q q

475) Hat der Namens Heinrich, Sohn des Pächters vom Welcherterhof, ausser dem daß er euch die erste Idee den Bürger Riegel zu Otzweiler zu bestehlen gegeben, und des besagten Bürger Riegels Haus gewiesen hat, nicht auch noch thätigen Antheil an diesem Verbrechen genommen?

Antw. Nein.

476) Kennt ihr nicht einen Landstreicher Namens Wilhelm Weiß, welcher sich ausgiebt aus dem Luxenburger Land gebürtig zu seyn?

Antw. Nein.

477) Kennet ihr einen Namens Balthasar Lucas von Lippshausen?

Antw. Ich weiß daß es ein Kamerad vom Schwarz-Peter, vom Philipp Mosebach dem sogenannten Jäger-Philipp und vom Dicke-Jakob von Lippshausen war; der Familien-Namen des Leztern ist, wenn ich mich nicht irre Friedrich; Er ist auch mit Heinrich Schneider von Seibersbach, Krug-Nickes genannt in Verbindung. Ich kenne die Verbrechen nicht, welche er mit diesen Individuen begangen haben kann. Er war mit mir, dem Jakob Finck von Weiler, Johann Seibert von Lippshausen, Velte Weimerts-Hannes von Seibertsbach, welcher diesen Krieg hindurch unter den Jäger des fränkischen Kreises gedient hat, als wir vor vier Jahren versuchten einen Diebstahl in dem Hause eines Kaufmanns in Oberwesel zu begehen. Balthasar Lukas hatte die Gegend ausgespähet. Ich stieg auf eine Leiter um in das Gewölb im ersten Stok zu gehen, öffnete einen Laden, glaubend, er führe in das Gewölb, aber es war das Schlafzimmer der Tochter des Kaufmanns, welche einen solchen Lärm machte, daß wir unserm Vorhaben entsagen musten.

Sechs Monat zuvor; hat der nemliche Balthasar Lukas in der Folg eines Streits, welchen ich mit ihm hatte, mich durch einen Flintenschuß, in dem Haus und in Gegenwart des Johann Caspar von Lippshausen verwundet.

478) Kennet ihr einen Namens Johannes Bußler auf dem Marienpforterhof, und in welchem Verkehr waret ihr mit ihm?

Antw. Ja, es ist einer der Pächter besagten Hofs, welcher mir etlichemal zu essen gab, wenn ich auf seinen Hof kam, er hat mir auch einmal Kartoffeln in den Wald gebracht, und er hat keine Gemeinschaft mit mir.

Nachdem dem Angeklagten gegenwärtiges Verhör vorgelesen und auf deutsch ausgelegt worden, erklärte derselbe, daß solches treulich niedergeschrieben ist, Wahrheit enthalte und hat mit uns obbenanntem Richter und Commis-Greffier unterschrieben. Zu Mainz den Tag Monat, und Jahr wie oben.

Unterschrieben: Wernher, Johannes Bückler und Brellinger mit Handzügen.

Fortsezzung vom sieben und zwanzigsten Brümár eilften Jahrs.

479) Ihr habt in eurer Antwort auf die vier hundert fünf und zwanzigste Frage gesagt, daß auf dem Weg vom Breitzesterhof nach Södern ihr in einem Wirthshaus in einem Dorfe, welches drei Viertel Stund von der Neubrük entfernt liegt, eingekehrt seid, erinnert ihr euch nicht, daß der Name dieses Dorfs Gimbweiler ist?

Antw. Ich habe mich seitdem erinnert, daß dies der Name des Dorfes ist, von welchem ich in meiner Antwort auf besagte Frage gesprochen habe.

480) Habt ihr nicht bemerkt, daß das Wirthshaus, wo ihr eingekehrt seid, auch zugleich eine Ziegelhütte ist?

Antw. Davon weiß ich nichts, aber das Haus liegt am Ende besagten Dorfes.

481) Habt ihr nicht auch bemerkt, daß die Fremden, welche ihr in besagtem Haus gefunden habt, und wovon die Anzahl euch glauben machte, daß die Gemeinde versammelt seie, Maurer gewesen sind?

Antw. Ich habe nicht acht hierauf geben; ich habe nur mehr Leute gefunden als ich vermuthen konnte in das Haus zu gehören.

482) In welcher Beschäftigung fandet ihr besagte Fremde, als ihr in genanntes Haus getreten seid?

An tw. Sie waren rings um den Tisch herum gesessen um zu Nacht zu speisen.

483) War nicht jemand unter euch, welcher einen runden Huth trug?

An tw. Ja, ich wars.

484) Wer war dann derjenige unter euch, welcher einen aufgeschlagenen Huth trug, dessen hinter geschlagene Seite die Stirn und Augen bedekte?

An tw. Es war der alte Boutla.

485) Kennt ihr den Namen des Einwohners von Aulenbach nicht, welchen ihr unter dem Namen Sohn des Wirths Hannes-Jakob von Fronhausen bezeichnet habt.

An tw. Nein, aber sein Haus liegt mitten im Dorf gegen dem Brunnen über; Ich bemerke daß mit Ausnahm des Herrn des Hauses niemand uns ein noch ausgehen sahe.

486) In eurer Antwort auf die vier hundert fünf und zwanzigste Frage habt ihr gesagt, daß die zween Porn, Vater und Sohn, und Friederich Schmitt schon lange den Anschlag verabredet hatten, einen Juden zu Södern zu bestehlen; haben euch diese nemlichen Individuen nicht auch gesagt, daß sie schon einen Versuch gemacht haben, besagten Juden zu bestehlen?

An tw. Nein.

487) Kennet ihr dann diejenigen nicht, welche in der Nacht vom dreizehnten auf den vierzehnten Nivose siebenten Jahrs einen Versuch gemacht haben das Haus des Moyses und Mendel Levy zu bestehlen?

An tw. Nein.

488) Kennet ihr den Namen des Wirths zu Eckersweiler nicht, von welchem ihr in eurer Antwort auf die vier hundert vierte Frage gesprochen habt, und bei welchem ihr, vor dem Straßenraub bei der Neubrük, eingekehrt seid?

An tw. Nein.

489) Ists nicht Friedrich Albert, Wirth in besagtem Eckersweiler?

An tw. Ich weiß es nicht.

490) Würdet ihr dann den Wirth erkennen, wenn man euch selbigen vorzeigen würde?

An tw. Ich weiß nicht, aber ein Scheerenschleifer von Bärsweiler Namens Johann, und von welchem ich den Familien-Namen nicht kenne, war mit uns; dieser wird mehr Erläuterung geben können; ich muß zusezzen, daß der Familien-Namen Albert ist; daß er mir durch Carl Benzel und diejenigen, welche mit mir damals im Hause waren, also genannt worden, ich weiß aber nicht ob sein Vornamen Friedrich ist: übrigens ist sein Haus eines der ersten links, wenn man von Baumholder kommt.

491) Jakob Benedum und die zween andern, welche er mit sich brachte, haben sie sich in besagtem Wirthshause mit euch vereinigt?

An tw. Nein, wir haben sie in dem Wald bei Neubrük angetroffen.

492) Derjenige der Kameraden, welcher mit Benedum gekommen, welcher von Reichweiler ist und dessen Bruder in Trier guillotinirt worden ist, heißt er nicht Cullmann?

An tw. Ich weiß daß sein Vornamen Johann Nikolaus ist, und daß er unter den französischen Truppen gedient hat.

493) Könnet ihr uns keine Auskunft, wegen dem andern durch Benedum mitgebrachten Kamerad geben?

An tw. Es ist der Sohn des Müllers von der Neubrük, ein junger Mensch zwischen zwanzig und dreißig Jahren.

494) Seid nicht ihr derjenige, der damals bei dem Diebstahl bei Neubrük den Bürger Conrad Mohr von Osterhof angriff, und welcher ihm einen so schreklichen Streich versezte, daß er seinen Huth und Baumwollene Müzze durchdrang?

Antw. Nein, ich habe niemand geschlagen, habe aber gesehen, daß Benedum einem Christen einen Streich gab, welcher selbigen zu Boden warf.

495) Wie waret ihr und Benedum bei diesem Vorfall gekleidet?

Antw. Ich trug einen grauen Rok, rothe Weste, lederne Hosen und eine gräuliche Müzze. Benedum trug einen dreiekigten Hut, hellblau Camisol und lederne Hosen.

496) Habt ihr nicht noch andere Verbrechen mit dem gedachten Sohn des Müllers von Neubrücken begangen, und wißt ihr nichts mehr gegen ihn?

Antw. Nein, ich weiß aber, daß er ein guter Kamerad von Benzel und Benedum war, ich bemerkte jedoch an seiner Furcht, daß er noch unerfahren in diesem Handwerk war.

497) Die Mühle, wo ihr euch vor dem Diebstahl von Merxheim, welchen ihr mit Christian Rheinhard und Peter-Henrichs-Hann-Adam begienget, aufgehalten habet, liegt sie nicht zwischen Merxheim und Kirschroth, und heißt sie nicht Eltesmühl?

Antw. Ja.

498) Wißt ihr nicht, ob der Name des Müllers Philipp Lauf ist?

Antw. Ich weiß es nicht.

499) Der Müllerpursch, welcher mit Friedrich Kunz dem sogenannten Vorbes-Friz auf die Eltesmühl gekommen ist, heißt er nicht Peter Joseph Graf?

Antw. Ich erinnere mich dessen nicht.

500) Wißt ihr nicht, daß dieser nemliche Mensch, seither Müller auf der Kazzenmühl unterhalb Merxheim geworden ist?

Antw. Ich habe gar nichts davon gehört.

501) Nachdem ihr die Eltesmühl verlassen habet, hat euch der Müllerknecht, welcher mit Friedrich Kunz gekommen ist, unterwegs verlassen, oder ist er mit euch bis nach Merxheim gegangen?

Antw. Er ist mit uns und Friedrich Kunz bis ins Dorf gegangen, und hat uns nicht vor besagtem Kunz verlassen.

Nachdem besagtem Angeklagten gegenwärtiges Verhör vorgelesen und auf deutsch ausgelegt worden war, erklärte derselbe, daß solches treulich niedergeschrieben ist, Wahrheit enthält und hat mit uns und dem Commis-Greffier unterschrieben. Mainz den Tag, Monat und Jahr, wie oben,

Unterschrieben: Wernher, Johannes Bückler und Brellinger mit Handzügen.

Fortsezzung vom ersten Frimár eilften Jahrs.

502) Habt ihr damals bei dem Diebstahl zu Södern, der Frau Edinger nicht durch Porn Ziz geschikt.

Antw. Es ist möglich, daß die Rede davon war, aber ich kann nicht sagen, daß sie etwas von diesem Diebstahl bekommen hat.

503) Wo habt ihr eure Wachslichter angezündet, ehe ihr den Angriff auf des Juden Haus begienget?

Antw. Nachdem ich mit Friedrich Schmitt zum Dorf hinaus gegangen bin, schloßen wir uns wieder an unsere Kameraden an, welche außer dem Dorfe auf uns warteten, und verfügten uns in die hinter dem Dorf gelegenen Gärten; da haben wir unsere Wachslichter, mit welchen wir wieder ins Dorf und gerade vor das Haus des Juden gegangen sind, angezündet.

Nachdem dem Angeklagten gegenwärtiges Verhör vorgelesen und auf deutsch ausgelegt worden war, so erklärte derselbe, daß solches treulich niedergeschrieben ist, Wahrheit enthält, und hat mit uns obbenanntem Richter und Commis-Greffier unterschrieben. Zu Mainz den Tag, Monat und Jahr wie oben.

Unterschrieben: Wernher, Johannes Bückler und Brellinger mit Handzügen.

Fort-

Fortsezzung vom eilften Frimaire eilften Jahrs.

504) Wißt ihr nicht, daß der Namens Balthasar Lukas von Lipshausen, von welchem ihr in eurem vorherigen Verhör sprachet, mit einem gewissen Christ und Peter Zuchetto, in dem Winter des siebenzehn hundert acht und neunzigsten, Jahrs, zu Bingert, drei Pferde gestohlen habe?

Antw. Ich weiß nichts von einem zu Bingert, (Kantons Obermoschel, Departements vom Donnersberg) begangenen Pferdsdiebstahl; aber ich erinnere mich, daß man zu dem nemlichen Zeitpunkt zu Lingert, (Lingerhahn, im Rhein- und Mosel-Departement) zwei Pferde gestohlen habe, daß Balthasar Lukas in diese Geschichte verwikkelt war, daß diese Pferde dem Johann Caspar, ehemaligen Schultheißen zu Lipshausen verkauft worden, und die Eigenthümer selbige allda wieder gefunden haben. Aber ich erinnere mich der Umstände dieses Vorfalls nicht mehr, noch weniger des Antheils, welchen besagter Lukas, oder die obenbenannten zween andern, können daran genommen haben.

505) Kennet ihr dann den in vorhergehender Frage erwähnten Christ?

Antw. Es gibt zween Christ, der eine Namens Reiler Christ, Sohn eines Müllers, der mir unbekannt ist; der andere Namens Trierer Christ, Trierer Philipp oder Flaus, ist mit Zuchetto und Johannes Seibert, aus den Gefängnißen zu Trier durchgegangen; seitdem, ich weiß aber nicht wo, wieder eingezogen worden; was mich anbetrift, ich habe kein Verbrechen mit ihm begangen.

506) Habt ihr nicht mit besagtem Lukas und Johannes Seibert, im Winter des Jahrs siebenzehn hundert sieben und neunzig, auf siebenzehn hundert acht und neunzig, einen Kaufmann zu Dosel, bestohlen?

Antw. Ich kenne keinen Ort dieses Nahmens, und habe auch mit besagtem Balthasar Lukas keine andere Verbrechen begangen, als den Versuch des Diebstahls zu Oberwesel, von welchem ich in meinen vorhergehenden Verhören gesprochen habe.

Nachdeme dem Angeklagten gegenwärtiges Verhör vorgelesen und auf Deutsch ausgelegt worden, erklärte derselbe, daß solches treulich niedergeschrieben ist, Wahrheit enthält und hat mit uns obenbenanntem Richter und Commis-Greffier unterschrieben zu Mainz den Tag, Monat und Jahr, wie oben.

Unterschrieben Wernher, Johannes Bückler und Brellinger mit Handzügen.

Fortsezzung, vom drei und zwanzigsten Frimaire eilften Jahrs.

507) Ihr habt in eurer Antwort auf die vier hundert fünf und zwanzigste Frage gesagt, daß ihr nach dem Diebstahl zu Södern, auf die Scheuer-Mühl bei Bruchweiler gegangen seid, um Lebensmittel zu begehren; welche sind die Leute, die ihr auf besagter Mühle fandet?

Antw. Es waren etliche Weiber und ein Mann, welchen ich für den Knecht hielt.

508) Seid ihr alle in genannte Mühle gegangen?

Antw. Es ist niemand als ich hineingegangen, auch erinnere ich mich nicht mehr, ob ich von Müllerhannes oder Schulz begleitet war: die andern blieben in dem bei der Mühle gelegenen Wald.

509) Der Mann, welchen ihr für den Knecht nahmet, war es ein junger oder ein schon bejahrter Mann?

Antw. Es war ein Mann von mittlerem Alter.

510) Habet ihr die auf besagter Mühl erhaltenen Lebensmittel bezahlt?

Antw. Nein, wir hatten kein Geld um sie zu bezahlen.

R r r

511) Habt ihr keine Wissenschaft, von einem im Jahr sieben, in dem Haus des Bürger Conrad zu Laufersweiler begangenen Diebstahl?

Antw. Nein.

512) Wisset ihr nicht, daß die Namens Elise Werner, Namens Johannes Schmitt und Johannes Philippsen, genannt Bucherhannes, an diesem Diebstahl Theil genommen haben?
Antw. Nein.

513) Habt ihr nicht gehöret, daß diese Diebe von Laufersweiler nach Löffelschid sich begeben haben; daß sie in diesem lezten Orte zerstreuet worden sind und einen Theil ihrer gestohlenen Sachen verlassen haben?

Antw. Zu selbiger Epoche bin ich mit Martin Schmitt nach Löffelschid gekommen; ich fande allda die Namens Felges Marie Lise, welche nicht die nemliche Person mit der Grose Lise oder Bootslise ist; diese sagte mir, daß der Namens Peter Zuchetto, Johannes Knapp von Lips-hausen, (Johann Philippsen) Bucherhannes, und die Schwägerinn des Peter Zuchetto, die so-genannte Bucklich-Joseps-Bärbel, (also von ihrem buklichten Vater genannt) zu Löffelschid über-fallen worden seien und sich in das Gesträuch geflüchtet haben.

514) Der Mann, welchen ihr in der vier hundert drei und neunzigsten Frage, als einen Sohn des Neubrüker Müllers beschreibet und welcher an dem, bei besagter Mühl begangenen Straßen-raub, von welchem ihr in eurer Antwort auf die vier hundert vierte Frage gesprochen habt, Antheil genommen haben soll; ist es nicht viel mehr ein Namens Kinzer, welcher damals auf besagter Mühl sich aufhielt?

Antw. Ich weiß nicht anders, als daß es der Sohn des Neubrükker Müllers war. Benzel hat mir ihn unter diesem Namen zu kennen gegeben. Uebrigens habe ich diesen Mann nur dies einigemal gesehen, glaube aber, daß ich ihn, wenn man mir ihn vorstellte, erkennen würde. Es war ein Mann in der Blüthe seiner Jahre, von einem blassen und spizzigen Angesicht.

515) Habt ihr den Vornamen dieses Menschen nicht gehöret?
Antw. Nein.

516) Habt ihr diesen Tag nur einen einzigen Angriff auf der Landstraße bei Neubrük gemacht?

Antw. Wir hatten uns in dem Wald bei der Neubrük versammelt, um die auf den Birken-felder Markt sich begebenden Kaufleute zu erwarten. Der Plaz, welchen wir zu Begehung dieses Diebstahls gewählt hatten, war ein enger Weg. Unsere Absicht war die ganze Caravane vorbei-gehen zu lassen. Ich sollte sie am Ausgang dieses Eng-Wegs erwarten, und wann ich riefe: Halt! sollten die anderen, die sich im Hinterhalt hielten, ihnen den Rükzug versperren, und dieses geschah also:

Etliche Bauren und arme Juden bildeten die Spizze der sich auf den Birkenfelder Markt begebenden Gesellschaft; der Jud Löb von Bliesbrükken und sein Sohn schlossen diese Reihe; ich rief würklich Halt! der Jud Löb und sein Sohn, welche gute Pferde ritten und mit Pistolen bewafnet waren, machten Miene einen Widerstand leisten zu wollen; als ich dieses wahrnahm, kam ich meinen Kameraden zu Hülfe; die Juden, als sie sich von beidem Seiten angegriffen sahen, spornten ihre Pferde und ritten davon. Benzel schoß nach ihnen und ich glaube, Nikolaus von Reichweiler that auch einen Schuß; während der Zeit als dies sich zuge-tragen hatte, griff Benedum einen Christen, welcher bei den Juden war, an, und gab ihm Stokstreiche. Nachdem alles vorbei war, begaben wir uns gegen die Neubrük, unterwegs begeg-nete uns ein Mezger, welchem wir etliche Gulden nahmen.

517) Wo seid ihr von da hingegangen?

Antw. Wir haben uns getrennt, ich bin mit Carl Benzel nach Reichenbach gegangen; wo die anderen sich hinbegeben haben, ist mir unbewußt.

518) In eurem Verhör von Simmern habt ihr gesagt, daß ihr das zu Niederwürzbach gestohlne Pferd durch die Vermittlung des Andres Lütger von Lipshausen dem Sohn des Dreidel Moyses von Rheinbellen verkauft habt. In eurem Verhör vom dreizehnten Vendemiaire lezthin, habt ihr das nemliche gesagt; aber in dem Verbal-Prozeß der Confrontation zwischen euch und

Dreybel Moyses vom vier und zwanzigsten Thermidor zehnten Jahrs, habt ihr in Gegenwart des besagten Dreibel Moyses behauptet, daß ihr diese Pferde ihme selbsten verkauft hättet. Wie muß man diese Widersprüche vereinigen?

Antw. Mein Verhör zu Simmern, wo mir diese That noch neuer war, muß die Wahrheit enthalten; gewiß ist es, daß Andres Lütger den Kauf für diese Juden gemacht hat: es ist auch gewiß, daß einer dieser Juden gekommen ist, diese Pferde zu besehen; aber ich erinnere mich nicht mehr, ob es der Vater oder der Sohn war, ich glaube dennoch eher es war der Sohn als der Vater; bei welcher Gelegenheit ich doch bemerken muß, daß der Sohn, welcher nur fünfzehn oder sechszehn Jahre hat, nicht ohne Befehl seines Vaters gehandelt haben wird.

519) Ihr habt schon eingestanden, mit Philipp Mosenbach, dem sogenannten Jäger-Philipp, Pferde zu Hirschstein gestohlen zu haben; auf welche Art hat sich dieser Diebstahl zugetragen und wem habt ihr diese gestohlene Pferde verkauft?

Antw. Wir sind zur Nachtszeit, in den an ein Haus stoßenden Stall, durch ein mit einem Stük Holz zugemachtes Loch, eingegangen. Wir haben darin drei Pferde und ein Füllen genommen: Ein Pferd und das Füllen wurde durch Mosebach an einen Namens Stein-Müller, bei Benzerod, verkauft. Die zwei andern wurden an Johannes Caspar, ehemaligen Schultheisen zu Lipshausen, und seinen Schwager Keßer von Nils, für acht Louisd'or, als Preiß der zwei Pferde verkauft. Vier Louisd'or wurden uns durch Johann Caspar für seinen Schwager Keßer bezahlt; weilen aber besagter Caspar die vier Louisd'or, welche er für sich selbsten schuldig, nicht bezahlen konnte, so haben wir das ihm verkaufte Pferd wieder genommen, und ich habe selbiges hernach dem Sohn des ehemals zu Quirnheim bei Grünstatt wohnenden Gänglers, sogenannten Tauben-Antons, abgetreten.

520) Waret ihr bei dem zu Hirschstein begangenen Diebstahl bewaffnet?

Antw. Nein.

521) Waret ihr bei dem Pferds-Diebstahl zu Niederwürzbach nicht bewaffnet?

Antw. Nein.

522) Von welchem Diebstahl rührten die Pferde her, welche ihr durch Franz Stein von Lindenschied bewachen ließet?

Antw. Von dem Hirschsteiner.

Nachdeme dem Angeklagten gegenwärtiges Verhör vorgelesen, und auf deutsch ausgelegt worden, erklärte derselbe, daß solches treulich niedergeschrieben ist, Wahrheit enthält und hat mit uns obenbenanntem Richter und Commis-Greffier unterschrieben. Zu Mainz den Tag, Monat und Jahr, wie oben.

Unterschrieben: Wernher, Johannes Bückler und Brellinger, mit Handzügen.

Fortsezzung vom neunzehnten Vendemiär eilften Jahrs.

523) Kennet ihr nicht einen Namens Winkler von Reichenbach, welcher ehemals bei Johannes Welsch von besagtem Ort wohnte?

Antw. Nein, ich kenne in besagtem Reichenbach niemand, als genannten Welsch.

524) Müßt ihr nicht eingestehen, daß gedachter Winkler, zu dem bei dem Müller Horbach begangenen Diebstahl, und dem an dem Bürger Riegel zu Ozweiler verübten Meuchelmord geholfen hat?

Antw. Ich weiß nichts davon.

525) War nicht noch ein großer starker Mann von Sinhoppstätten, welcher zu diesen zwei Verbrechen geholfen hat.

Antw. Ich habe einen finstern Begriff, daß noch ein Mitschuldiger bei diesen zwei Verbrechen war, welchen ich noch nicht genennt, und welcher mit denjenigen von der Birkenfelder Band gekommen ist. Es wäre möglich, daß es der Namens Winkler seie, ich bin aber gewiß, daß es niemand von Sin-Hoppstätten war, allwo ich alle Leute kenne.

526) Habt ihr niemalen Versuch gemacht, von dem Müller Horbach von der Antesmühl Geld zu erpressen?

Antw. Ich habe von diesem Müller niemalen Geld erpressen wollen; aber ein Jahr vor dem Vorfall zu Ozweiler, wollte ich und Peter Petry Sohn, die Esel des besagten Müllers stehlen.

Wir waren schon in dem Stall, als wir von den Einwohnern überfallen wurden; wir retteten uns durch die Flucht, man schoß nach uns, und Peter Petry Sohn wurde von einem Schrotschuß getroffen. Ich ließ ihn zurük und begab mich auf den Steinerter=Hof, allwo die Mutter dieses jungen Petry sich befand. Auf das Bitten dieses Weibes, welche wegen dem Zurükbleiben ihres Sohnes unruhig war, kehrte ich nach Hundsbach zurück, allwo ich ihn in dem Hause eines Mannes, welcher der Bruder des Pächters vom Welcherter=Hof ist, fand. Ich führte ihn von da auf einem mit mir genommenen Pferd, auf besagten Steinerter=Hof. Ich bemerke endlich, daß es der nemliche Peter Petry ist, welcher sich gegenwärtig in den hiesigen Gefängnissen befindet.

527) Wisset ihr nicht, auf welche Art Peter Petry von der Antesmühl nach Hundsbach gekommen ist?

Antw. Nein.

528) Habt ihr nicht gehört, daß der Müller Füllmann ihn dahin geführt hat?

Antw. Nein.

529) Hat nicht der nemliche Füllmann die zu Offenbach gestohlene Waaren weggebracht?

Antw. Nein.

530) Müßt ihr nicht gestehen, daß besagter Füllmann euch in dem sogenannten Brunert= wald angetroffen hat?

Antw. Nein.

531) Habt ihr gar keine Wissenschaft von dem im Jahr acht bei Rheinbellen begangenen Straßenraub?

Antw. Ja, das Verbrechen ist durch mich, Georg Dahlheimer und Georg Pick begangen worden. Es war damals Markt zu Roth; wir stellten uns alsobald zwischen Kisselbach und und Lipshausen im Hinterhalt, um die von diesem Markte kommenden Kaufleute zu erwarten; aber dieser Ort war übel gewählt, indem wir nur einem einzigen Juden, welchem wir fünf Louis= d'or nahmen, begegneten. Von da begaben wir uns in den zwischen Lipshausen und Rheinbellen gelegenen Wald. Es fieng schon an Nacht zu werden, als wir eine Anzahl von zwanzig Juden kommen sahen. Wir hielten sie an und nahmen ihnen drei silberne Uhren und sechs oder sieben Thaler an Geld. Wir waren alle bewaffnet, übten aber keine Gewalt gegen die Leute aus, ausgenommen daß Peter Dahlheimer dem Jud Dreidel Moyses von Rheinbellen, welcher ihm seine Uhr nicht geben wollte, einen Stoß mit dem Flintenkolben gab.

Nachdeme dem Angeklagten gegenwärtiges Verhör vorgelesen und auf deutsch ausgelegt worden, erklärte derselbe, daß solches treulich niedergeschrieben ist, Wahrheit enthält, und hat mit uns obenbenannten Richter und Commis=Greffier unterschrieben. Zu Mainz den Tag, Monat und Jahr wie oben.

Unterschrieben Wernher, Johannes Bückler und Brellinger, mit Handzügen.

Fortsezzung vom neun und zwanzigsten Frimär eilften Jahrs.

532) Kennet ihr einen Namens Johann Adam Forster, sechs und dreißig Jahre alt, Korb= macher und Zunderhändler, ein Meter fünf und fünfzig Centimetres groß, rundem Angesicht, bedekter Stirne, grauen Augen, spizzer Nase, hellbraunen Haaren, kleinen Munds, spizzen Kin= nes, frischer Farbe, dessen Vater zu Siehn wohnt und den Tabak=Handel treibt?

Antw. Ja, ich kenne einen Menschen, welcher demjenigen, von welchem ihr mir die Beschrei= bung macht, gleicht; sein Vornamen ist Johann Adam, er ist ein Sohn vom rothen Michel, Ta= baks=händler auf dem Siehner=schloß; wenn es der nemliche ist, muß er blatternarbig seyn. Uebri=

gens

gens hat er an keinem meiner Verbrechen Antheil genommen, ich weiß auch nicht, ob er verheurathet ist.

Wenn es dieser Johann Adam, Sohn des rothen Michel nicht ist, so würde die Beschreibung auf den Johann Adam, Vetter des Wildschüzzen Hann-Adam aus dem Odenwald, welcher einmal mit mir auf das linke Rheinufer gekommen ist, um Juden zu bestehlen, wo wir aber ohnverrichteter Sache wieder zurük gekehrt sind, ziemlich passen.

Es ist nur der Unterschied dabei, daß dieser Johann Adam einen grosen Mund, und die Beschreibung, welche ihr mir vorgelesen habt, einen Mann bezeichnet, der einen kleinen Mund hat.

Nachdeme dem Angeklagten gegenwärtiges Verhör vorgelesen und auf deutsch ausgelegt worden, erklärte derselbe, daß solches treulich niedergeschrieben ist, Wahrheit enthält und hat mit uns obenbenanntem Richter und Commis-Greffier unterschrieben. Zu Mainz den Tag, Monat und Jahr wie oben.

Unterschrieben Wernher, Johannes Bückler und Brellinger, mit Handzügen.

Fortsezzung vom achten Nivos eilften Jahrs.

533) Wiederholet uns die Verkehre und Verbindniß, in welchen ihr mit dem sogenannten Husaren-Philipp waret?

Antw. Ich habe seine Bekanntschaft zur Zeit gemacht, als ich bei Bürger Nagel zu Bärenbach in Condition stand. Ich habe ihn seitdem in Weyden und verschiedenen anderen Orten wieder gesehen. Ich habe ihn vor der Geschichte zu Oszweiler, an welcher er Theil genommen hat, zu Kirchenbollenbach angetroffen. Einige Zeit nach diesem Vorfall bin ich zu ihm in sein Haus nach Dickesbach gekommen; ich bat ihn, mir eine Zusammenkunft mit den Töchtern des Plösius von Weyerbach zu vermitteln, welches er auch gethan hat; seitdem habe ich diesen Husaren-Philipp nicht mehr gesehen. Ich habe jedoch ausserdem, entweder von Cilchert oder von Carl Engers, gehöret, daß besagter Husaren-Philipp einen Versuch machte, einen Diebstahl zu Alben bei Natsweiler zu begehen.

534) Welcher war der Frau des Christian Rheinhard gewöhnlicher Wohnort?

Antw. Sie folgte gemeiniglich ihrem Mann, welcher keine bestimmte Wohnstätte hatte, sie ist aber niemal mit ihm auf das linke Rheinufer gekommen.

535) Sie wußte doch, daß ihr Mann ein Dieb war, und daß die Waaren und andere Sachen, welche er ihr brachte, von Diebstählen herkämen?

Antw. Es ist mir unbewußt, ob ihr Mann ihr desfalls Eröffnungen gemacht hat, wenigstens war in meiner Gegenwart niemal eine Rede davon.

Nachdeme dem Angeklagten gegenwärtiges Verhör vorgelesen und auf deutsch ausgelegt worden, erklärte derselbe, daß solches treulich niedergeschrieben ist, Wahrheit enthält und hat mit uns obenbenanntem Richter und Commis-Greffier unterschrieben. Zu Mainz den Tag, Monat und Jahr, wie oben.

Unterschrieben: Wernher, Johannes Bückler und Brellinger mit Handzügen.

Fortsezzung vom zehnten Nivos eilften Jahrs.

536) Beharret ihr darauf, daß den Tag, wo der Bürger Riegel zu Oszweiler ermordet worden ist, ihr in dem Haus des Bürger Gimbel zu Kirchenbollenbach gewesen seid.

Antw. Ja, ich war darinn mit allen denjenigen, welche Theil an diesem Verbrechen genommen haben. Heinrich Gimbel, seine Frau, sein ältester Sohn und seine übrigen Kinder waren alle zu Haus.

S s s

537) Hat der Namens Zimmer=Barts=Jakob Sohn des Müllers zu Weyden nicht auch Theil an dem Diebstahl zu Otzweiler genommen?

Antw. Ich kenne niemand, der sich also nennet, wenn man aber durch diesen Namen den Jakob Gerhard von Weyden bezeichnen will, so muß ich sagen, daß er keinen Antheil an diesem Verbrechen genommen hat.

538) Beharret ihr darauf, daß Johannes Welsch von Reichenbach auf der Mühl des Bürgers Horbach, wo ihr euch, ehe ihr nach Otzweiler gienget, aufgehalten habet, einen Flintenschuß gethan hat?

Antw. Ich beharre darauf, und ich habe ihn für diese Exzeß geschlagen; Johannes Seibert hat ihm auch etliche Streiche mit der Flinte gegeben, so daß er in Ohnmacht gefallen ist; es ward hiebei Blut vergossen, und ich weiß, daß er von der Folge dieser Wunden seinen Arm nicht mehr brauchen konnte; ob er an dem Kopf verwundet war, ist mir unbewußt.

539) Gleicht besagter Johannes Welsch nicht dem Peter Stibiz?

Antw. Ja, sie haben ohngefähr die nemliche Größe.

540) Seid ihr nach dem Versuch des Eseldiebstahls, nicht mehr in die Gegend der Mühl des Bürgers Horbach gekommen, wo in Gegenwart des Peter Petry Sohn, ihr ihm sagtet, daß dieß der nemliche junge Mensch seie, welcher durch besagten Müller verwundet worden ist, und welcher noch die Kurkösten vergüten sollte?

Antw. Ich erinnere mich dieser Umstände nicht.

Nachdeme dem Angeklagten gegenwärtiges Verhör vorgelesen und auf deutsch ausgelegt worden, erklärte derselbe, daß solches treulich niedergeschrieben ist, Wahrheit enthält und hat mit uns obenbenanntem Richter und Commis=Greffier unterschrieben. Zu Mainz den Tag Monat und Jahr, wie oben.

Unterschrieben: Wernher, Johannes Bückler und Brellinger mit Handzügen.

Fortsezzung vom fünf und zwanzigsten Ventos eilften Jahrs.

541) Kennet ihr einen Namens Georg Ansel von Framersheim, Departement vom Donners= berg, Mezger von Gewerb; Es ist ein Mann von drei und zwanzig Jahren, ohngefähr fünf Schuh drei Zoll groß, dunkel=kastanienbraunen Haaren und Augenbraunen, grauen Augen, ge= wöhnlicher Nase, grosen Mund, rundem Kinn, langem Gesicht, niederer Stirne, und einem Schmarren über dem linken Auge?

Antw. Nein, ich kenne diesen Menschen nicht.

542) Kennet ihr einen Namens Johannes Hummel im Elsaß wohnhaft?

Antw. Nein, ich weiß nicht, wer dieser Mensch ist, wann er nicht der Sohn eines Schee= renschleifers ist, der ehemals zu Lindenfels, wegen einem bei einem Kaufmann verübten Diebstahl gefangen war.

543) Kennet ihr einen Namens Andreas Kayser, Bekker von Lichtenau?

Antw. Nein, ich kenne ihn nicht.

544) Wer ist der Pfarrer Sohn, der in dem Jahr sechs, mit euch in der Gegend von Lippshausen sich aufhielt?

Antw. Es ist Philipp Mosenbach, der sogenannte Jäger=Philipp, Sohn eines potestanti= schen Pfarrers in der Gegend von Giesen, Landgrafschaft Darmstadt.

545) Wer ist der Namens Peter, ein junger Mann, der im Jahr sechs auf der Mühl bei Benzerroth, Arrondissements von Simmern mit einer Frau sich aufhielt, und der im Verdacht ist mit Balthasar Lukas Pferde zu Lingenrod gestohlen zu haben?

Antw. Es ist Peter Zuchetto von Urzig; die Frau die er bei sich hatte, war die Namens Grimm.

546) Habt ihr keinen Antheil an dem im Monat Prärial des Jahrs sechs, auf dem Zweibörnerhof Simmerer Arrodissements, an den zwei Jüdinnen Mendel und Röschen begangenen Raub genommen?

Antw. Ja, dieser Raub ist durch Jakob Fink und mich begangen worden; übrigens waren diese zwei Mädchen die Beischläferinen des Fink und Johannes Seibert.

547) Habt ihr nicht vor drei Jahren einen Raub auf offener Straße bei Hundsbach, Kantons Meisenheim, an den Personen der Bürger Daniel, Joseph und Jakob Seligmann von Hundsbach begangen?

Antw. Ja, und ich war damals von Carl Engers und Martin Schmitt begleitet.

548) War nicht Philipp Gilchert von Wiesweiler auch bei euch?

Antw. Nein.

549) Ich bemerke euch, daß besagter Gilchert von Jakob Seligmann, welcher behauptet, ihn schon lange gekannt zu haben, erkennt worden ist?

Antw. Der Jud hat sich betrogen.

550) Habt ihr nicht Gewaltthätigkeiten gegen diese Leute ausgeübt?

Antw. Engers und Schmidt, welche den alten Juden angegriffen haben, hatten ihn zu Boden geworfen; ich meinerseits aber hatte mit dem Jungen zu schaffen, welchem ich kein Leid gethan habe.

551) Hat euch und Peter Petry Sohn niemand in den Handlungen geholfen, welche die Begehung des Diebstahls der zween Pferde zu Niederwürzbach vorbereitet oder erleichtert haben?

Antw. Nein, ich kannte von mir selbst seit meiner Jugend die Gegend. Ich habe mich bei dem alten Clemens, der ein Landstreicher und ein Bettler in der Gegend von Würzbach ist, erkundigt, ob niemand in dem Stall schlafe, und auf seine verneinende Antwort haben wir besagten Diebstahl begangen.

552) Habt ihr nicht wenige Zeit vor dem Diebstahl zu Hottenbach Geld von den Juden von Hundsbach erhalten?

Antw. Ja.

553) Durch wen habt ihr dieses Geld begehren lassen?

Antw. Ich habe drei oder viermal Geld von den Hundsbacher Juden erhalten; sie gaben mirs aus gutem Willen, und es war Carl Michel von Hundsbach, welcher den Unterhändler zwischen den Juden und mir machte.

554) Durch wen waret ihr begleitet, als ihr bemeldtes Geld auf dem Schwarzenberg bei Hundsbach erhieltet?

Antw. Ich war von Johannes Leydecker, Peter Dahlheimer, Philipp Arnold und meiner Frau Juliana Bläsius begleitet.

555) Welche sind die Umstände, so den Diebstahl der zween Pferde, welchen ihr im Winter des Jahrs zehn auf der Hannmühl begangen habt, begleitet haben?

Antw. Ich war mit Johann Nikolaus Müller dem jungen von dem rechten Rheinufer herüber gekommen, in der Absicht etliche Pferde zu stehlen. Ich wußte schon zuvor, daß besagter Müller schöne Pferde hatte. Ich kannte auch die Zugänge der Mühle und des Stalls, wo die Pferde sich befanden. Den Tag vor bemeldtem Diebstahl befand ich mich mit dem jungen Boutla auf dem Eichenerhof: Gegen sieben Uhr Abends verließen wir diesen Hof, der nur eine halbe Stunde von der Mühl entfernt ist. Ich stieg auf den Speicher „ indem ich die Mauer hinauf kletterte, und gieng durch den Laden, der nicht verschlossen war, hinein; von da stieg ich durch ein Loch, welches von dem Speicher hinein geht, in den Stall. Ich öffnete die Stallthüre, indem ich den Riegel, der selbige verschloß, wegnahm, und nachdem ich mich zweier Pferde bemächtigt hatte, begaben wir uns nach Eckelsheim, wo wir bei einem Namens Grothe, der bei unserer Ankunft nicht zu Haus war, halt machten. Grothe kam aber während unsrem Aufenthalt zurück und erkundigte sich nicht, wo wir diese Pferde erwischt haben könnten: Wir verließen noch den nemlichen Tag sein Haus und begaben uns über den Lerchenhof nach Hamm, wo wir vier und zwanzig Stunden in dem Seibelschen Haus zubringen mußten, indem das Eis uns den Uebergang über den Rhein verhinderte. Ich verkaufte diese Pferde dem Namens Heinrich Rapp von Habits-heim, im Amt Umbstatt, auf der Mühl zu Semm, mittelst zehn Louisd'ors.

556) Auf welche Art habt ihr den Diebstahl von zween Pferden zu Limbach begangen?

Antw. Wie ich schon in meiner Antwort auf die zwei hundert fünf und dreißigste Frage er-klärt habe; daß nach dem Diebstahl zu Obermoschel ich mit Johann Nikolaus Müller nach Hunds-bach gekommen bin, und daß Peter Grünewald von Hundsbach uns von Limburg geführt, und den Stall gezeigt habe, aus welchem wir zwei Pferde gestohlen haben; dieser Stall war mit keinem Schloß versehen, gehörte aber zu einem bewohnten Haus. Der Diebstahl ist Nachts verübt worden, und wir waren mit Schießgewehren bewaffnet. Wir haben uns mit diesen zwei Pferden bei besagtem Grothe aufgehalten, und von da haben wir uns über Hamm auf das rechte Rhein-ufer begeben.

Nachdem dem Beklagten gegenwärtiges Verhör vorgelesen und auf deutsch ausgelegt worden, erklärte derselbe, daß solches treulich niedergeschrieben ist, Wahrheit enthält und hat mit uns be-benanntem Richter und Commis-Greffier unterschrieben. Zu Mainz den Tag, Monat und Jahr wie oben.

Unterschrieben Wernher, Johannes Bückler und Brellinger mit Handzug.

Fortsezzung vom sechs und zwanzigsten Ventos eilften Jahrs.

557) Ihr habt in eurer Antwort auf die zwei hundert sechs und zwanzigste Frage schon ein-gestanden, daß ihr im Frühling des achten Jahrs (zwei und zwanzigsten Ventos) einen Straß-senraub in dem Bezirk die Winterhauch genannt, im Kanton Baumholder Saar-Departements, begangen habt: sagt mir ist, auf welche Art ist dieses Verbrechen verübt worden?

Antw. Ich hatte damals den Namens Carl Benzel in der Gegend von Sonschied an-getroffen. Benzel machte den Vorschlag, daß wir uns in die Gegend von Birkenfeld begeben wollten, um allda den Bürger Löb von Bliesbrücken, welcher sich auf den Birckenfelder Markt begeben sollte, und von welchem wir wußten, daß er gewöhnlich viel Geld bei sich hatte, zu erwar-ten. Als wir in den Winterhaucher Wald gekommen waren, trafen wir die Namens Seligmann, Jakob von Wisselbach, Leser von Oberjeckenbach und etliche Bauern aus der Gegend an: Wir foderten besagtem Seligmann das Geld ab, und nahmen ihm wirklich etliche Gulden.

Indem wir unsern Weg fortsezten, begegnete uns der Namens Herz Löb von Bollenbach in Begleitung mehrerer Bauern; wir hielten ihn an, und nahmen ihm seine Gurt, in welcher sieben oder acht Louisd'ors waren. Nachdem wir diesen Löb geplündert hatten, fanden wir in einer Weite von einer Viertelstunde den Namens Gottschlik Herz von Nohbollenbach, welchem wir eine silberne Uhr und einen sechs Frankenthaler raubten. Kaum hatten wir diesen Herz abgefertigt, als der Na-mens Isaak Sender von Weyerbach sich zeigte; ich nahm ihm seine Uhr; indem wir unsern Weg fortsezten, trafen wir in dem Dorf Fronhausen den Namens Hirsch Löb von Kirchenbollen-bach an; dieser war schon durch seinen Bruder Herz Löb des Diebstahls, welchen wir an den lezten begangen hatten, unterrichtet, und bat mich ihm ein Theil des seinem Bruder geraubten Geldes wiederzugeben. Ich schlug ihm sein Begehren ab, und wir verließen uns nach etlichen un-bedeutenden Reden.

Ich bemerke, daß wir mit Schießgewehren bewaffnet waren, und daß wir den durch uns ausge-plünderten Leuten kein Leid gethan haben.

558) In euern vorhergehenden Verhören ist es schon sicher gestellt, daß ihr einen Juden zu Lauferseweiler mit Christian Rheinhard und seinem Bruder Wilhelm, Johannes Müller dem alten, Lorenze-Peter, Zahn-Franzen-Martin, Peter-Henrichs-Hann-Adam, Georg Friedrich Schuh und Knöpp-Antons-Hann-Adam bestohlen habt. Sagt mir ist die Umstände, die diesen Diebstahl begleitet haben?

Antw. Obgleich ich schon seit langer Zeit wußte, daß ein reicher Jud zu Lauferseweiler seie; so wurde unser Vorhaben zu stehlen dennoch erst durch die Erzählung, welche uns Johann Georg Scherer

Scherer von seinem Reichthum machte, festgesezt, und von welchen ich schon in meiner Antwort auf die zwei hundert fünf und zwanzigste Frage gesprochen habe. Nachdem wir besagten Scherer verlassen hatten, durchstrichen wir noch etliche Tage die Gegend, und kamen endlich auf einen Mitwoch auf eine Mühle bei Lauferetweiler. Wir zwangen einen Bewohner dieser Mühle uns als Wegweiser zu dienen und uns das Haus des Isaac Moyses zu zeigen; wir stießen die Thüre mit einem Balken ein, welchen wir beim Eingang des Dorfs fanden. Ich gieng mit Peter Hen= richs=Hann=Adam, Johannes Müller dem alten und Wilhelm Rheinhard in das Haus: Es wur= den keine Gewaltthätigkeiten gegen die Leute ausgeübt. Wir raubten tausend Gulden an Geld und für den Werth von drei hundert Gulden Waaren. Während dem ich im Hause war, versammelten sich die Bauern und es wurde von ein und anderer Seite geschossen. Dieser Lärm sezte mich in Schrekken, und ich wollte das Haus ohne Geld gefunden zu haben verlassen. Aber meine Kame= raden munterten mich auf zurük zu kehren, indem sie mir versprachen, daß sie den Bauern einen guten Widerstand leisten wollten. Endlich fand ich in einer Schublade das Geld, dessen Betrag ich euch schon erklärt habe. Johannes Müller und die übrigen bemächtigten sich der Waa= ren und wir bereiteten uns das Dorf zu verlassen. Indem wir aus diesem giengen, fanden wir einen Haufen Bauern, welche uns den Rükzug abschneiden wollten; aber bei unsrer Annäherung zerstreuten sie sich, ohne uns weiter zu verfolgen.

Wir giengen noch die nemliche Nacht bis in die Gegend von Sobernheim, von wo wir uns den folgenden Tag auf die Mühle des Bürger Vollenbach bei Oberhausen begaben. Wir theilten unsre Beute in dem Lemberg; Ich habe euch schon den Beistand, welcher uns durch den Namens Leyrit von Oberhausen geleistet wurde, erklärt: und ich beziehe mich in Betreff dessen auf meine Ant= wort auf die drei und fünfzigste Frage. Vom Lemberg begaben wir uns über den Lerchenhof und Hamm auf die andere Rheinseite.

559) Eure vor dem Direktor der Geschwornen in Mainz abgehaltene Verhöre, bezeichnen schon überhaupt den Antheil, welchen ihr an dem am Bürger Elie Joel zu Obermoschel, begangenen Diebstahl, genommen habt. Sagt mir izt, welche sind die Umstände, welche diesen Diebstahl beglei= tet haben?

Antw. Ich kam mit Georg Friedrich Schulz, Krug=Joseph und Johann Niklaus Müller in das Haus des Carl Müllers zu Lettweiler, wo wir Gustav Müller fanden. Indem wir etliche Flaschen Wein tranken, machte uns dieser Gustav Müller den Vorschlag diesen Juden zu Ober= moschel zu berauben, sagend: daß er viel Geld für Rübsaamen, welchen er verkauft hätte (wenn ich nicht irre) zu Haus haben müsse. Ich bemerkte ihm, daß ich die Gegend von Obermoschel nicht kenne, und daß ich mich fürchtete einen Raub, in einem so beträchtlichen Marktflekken zu begehen. Gustav Müller versicherte mich, daß die Einwohner dem Juden nicht zu Hülfe kommen würden und erbot sich nicht allein mitzugehen, sondern auch noch einen andern Einwohner von Lett= weiler zu bereden. Ich willigte endlich in seinen Vorschlag und schikte Georg Friedrich Schulz nach Jben, um dem Haffinger zu sagen, daß er mit allen Kameraden, welche er sammeln könnte, zu mir auf die Drei=Weiher kommen sollte. Nachdem die Vorkehrungen also getroffen waren, gieng ich mit Krug=Joseph und Johann Nikolaus Müller in den Duchroder Wald; gegen Abend kam Gustav Müller mit Peter Weber auch dahin um uns zu holen: dieser Leztere war mit einer Pistole bewaffnet. Auf den Dreiweihern fanden wir Peter Haffinger und wenige Zeit hernach kam Georg Friedrich Schulz, Philipp Haffinger und Heinrich Walter auch dahin. Wir verließen gegen Abend die Dreiweiher um nach Obermoschel zu gehen. Bevor wir in den Flecken giengen, hoben wir das kleine Thörchen aus um unsern Rükzug zu sichern.

Ich gieng mit denjenigen von Lettweiler in das Dorf und Peter Weber zeigte uns nicht nur das Haus des Juden, sondern er führte uns auch vor ein Wagnershaus, wo wir das zum Einstoßen der Thüre nöthige Holz fanden. Nachdem wir die übrigen, welche uns ausserhalb dem Dorf er= warteten, abgeholt hatten, stießen wir die Thüre des Juden mit einem Stük Holz, welches wir vor dem Wagnershaus genommen hatten, ein. Gustav Müller war einer der Träger. Ich gieng mit Johann Niklaus Müller, Krug=Joseph und Heinrich Walter in das Haus: Schulz kommandirte die, so vor dem Haus als Schildwachten standen; er erschrak zu bald und benachrich= tigte uns heraus zu gehen. Heinrich Walter blieb in dem Hause, darum rief ihm einer von uns noch und schrie, heraus Henrich! als wir an das Thor des Marktflekken kamen, schossen die von Lettweiler, welche sich dahin gestellt, auf uns. Ich kehrte mit Schulz, Krug=Joseph und Müller in den bei Lettweiler gelegenen Wald zurük, und wir trennten uns den folgenden Tag. Ich habe,

T t t

ehe ich auf das rechte Rheinufer zurük gekehrt bin, mit Johann Nikolaus Müller zwei Pferde zu Limbach gestohlen. Nachdem Schulz und Krug-Joseph umsonst versuchten zwei Pferde zu Kronenberg bei Odenbach zu stehlen, haben sie doch wirklich zu Gimbsheim zwei gestohlen.

560) Wisset ihr nicht, wem Schulz und Krug-Joseph diese zween Pferde verkauft haben?

Antw. Sie haben sie einem Namens Johann Heinrich, dessen Beiname der Dicke von Semd ist, und dem Rapp von Habitsheim verkauft; diese haben eines davon an einen Einwohner von Keinsbach Fränkisch-Grumbach, von welchem ich den Namen nicht weiß, welcher aber einen Schwager hat, der ein Krämer und ein Brabänter oder Tiroler von Nation ist, wieder verkauft. Ich bemerke, daß das Haus dieses Käufers das erste, links ist, wann man von Fränkisch-Grumbach hinein gehet, bei dem kleinen Bächelchen. Das andere Pferd wurde in der Gegend von Wald-Michelbach verkauft; aber ich kenne weder den Namen des Orts, noch den des Käufers.

Nachdem dem Angeklagten gegenwärtiges Verhör vorgelesen und auf deutsch ausgelegt war, erklärte er, daß solches Wahrheit enthalte und hat mit uns obgenanntem Richter und Commis-Greffier unterschrieben.

Mainz den Tag, Monat und Jahr wie oben.

Unterschrieben, Wernher, Johannes Bückler und Brellinger mit Handzügen.

Fortsezzung vom sieben und zwanzigsten Ventos eilften Jahrs.

561) Ihr habt in eurer Antwort auf die hundert zwei und siebenzigste Frage schon eingestanden, daß ihr den Anschlag gefaßt hattet einen Juden zu Illingen zu bestehlen. Habt ihr keinen Anfang zur Ausführung des besagten Diebstahls gemacht?

Antw. Wir hatten schon ein Stük Holz genommen, mit welchem wir die Thüre einstossen wollten, aber diese war so so gut verschlossen, daß sie allen unsern Anstrengungen widerstand, und daß wir endlich gezwungen waren, die Ausführung unsers Anschlags aufzugeben.

562) Welche sind die Umstände, die den Raub bei Salomon Benedickt in Erbesbüdesheim begleiteten?

Antw. Ihr wißt schon, daß dieser Raub zu Iben auf den Vorschlag des alten Müller-Hannes verabredet wurde; diejenigen, welche Theil daran nahmen, sind: Besagter Müller-Hannes, sein Sohn Johann Nikolaus, Georg Fridrich Schulz, Krug-Joseph, Peter Haffinger und Franz Mundo.

Der Diebstahl hat sich auf folgende Art zugetragen; nemlich:

Die Thüre wurde eingestossen mit einem Balken, welchen wir ausser dem Dorf gefunden hatten. Ich gieng mit Krug-Joseph und denen beeden Müllern in das Haus; wir fanden darinn vier und zwanzig Louisd'ors an Geld, einen silbernen Becher und zwei paar silberne Schnallen, so wie auch etliche Kleidungsstükke. Krug-Joseph hat einem jungen Juden etliche Hieb mit der flachen Säbelklinge gegeben und ich dem alten Juden eine Ohrfeige. Wir waren alle mit Schießgewehren bewaffnet, von welchen wir aber keinen Gebrauch machten, ausgenommen daß, als wir aus dem Dorf giengen, wir in die Luft geschossen haben.

563) Habt ihr noch etwas eurem Verhör beizufügen?

Antw Nein.

564) Was habt ihr zu eurer Vertheidigung zu sagen?

Antw. Ich weiß, daß ich unendlich viele, mehr oder weniger strafbare Verbrechen begangen habe: Nur meine äusserste Jugend, ein Zusammentreffen unglüklicher Umstände, die Unmöglichkeit, in welcher ich mich befunden habe, eine andre Lebensart wieder zu beginnen, meine lebhafte Reue und mein Benehmen als Räuber selbsten, endlich die offenherzige Angabe meiner Verbrechen und meiner Mitschuldigen, können meine Hoffnung auf die Gnade der Regierung aufrecht erhalten. Ich will Ihnen eine Skizze meines Lebens geben; ich werde mich auf die Menschlichkeit meiner Richter und auf die Weisheit meines Vertheidigers verlassen, ob sie Mittel darinn finden können, die Strenge des Gesetzes zu mindern.

Sie wiffen fchon, daß ich zu Mühlen bei Naftädten auf dem rechten Rheinufer gebohren wurde, allwo mein Vater das Gewerb eines Abdekkers trieb. Ich hatte noch nicht vier Jahre, als mein Vater diefen Ort verließ, um nach Pohlen auszuwandern; unterwegs ließ er fich unter das kaiferliche Regiment Hildburghaufen anwerben, welches damals zu Ollmütz in Mähren lag. Als ich das neunte Jahr erreicht hatte, deffertirte mein Vater; meine Mutter und ich folgten ihm auf die preußifchen Gränzen, wo wir ihn wieder fanden; man gab uns einen preußifchen Paß, mit welchem wir in die Rheingegend und nach Merzweiler auf dem Hundsrük, Geburtsort meines Vaters, kamen. Diefer hatte und nach die Orte Hommerich, Langweiler und Hobftetten, wo er der Feldfchütz war, zur Wohnftätte; ich befuchte die Schulen und wurde zu Cappeln in der Lutherifchen Religion confirmirt; feitdem wohnte mein Vater nach und nach zu Hommerich, Kirchenbollenbach, Idar und Veitsroth.

Hier verließ ich das väterliche Haus im Anfang des Jahrs fiebenzehn hundert fieben und neunzig.

Ich hatte damals ein Alter von fünfzehn und ein halb Jahr erreichet und verließ aus folgender Urfache meine Eltern: der Gaftwirth Koch in Veitsroth hatte mir eine Louisd'or gegeben, um Brandwein zu Oberftein für ihn zu kaufen. Statt mich diefes Auftrags zu entledigen, verzehrte ich dies Geld in den Wirthshäufern, mit einem Namens Hannfried (Eifenhuth).

Da ich die gerechte Züchtigung für diefen Fehler fürchtete, wagte ich nicht nach Haus zurükzukehren. Ich irrte dann in der Gegend herum, und der gänzliche Mangel an Lebensmittel, veranlaßte mich den erften Raub zu begehen, welcher der eines Pferds auf dem Schönborner-Hof war, und welches ich auf drei Weyher, einem Namens Heinrich Delis verkaufte; diefer Delis ift der nemliche, welcher feitdem durch Lorenz-Peter bei Darmftadt, getödtet worden ift.

Wenige Zeit hernach, gieng ich in Dienfte des Bürger Nagel, Scharfrichter und Abdekker in Bärenbach; ich verließ diefen Dienft, um in denjenigen meines Vetters Bückler, in Sobernheim zu tretten, kehrte aber bald wieder nach Bärenbach zurük.

Während als ich zum zweitenmal da war, machte ich die Bekanntfchaft eines Mezgerknechts von Kirn; diefer rieth mir Hämmel zu ftehlen, indem er mir verfprach, alle die, welche ich ihm bringen würde, zu kaufen. Ich war fchwach genug, diefem verderblichen Rath nachzugeben und begieng wirklich mehrere Hämmel-Diebftähle; der Namens Johann Nikolaus Nagel, von Weyden, welcher fich auch bei Bürger Nagel von Bärenbach in Dienften befand, ftund mir in diefen verfchiedenen Diebftählen bei.

Die Obrigkeit von Kirn, welcher diefe Verbrechen angezeigt wurden, hegte Argwohn gegen mich, ließ mich zu Bärenbach anhalten und von da nach Kirn führen. Ich entwifchte aus meinem Gefängniß in der erften Nacht, kehrte nach Bärenbach zurük, um allda meine Kleider zu holen und von da begab ich mich nach Kirn, um zwei Große-Thaler, welche mir der Mezger Franz, als Preiß der an ihn verkauften geftohlnen Hämmel noch fchuldig war, zu beziehen.

Von Kirn gieng ich nach Hennweiler, wo ich die Namens Müllerhannes und Petronellen-Michel (Michel-Huth) antraf; ich erzählte ihnen meine Begebenheiten; Müllerhannes beredete mich, mit ihm zu gehen; ich folgte ihm auf den Ayener-Hof; ich verließ ihn fogleich den folgenden Tag und begab mich in den Hohwald auf die Mühle zu meinem Vetter Hahn und der Wittib Dupre.

Von diefem Zufluchtsort aus habe ich mehrere Diebftähle begangen; nämlich:

a.) Leder zu Meifenheim, welches ich den folgenden Tag des Raubs, dem nemlichen Gerber, dem ich es geftohlen hatte, wieder verkaufte.

b.) Dem Bürger Riebel von Wiesweiler ein Pferd, welches ich dem Namens Winkler von Hundheim verkaufte.

c.) Tuch zu Birkenfeld: Zu felbiger Zeit wurde ich in Zufch' durch dafige Jäger arretirt, ergriff aber während meiner Verhaftung die Gelegenheit auf der Mühl durchzugehen.

Ungewiß über den Ort, wo ich mich hinflüchten könnte, irrte ich in dem Hohwald herum, ich entfchloß mich endlich auf das andere Rhein-Ufer zu gehen, um meiner Mutter Verwandte heimzufuchen; ehe ich aber diefen Anfchlag ausführte, welcher allein vor größern Verbrechen mich hätte bewahren können, machte ich die Bekanntfchaft des Jakob Zink in der Treberhanneshütt; diefer, indem er die traurige Lage, worinn ich mich befande, mißbrauchte, zog mich in feine Verbrechen; ich begieng mit ihm und feinen Cameraden dergleichen, wie Johann Georg von Lauſchied, Keßgen, Schwarzpeter, Ildes-Jakob, Jäger-Philipp ꝛc. mehrere Pferds-Diebſtähle.

Damals wurde ich zum zweitenmal auf der Mühle zu Weiden angehalten und in die Gefängniffe nach Saarbrükken geführt; da fand ich die Namens Fink und Keßgen; diefe hatten fchon eine Oefnung vorbereitet, um durchzugehen; wir benutzten fie in der erſten Nacht meiner Verhaftung. Durch diefen unglüklichen Fortgang mehr beherzt, fuhr ich in meinem alten Lebenswandel fort. Eine dritte Verhaftung zu Schneppenbach unterbrach aufs neue den Lauf meiner Räubereien, die Verhöre, welche ich zu Simmern in der Folge diefer Verhaftung ausgehalten habe, enthalten umſtändlich, was ich bis auf felbigen Zeitpunkt begangen habe.

Ich fchaudere noch in diefem Augenblik, wann ich mich der Härte der Gefangenfchaft, welche ich da empfunden habe, erinnere.

Die Nacht hindurch war ich mit Ketten beladen, und in einem finſtern, feuchten, unteridiſchen Gewölb gefangen gehalten, des Tags erlaubte man mir zu Zeiten, eine gefunde Luſt in einem höhern Gefängniß einzuathmen; ich fand allda Philipp Arnold von Argenthal. In den Augenblikken, wo man mich aus meinem unterirdifchen Gewölb heraus gehen ließ, wurde ich durch etliche Bürger bewachet; einer diefer Wächter verfchafte mir ein Meffer, ich bediente mich deffen, um ein Brett in dem Gefängniß, wo ich einen Theil des Tags zubrachte, durchzufchneiden. Als ich mir alfo einen Ausgang in die Küche geöfnet, bediente ich mich eines Seils, welches Philipp Arnold oben an mein Gewölb feſt gebunden hatte, um in den Thurm hinaufzuſteigen: Nachdem ich bis in die Küche gedrungen war, fand ich deren Fenſter mit eifernen Gitter verfehen, ich erfchütterte mit Gewalt diefes Gitter und warf es auswärts. Ein kühner Sprung befreite mich gänzlich meines Gefängniffes; aber ein großer Stein, welcher fich losgemacht hatte, fiel mir nach, und brach mir ein Bein.

Da ich nicht gehen konnte, ergriff ich eine Hopfenſtange, und kroch mühfelig, während der nemlichen Nacht bis in den Berghaufer Wald; die folgende Nacht fezte ich meinen fchmerzhaften Weg bis in den bei der Apperter-Mühl, in der Gegend von Gellweiler gelegenen Wald, und die Nacht des dritten Tags, bis in die Mühl bei Birkenmühl fort, allwo ich die erſte Nahrung feit meiner Entwifchung zu mir nahm: von da kroch ich bis nach Sonfchid, wo ich mich zu Carl Engers flüchtete; alle diefe Anftrengungen auf den Knien zu kriechen, und auf diefer Hopfenſtange geftüzt zu gehen, hatten mir unter dem Achfel und auf den Knien das Fleifch bis auf die Knochen zerriffen. Engers lehnte mir ein Pferd, mit welchem ich mich nach Bärenbach begab, wo mein alter Meiſter mir das Bein wieder einrichtete und eine Salbe zum verbinden gab; ich kehrte zu Engers zurük, wo ich meine Kur, welche ohngefehr drei Wochen erfoderte, vollendet habe.

Nach meiner Wiederherſtellung begieng ich die Straßen-Räubereien, die ihnen fchon bekannt find; meine damalige Mitfchuldigen, waren Martin Schmitt, Philipp Gilchert, Carl Benzel, Carl Engers, Peter Dalheimer, Georg Otton Pick und Philipp Arnold. ꝛc. ꝛc.

Die erſten nächtlichen Diebſtähle mit offener Gewalt und Einbruch begleitet, waren der zu Ozweiler und zu Hottenbach.

Nach der Gefchichte zu Ozweiler gieng ich für das erſtemal über den Rhein; ich machte auf dem andern Ufer die Bekanntfchaft der Diebe von der Niederländer Band und andrer Leute diefes Schlags.

Ich trieb das Gewerb eines Markt-Krämers unter dem Namen Jakob Ofenloch, längs der Bergſtrafe in der Wetterau an der Lahn und in dem Bezirk dem fogenannten Maingrund; ich verkaufte allda die Waaren, welche ich auf dem linken Rhein-Ufer raubte und kaufte deren noch von Zeit zu Zeit in Frankfurth; als aber meine Gelder erfchöpft waren, kam ich auf das linke Rhein-Ufer zurük, um mir frifche zu verfchaffen.

Ich bekenne, daß ich Strafe für alle diefe Verbrechen verdient habe; aber man wird mir doch keine Graufamkeit vorwerfen können, und wann meine Mitfchuldigen deren begangen haben, fo that ich alles was von mir abhieng, um fie davon abzuhalten.

Ich

Lange Zeit nährte ich schon die Hofnung in mir, dieses schimpfliche Leben endlich zu verlassen, und Bürger Lichtenberger, Inspector der Salinen in Münster, wird bescheinigen können, daß ich mich an ihn gewendet habe, um zu wissen, ob kein Mittel für mich wäre, in die menschliche Gesellschaft zurükzukehren. Als ich sahe, daß mir alle Hofnung zur Rükkehr untersagt war, so war mein Vorsaz, das linke Rhein-Ufer zu verlassen und mich in Deutschland anwerben zu lassen. Um dieses Vorhaben zu bewerkstelligen, begab ich mich wirklich auf das rechte Ufer; Ich wollte mich von meinen Waaren machen und sie in dem Runkelschen Lande verkaufen; ich wurde hinaus geführt; ich kehrte wieder dahin zurük; man hielt mich an, und bei dieser Gelegenheit erklärte ich meinen Willen unter den kaiserlichen Truppen zu dienen. Man übergab mich den in Limburg gelegenen kaiserlichen Werbern; es entdekte jemand meinen wirklichen Namen, man führte mich nach Frankfurt, da gestand ich wer ich war, und dieses veranlaßte meine Auslieferung an die Französischen Behörden.

In dem aufrichtigen Geständniß meiner Verbrechen ersah ich das einzige Mittel, selbige in soweit es von mir abhieng, auszusöhnen, und die Uebel, welche ich der Gesellschaft zugefügt habe, zu verbessern; ich überlasse denjenigen, die mich urtheilen werden, zu erwägen, ob ich diese Verbindlichkeit, welche ich mir aufgelegt, erfüllt habe; und welches auch mein Schiksal seyn mag, ich werde mich ihm mit Standhaftigkeit unterziehen; nur zu unglüklich, wenn es mir nicht mehr erlaubt ist, der Gesellschaft durch rechtschaffene Handlungen Unterpfänder der Aufrichtigkeit meiner Reue geben zu können.

565) Habt ihr euch schon einen Vertheidiger gewählt?

Antw. Nein, aber ich wünschte, daß man mir den Bürger Habamar ernenne.

Wir obenbesagter Richter haben sodann den Bürger Habamar, Rechtsverständigen, als Vertheidiger des besagten Angeklagten ernannt und verordnet, daß ihm gegenwärtige Ernennnung, mit der Einladung diese Vertheidigung zu übernehmen, zugeschikt werden solle.

Nachdem besagtem Bückler, Sohn, gegenwärtiges Verhör auf deutsch vorgelesen worden, erklärte er, daß solches treulich niedergeschrieben seie, Wahrheit enthalte, und hat mit uns obengenanntem Richter und Commis-Greffier unterschrieben. In Mainz den Tag, Monat und Jahr wie oben des Abends neun Uhr.

Unterschrieben: Wernher, Johannes Bückler und Brellinger mit Handzügen.

Pour traduction littérale: Signé Pierre , interprète assermenté.

Collationné:

U u u

Quellen und Literatur

Diese Studie über Schinderhannes und seine Rezeption in Dichtung und Wissenschaft versteht sich nicht als des Rätsels oder der Rätsel, die mit dieser Person verbunden sind, endgültige Lösung, sondern lediglich als eine Annäherung an seine historische Gestalt. Sie präsentiert außerdem mit dem einst bei Zabern gedruckten Prozeßprotokoll, und zwar durch das Faksimile des Verhörs und Statements des Hauptbeschuldigten, eine zeitgenössische Quelle, die in öffentlichen wie privaten Bibliotheken selten geworden ist, und vermag vielleicht gerade damit den heutigen Leser neu zu motivieren.

Im übrigen kann hier nicht die Literatur seriöser oder halbwissenschaftlicher Art in extenso angeführt werden, sondern lediglich jene neueren Werke und Abhandlungen, die weiterführenden Charakters sind. Ich nenne als erstes Buch, mit dem in meinem Text angedeuteten geringfügigen Einschränkungen, Manfred FRANKE: Schinderhannes. Das kurze wilde Leben des Johannes Bückler, neu erzählt nach alten Protokollen, Briefen und Zeitungsberichten. Düsseldorf 1984. — Daneben Anton JUNG: Schinderhannes und das Räuberunwesen in unserer Heimat. Selbstverlag Limburg 1985. — Für die Genealogie des Schinderhannes sei auf den Autor Hellmut GENSICKE (Hessische Familienkunde, Bd. 9, 1962, sowie Genealogisches Jahrbuch 12, 1972) und auf die Abhandlung von Annette GRÜNEWALD (in: Jahrbuch für Geschichte und Kunst des Mittelrheins und seiner Nachbargebiete. Jg. 18/19, 1966/67, S. 128—166) hingewiesen.

Die Hintergründe beim Tod des Bückler und seiner Bande sowie die dort gemachten medizinischen Experimente hat Gunter MANN aus vielen unbekannten Quellen dokumentiert: Schinderhannes, Galvanismus und die experimentelle Medizin in Mainz um 1800. In: Medizinhistorisches Journal, Bd. 12, H. 1/2 (1977), S. 21—80.

Trotz aller Vorbehalte, was die Quellenbenutzung und deren Aufbereitung betrifft, seien zwei Darstellungen genannt, die selber ein Stück in der Rezeptionsgeschichte dieses Stoffes darstellen:

Kurt ELWENSPOEK: Schinderhannes, der rheinische Rebell. Erste kritische Darstellung nach Akten, Dokumenten und Überlieferungen. Stuttgart 1925, sowie Edmund NACKEN: Die wahre Geschichte des Johann Wilhelm Bückler, nachmals bekannt geworden als Räuberhauptmann Schinderhannes, nach den Mainzer Voruntersuchungsakten und anderen Quellen dargestellt. Mainz 1968.

Für den Gesamtzusammenhang verweise ich neben den Werken von Eric J. HOBSBAWM (Sozialrebellen, 1971, und: Die Banditen 1972, jeweils in deutscher Übersetzung) auf das analytische-gründliche Buch von Carsten KÜTHER: Räuber und Gauner in Deutschland. Das organisierte Bandenwesen im 18. und frühen 19. Jahrhundert. Göttingen 1976 (= Kritische Studien zur Geschichtswissenschaft. Bd. 20).

Zur Politik gegenüber den Juden vergleiche man die von Editha BUCHER bearbeitete und von mir eingeleitete Edition: Die Juden in der Französischen Zeit von 1798/1801 bis 1814. Koblenz 1982 = Dokumentation zur Geschichte der jüdischen Bevölkerung in Rheinland-Pfalz und im Saarland von 1800 bis 1945, Bd. 1; Einleitung S. 69–94.

Sehr viel verdankt diese Studie einem Heft der Reihe »Lebendiges Rheinland-Pfalz«, Nummer 1 des 21. Jahrgangs 1984, S. 1–28, für dessen Konzipierung ich mitverantwortlich war. Dort der Eröffnungsaufsatz aus meiner Feder: Der Schinderhannes. Versuch einer Annäherung an seine historische Gestalt, S. 1–7. Dann eine Betrachtung von H. Peter BRANDT, der mit einigen weiteren Forschungen und Überlegungen zur Person des Schinderhannes hervorgetreten ist: Johannes Bückler — Anspruch und Wirklichkeit, S. 8–10. Gunter MANN, der oben bereits erwähnt wurde, hat seine Ergebnisse hier zusammengefaßt unter dem Titel: Exekution und Experiment: Medizinische Versuche bei der Hinrichtung des Schinderhannes, S. 11–16. Friedrich SCHÜTZ, der Mitherausgeber dieser neuen Reihe im Zabern-Verlag, macht mit den von K. M. Ernst gemalten Bildern bekannt, die auch nach den Originalen hier teilweise wiedergegeben sind: ». . . ich habe ein ehrliches Gesicht . . .« Die Geschichte der Schinderhannes-Gouachen im Mainzer Stadtarchiv, S. 17–19. Und schließlich gelingt es Hajo KNEBEL, dem renommierten Schriftsteller in Rheinland-Pfalz, eine Summe über den »Räuberhauptmann« als Sujet der Literatur zu ziehen: Der unsterbliche Johannes Bückler: Zur literarischen Rezeption des Schinderhannes, S. 20–28.

Eine sehr interessante Schilderung über das Ende des Schinderhannes und seiner Bande (Mainz, den 23. November 1803) gibt Johann Gottlob SCHULZ in seinen »Briefen eines Reisenden an den Ufern des Rheins in den Jahren 1803 und 1804« (Altenburg 1805) S. 253 ff. Die wesentlichen Passagen sind neuerdings veröffentlicht bei Erich SCHNEIDER (Hrsg.): »Triumph, die Freiheitsfahne weht . . .« Die Pfalz im Banne der Französischen Revolution (1789–1814). Landau 1988, S. 255–259. — Es heißt dort u. a.: »Schinderhannes wurde zuerst hingerichtet. Als er auf die Guillotine kam, betrachtete er einige Augenblicke das Beil, dann sagte er mit ziemlicher Fassung: ›Ich sterbe willig, ich habe den Tod verdient, aber von diesen‹, indem er auf die übrigen zeigte, ›sterben wenigstens zehn unschuldig.‹ Er ward angebunden, unter das Beil geschoben; es fiel, und Schinderhannes war nicht mehr . . .« (S. 257).